中國貨幣市場的發展與創新

中國貨幣市場的發展與創新課題組 著

前　言

在余額寶等一系列利用互聯網金融渠道銷售的貨幣市場基金取得成功之後，貨幣市場逐漸成為投資者關注的另一焦點。在中國利率市場化改革進程中，貨幣市場的發展佔有重要地位，貨幣市場不僅對短期資金起到資源配置的基礎作用，同時可以促進金融資源的市場化定價和增加政府公開市場業務的操作手段。中國貨幣市場發展仍處於初級階段，而如今在互聯網金融的迅速發展之下，貨幣市場基金的發展對於貨幣市場本身產生了一定的倒逼作用，健全法律法規、創新金融工具、完善監管體系等一系列制度問題亟待解決。

本書主要分為兩個部分，第一部分（第1~4章）是從一般角度對貨幣市場進行介紹，包括貨幣市場的基礎理論、國外貨幣市場發展的經驗啟示、中國貨幣市場發展的現狀及問題、中國貨幣市場創新趨勢及發展方向。第二部分（第5~7章）是從特殊角度，針對當前中國貨幣市場發展的幾個重要問題進行分析，包括：重點參與貨幣市場業務並不斷作出創新的金融資產交易所、基於互聯網發展並不斷對傳統金融產生衝擊的互聯網金融業務、基於監管套利產生的影子銀行等，並對中國貨幣市場的現實熱點問題作出反饋。

貨幣市場主要是針對短期融資工具設立的金融市場，其基本功能是提高短期融資的流轉效率，主要包括銀行間同業拆借市場、回購協議市場、票據市場和短期債券市場等。在金融市場整體的發展中，貨幣市場與資本市場、外匯市場和衍生品市場均存在很強的關聯性，場內市場交易與場外市場交易協調發展。書中介紹了國外和中國香港、臺灣地區發達市場不同類型貨幣市場的發展現狀，針對中國貨幣市場發展現狀提出了相應啟示，著重強調了各個不同子市場之間的協調發展。

中國貨幣市場發展迅速，從20世紀80年代初期至今，中國逐漸建立了同業拆借、票據、債券回購、短期債券、短期信貸、外匯和黃金市場，許多貨幣衍生品也在近年逐漸推出，黃金期貨的推出和國債期貨的重啟都給市場注入了

新的活力，而當前貨幣市場基金的迅速發展也彰顯了貨幣市場的巨大潛力。但從總體上而言貨幣市場的發展仍然滯后，存在著包括市場結構不均衡、投資主體類型集中、投資工具缺乏等問題。在利率市場化和金融業綜合經營的大趨勢下，本書對當前中國貨幣市場的發展方向和創新目標進行了分析，認為中國貨幣市場在未來將逐漸引入更多的合格參與者，並增加金融工具種類，擴大投資者投資渠道。

從 2009 年金融資產交易所的概念和形態推出以來，中國金融資產交易所發展迅速，截至 2013 年年底，各地共建立了十多家金融資產交易所，其中以北京、天津、深圳前海和重慶金融資產交易所最具典型特色。在當前利率市場化改革的主題下，金融產品種類的擴充和流動性需求的逐漸旺盛，使得中國金融資產交易所呈現巨大發展潛力，尤其在信貸資產的證券化方面，在發達市場已經具有龐大的規模，但在中國仍處於起步階段。在擁有重大機遇的同時，金融資產交易所同樣面臨著重大的挑戰和風險，相關法律體系的不健全以及其他交易所的競爭都對金融資產交易所的發展有影響，使其產生了較多不確定性。

當前被熱議的互聯網金融，雖然從實質上看是金融產品銷售渠道的創新，但對金融行業產生了重大影響，尤其使得貨幣市場的發展成為了萬眾矚目的焦點。本書在介紹完相關的基礎概念后將重心放在了當前互聯網金融的監管上，當前互聯網金融的迅速發展對監管制度的跟進產生了迫切要求。最後，中國目前在銀行各類業務受到限制的情況下產生了影子銀行業務。中國影子銀行的概念同國外有著較大區別，從本質上說中國影子銀行實質上是一種監管的套利。由於其產生的風險不容忽視，具有較大的風險溢出效應，對於中國系統性金融風險有較大影響，是中國金融市場發展中不可忽略的問題。本書闡釋了其產生的原因、特點和監管要求。

綜上所述，本書闡述了貨幣市場的基本理論，指出了貨幣市場所存在的問題和面臨的挑戰；同時針對當前的金融熱點問題進行了探討，期望在理論分析的同時緊密結合中國當前的現實國情，為貨幣市場的發展提出合理的建議。

目　錄

1　貨幣市場基本理論／ 1

　1.1　**貨幣市場的基本概念**／ 1

　　1.1.1　貨幣市場的定義／ 1

　　1.1.2　貨幣市場的體系結構／ 1

　　1.1.3　貨幣市場的運作機制及功能／ 2

　1.2　**貨幣市場與其他金融市場的關係**／ 3

　　1.2.1　貨幣市場與資本市場的關係／ 3

　　1.2.2　貨幣市場與外匯市場的關係／ 4

　　1.2.3　貨幣市場與衍生金融市場的關係／ 5

　1.3　**貨幣市場的場外交易**／ 5

　　1.3.1　場外交易概述／ 5

　　1.3.2　場外交易市場的特徵／ 7

2　國際貨幣市場比較與借鑑／ 10

　2.1　**英國貨幣市場發展歷程及現狀**／ 10

　　2.1.1　英國貨幣市場發展歷程／ 10

　　2.1.2　英國貨幣市場現狀／ 12

2.2 美國貨幣市場發展歷程及現狀 / 17

   2.2.1 美國貨幣市場發展歷程 / 17

   2.2.2 美國貨幣市場現狀 / 18

2.3 日本貨幣市場發展歷程及現狀 / 20

   2.3.1 日本貨幣市場發展歷程 / 20

   2.3.2 日本貨幣市場現狀 / 21

2.4 臺灣貨幣市場發展歷程及現狀 / 23

   2.4.1 臺灣貨幣市場發展歷程 / 23

   2.4.2 臺灣貨幣市場現狀 / 25

2.5 中國香港貨幣市場發展歷程及現狀 / 26

   2.5.1 中國香港貨幣市場發展歷程 / 26

   2.5.2 中國香港貨幣市場現狀 / 28

2.6 國際貨幣市場發展對中國貨幣市場發展的啟示 / 29

   2.6.1 完整的市場體系是貨幣市場成熟的標誌 / 29

   2.6.2 發達的貨幣市場中各子市場的協調發展 / 30

3 中國貨幣市場現狀與存在的問題 / 31

3.1 中國傳統貨幣市場現狀 / 31

   3.1.1 中國傳統貨幣市場發展回顧 / 31

   3.1.2 同業拆借市場 / 34

   3.1.3 票據市場 / 36

   3.1.4 短期債券市場 / 37

   3.1.5 債券回購市場 / 40

   3.1.6 短期信貸市場 / 41

   3.1.7 外匯市場 / 41

3.1.8　黃金市場 / 47

　　3.1.9　貨幣市場基金 / 50

3.2　**中國衍生貨幣市場現狀** / 54

　　3.2.1　利率類衍生產品 / 56

　　3.2.2　貨幣類衍生產品 / 57

　　3.2.3　信用類衍生產品 / 59

　　3.2.4　黃金期貨 / 64

3.3　**中國貨幣市場存在的問題** / 65

　　3.3.1　貨幣市場體系結構不合理 / 65

　　3.3.2　貨幣市場運行環境不完善 / 66

3.4　**促進中國貨幣市場快速發展的幾點建議** / 67

4　中國貨幣市場的發展與創新思路 / 70

4.1　**中國金融市場發展趨勢及影響** / 70

　　4.1.1　利率市場化 / 70

　　4.1.2　金融機構綜合化經營 / 74

4.2　**貨幣市場的完善** / 78

　　4.2.1　貨幣市場產品的完善 / 78

　　4.2.2　貨幣市場運行環境的完善 / 78

4.3　**中國貨幣市場的創新** / 79

　　4.3.1　貨幣市場創新的目標 / 79

　　4.3.2　貨幣市場創新的維度 / 81

5　金融資產交易所在貨幣市場中的發展 / 92

5.1　**產權交易所存在的理論前提** / 92

5.1.1　產權的定義 / 92

   5.1.2　國有企業改革歷程中的產權改革 / 93

   5.1.3　產權交易解決傳統企業產權制度弊端 / 93

   5.1.4　產權交易與現代產權制度安排 / 93

 5.2　產權交易所現狀 / 94

   5.2.1　產權交易所的誕生 / 94

   5.2.2　產權交易所在實踐中不斷得到發展 / 95

   5.2.3　產權交易市場存在的問題剖析 / 101

   5.2.4　產權交易所與金融資產交易所的聯繫與區別 / 104

 5.3　金融資產交易所存在的理論前提 / 106

   5.3.1　金融資產交易所的定義 / 106

   5.3.2　金融資產交易所的作用 / 106

   5.3.3　金融資產交易所的產品 / 109

 5.4　國內現有金融資產交易所概述及發展現狀 / 111

   5.4.1　嚴格監管下的金融資產交易所 / 111

   5.4.2　金融資產交易所的發展 / 111

   5.4.3　區域股權交易所 / 133

   5.4.4　信託公司 / 137

   5.4.5　新三板 / 141

 5.5　金融資產交易所在貨幣市場發展中的機遇與挑戰 / 147

   5.5.1　金融資產交易所的發展機遇 / 147

   5.5.2　金融資產交易所面臨的挑戰 / 150

   5.5.3　金融資產交易所的應對之策 / 154

6 互聯網金融的發展及監管 / 157

6.1 互聯網金融的概念、特徵及種類 / 157

6.1.1 互聯網金融的概念 / 157
6.1.2 互聯網金融的特徵 / 158
6.1.3 互聯網金融的種類 / 159

6.2 互聯網金融帶來的衝擊和挑戰 / 161

6.2.1 互聯網金融帶來的衝擊 / 161
6.2.2 互聯網金融帶來的挑戰 / 163

6.3 互聯網金融的監管 / 164

6.3.1 積極推動，建立健全互聯網金融法律規範 / 165
6.3.2 高度關注，防範互聯網金融業務風險 / 166
6.3.3 科學引導，提高互聯網金融行業自律規範水平 / 166
6.3.4 密切配合，完善互聯網金融監管的協調 / 167
6.3.5 加大科技人才的培養，重新審視科技人才在監管機構中的作用 / 167

7 中國影子銀行的風險及監管 / 169

7.1 影子銀行概述 / 169

7.1.1 影子銀行的概念 / 169
7.1.2 影子銀行的形成與發展 / 170
7.1.3 影子銀行的特徵與分類 / 174
7.1.4 中國影子銀行案例——中誠信託「誠至金開1號」/ 180

7.2 影子銀行的宏觀效應 / 181

7.2.1 加速了金融全球化進程 / 181
7.2.2 對傳統商業銀行帶來機遇和挑戰 / 182

7.2.3　對金融穩定造成衝擊 / 184

　　　7.2.4　加大了貨幣政策調控難度 / 185

　　　7.2.5　加大了金融監管難度 / 187

　7.3　**影子銀行的監管** / 188

　　　7.3.1　影子銀行監管的理論依據 / 188

　　　7.3.2　影子銀行監管的國際動態及措施 / 191

　　　7.3.3　中國影子銀行監管框架構建 / 195

參考文獻 / 200

1　貨幣市場基本理論

1.1　貨幣市場的基本概念

1.1.1　貨幣市場的定義

貨幣市場，與其他所有金融市場一樣，是資金需求方與供給方之間的金融資產與貨幣交換的渠道。然而，它強調的是短期資金的融通，通常指發行與轉讓一年期以內的信用工具的金融市場。

作為資金短期融通的場所，貨幣市場擁有如下特徵：首先，為實現資金在短期內高效率的流轉，作為交易媒介的信用工具應具有交易期限短、流動性高以及低風險低收益的特徵；其次，貨幣市場的參與者類別廣泛，數量眾多，包括銀行類金融機構、非銀行類金融機構、部分非金融機構投資者、個人投資者以及政府，可較好地反應短期資金供需的狀況；最後，貨幣市場交易量較大，可根據交易工具的不同劃分為不同的貨幣市場子市場，根據業務範圍、信用風險的不同為資金供需雙方提供差異化的資金融通的手段。

1.1.2　貨幣市場的體系結構

貨幣市場的體系結構是指，貨幣市場作為一個整體，是由不同的貨幣市場子市場所組成。不同的貨幣市場子市場的劃分依據是各種不同的貨幣市場交易工具。

儘管世界各國的貨幣市場體系結構在具體構成上不盡相同，但最常見的一種劃分是銀行間同業拆借市場、回購協議市場、票據市場和短期債券市場。其中，票據市場包括商業票據市場、銀行承兌匯票市場等；短期債券市場包括短期政府債券市場、大額可轉讓存單市場、公司債券市場等。

貨幣市場子市場之間各有不同又各有聯繫。特別是隨著貨幣市場的發展，

各子市場的參與主體呈現相互滲透的發展趨勢；各個子市場的短期資金價格（利率）相互影響也日益增強。在一個發達的貨幣市場上，各個子市場呈現均衡、協調的發展態勢，既獨立運行又相互作用，共同促進貨幣市場這一有機整體的良好發展。

1.1.3 貨幣市場的運作機制及功能

1.1.3.1 貨幣市場運作機制

貨幣市場的運作離不開貨幣市場交易主體、信用工具及交易價格三大要素。交易主體對資金融通的需求是貨幣市場存在的主要驅動力；而作為貨幣資金的載體，信用工具的存在使得貨幣資金在交易主體間的轉移得以計量、記錄，各個子市場則是聯結市場交易主體之間進行信用工具交易的具體場所和方式；而交易價格以及價格的形成機制則是貨幣市場運行的核心。

貨幣市場的交易主體是貨幣市場的主要參與者，包括資金的需求方、供給方以及仲介機構。其中，貨幣市場的資金需求方是指信用工具的賣方，包括商業銀行、工商企業、政府、中央銀行等；資金供給方是指信用工具的買方，包括商業銀行、非銀行金融機構、工商企業、外國政府、中央銀行、個人等。貨幣市場仲介機構主要是做市商與經紀商，它們的存在為貨幣市場交易提供了便利，提高了效率。

貨幣市場信用工具作為貨幣市場上的交易客體，它在貨幣市場的形成與發展中發揮著重要的作用，任何一個新興的貨幣市場子市場的出現與發展，都有賴於對市場信用工具的不斷開發和創新。傳統的貨幣市場信用工具主要有國庫券、商業票據、可轉讓存單、銀行承兌匯票等，隨著金融創新的推動，一些新的信用工具被不斷開發出來。

利率作為貨幣市場信用工具的價格，其形成機制體現了一國貨幣市場市場化程度的大小。當貨幣市場利率能夠更多依靠市場決定，貨幣市場便具有了反應資金供求關係、引導並實現資金優化配置的功能，政府當局也可以通過基準利率的調整以及公開市場的操作對整個經濟實行調控。貨幣市場利率是由各種不同的信用工具利率構成的利率體系，主要包括：同業拆借利率、短期國債利率、商業票據貼現率及再貼現率、定額存單利率、短期公司債券利率、回購協議利率等。

1.1.3.2 貨幣市場的功能

貨幣市場的功能主要體現為以下三個方面：

一是貨幣市場的基本功能，即實現短期資金的優化配置。通過貨幣市場的

交易活動，短期資金的供需雙方可以實現自己對資金的跨時期、跨市場的安排。

二是金融資產的定價功能。在市場化的價格決定機制下，貨幣市場可為金融資產定價提供基礎價格，如美國聯邦基準利率以及中國再貼現市場利率等基準利率；另外，債券市場上不同期限的無風險利率構成了基準的收益率曲線，是衍生產品定價的基礎。

三是提供了貨幣政策的操作工具和空間。在發達市場經濟國家，中央銀行制定和實施貨幣政策主要是通過公開市場操作業務、法定的存款準備金政策、再貼現政策的具體運用來影響金融市場利率並以此來調節貨幣供應量大小，最終實現政府調控宏觀經濟的目標。

1.2 貨幣市場與其他金融市場的關係

1.2.1 貨幣市場與資本市場的關係

貨幣市場與資本市場都是金融市場的一部分。簡單來說，資本市場是發行與轉讓一年期以上的信用工具的金融市場，而貨幣市場是發行與轉讓一年期以內的信用工具的金融市場。兩者的基本功能都是融資，但由於融通資金期限的不同，也導致了兩個市場之間有所區別——在資產的三性中（流動性、安全性、盈利性），貨幣市場信用工具具有「貨幣性」，側重於流動性和安全性；而資本市場信用工具具有「資本性」，側重於盈利性。但是，兩個市場間存在價格上的相關性與參與主體的部分重疊。

目前，中國貨幣市場與資本市場仍然屬於割裂狀態。首先，為防止股市風險滲透到貨幣市場，中國禁止銀行的資金流入股市；這使得兩個市場的參與主體不同，在一定程度上阻礙了兩個市場風險的相互傳染。其次，是技術層面的因素，兩個市場的報價系統及交易網絡有所不同。最後，兩個市場的交易方式存在不同。

然而，貨幣市場與資本市場之間的界限在國際上卻是日益模糊，兩個市場呈現出日益融合的趨勢。首先是交易期限的模糊，可提前償還債務工具的出現、短期融資工具到期後轉期的實施等因素使得短期與長期的簡單界限並不那麼清晰。其次，貨幣市場上的參與者並非僅僅為了資產流動性管理之需，而是越來越傾向於貨幣市場的收益水平，而金融創新的本質是對金融工具的特性加以分解、重新組合，那麼貨幣市場的流動性與資本市場的盈利性必然會被融合

進一種金融工具之中。

1.2.2 貨幣市場與外匯市場的關係

外匯市場是指經營外幣和以外幣計價的票據等有價證券買賣的市場，它是金融市場的主要組成部分。有學者在進行貨幣市場定義時，將外匯市場也作為貨幣市場子市場之一，如戴國強（2002）認為，短期外匯市場也有貨幣市場的短期融資及政策功能（為貨幣政策操作提供工具和空間），並且外匯市場的參與主體與貨幣市場子市場的參與主體有所重疊，因此將外匯市場作為貨幣市場子市場之一。但由於外匯市場在成立伊始的最大功能並不是融資，因此傳統的貨幣市場子市場的劃分中並沒有包含外匯市場。

外匯市場與貨幣市場之間的區別在於：第一，兩個市場的交易目的不一樣。貨幣市場的形成是為了短期資金融通；外匯市場的形成是由於國際上因貿易、投資、旅遊等經濟往來，總不免產生貨幣收支關係，但各國貨幣制度不同，要想在國外支付，必須先以本國貨幣購買外幣；從國外收到外幣支付憑證也必須兌換成本國貨幣才能在國內流通。這樣就產生了本國貨幣與外國貨幣的兌換需求。西方國家中央銀行為執行外匯政策，影響外匯匯率，經常買賣外匯。所有買賣外匯的商業銀行、專營外匯業務的銀行、外匯經紀人、進出口商，以及其外匯市場其他外匯供求者都參與各種外匯交易。這一切外匯活動組成了一國的外匯市場。第二，兩個市場交易對象不一致。外匯市場是對外匯進行買賣的場所或交易網絡；而貨幣市場是對限期一年或一年以下的短期資金進行借貸的市場。第三，兩個市場的交易類型不同。外匯市場由即期交易市場、遠期交易市場和掉期交易市場組成；而貨幣市場是由同業拆借市場、回購協議市場、短期債券市場和票據市場等組成。第四，貨幣使用種類不同。外匯市場上，一筆外匯交易，必然涉及兩種貨幣；而貨幣市場上一般一筆交易活動只涉及一種貨幣，交易雙方使用同一種貨幣。第五，市場功能不同。外匯市場的功能是實現貨幣種類的兌換，並防止匯率變動的風險；而貨幣市場的功能只是融通短期資金的余缺。

兩個交易市場雖然有諸多區別，但也存在緊密的聯繫。特別是，外匯市場在資源配置的基礎性作用方面不斷完善，與貨幣市場一起為銀行和企業提供更多的風險管理工具。例如，銀行間外匯市場於2005年8月2日允許開辦遠期結售匯業務，銀行對客戶辦理不涉及利率互換的人民幣與外幣掉期業務，2005年8月8日允許符合條件的非金融企業按實需原則進入銀行間即期外匯市場進行自營性交易等。另外，匯率改革以來，政府採用的各種金融市場改革措施增

強了市場之間的聯繫，使得市場的一體化程度顯著提高。研究表明，外匯市場與貨幣市場間存在雙向的溢出關係，具體體現在兩個市場價格（匯率與利率）的變動會相互影響，央行的貨幣政策能夠顯著影響外匯市場價格變化，而外匯市場價格變化也會影響貨幣市場利率。

1.2.3　貨幣市場與衍生金融市場的關係

衍生金融市場是基礎金融市場派生出來的，是以衍生品為交易對象的市場。所謂衍生品，也叫衍生證券，是一種金融工具，其價值依賴於其他基礎性資產價值的變動。衍生品種類主要包括期貨、期權、互換、遠期合約等衍生品。近年來，國際金融市場最顯著、最重要的特徵之一就是衍生品的迅速發展。

目前，貨幣市場中推出大量衍生金融產品，企業可充分利用這些工具規避各種風險。如基於對市場的預期，融券企業可選擇合適時機提前確定收益，將持有債券性質變為應收款項；融資企業也可選擇合適市場時機提前鎖定融資成本，避免利率上升的風險。利率互換則可使融資企業充分利用相互間的比較優勢，合力降低融資成本；即使企業在目標融資領域沒有融資優勢，仍可以通過利率互換借助其他企業在特定領域的融資優勢降低融資成本，反之亦然。銀行間外匯市場業務給外貿企業提供了規避匯率風險的手段，這在人民幣匯率彈性不斷增強的情況下顯得尤為重要。基於對匯率變動的一定預期，企業出口收取外匯后可選擇對銀行遠期售匯以獲取更好的售匯匯率。同樣，有進口用匯企業也可申請遠期售匯提前鎖定換匯成本。貨幣市場衍生金融產品豐富了企業風險管理的渠道，提供了合理避險的工具，增強了企業適應利率、匯率變動的能力，提高了企業管理財務風險的綜合能力，這對企業的長遠發展尤其重要。

1.3　貨幣市場的場外交易

1.3.1　場外交易概述

中國法規中並未對場外交易作出明文規定，理論界和實務界也有不同定義。在對比解讀相關學界和實務界各自對場外交易市場的表述后，究其根本，共性依然顯而易見——場外交易市場其實就是相對於「場內交易市場」的一個概念，特指證券交易所之外的、任何可以進行證券交易的場所，包括早期僅有的部分證券商的營業櫃臺或其他一些報價、交易系統等。場外交易市場可能

是有形的（如店頭市場、櫃臺市場），也可能是無形的電子交易網絡市場（如美國的OTCBB市場、中國現在的代辦股份轉讓系統）。總之，場外交易市場和證券交易所市場共同構築了各類證券交易的完整市場需求，數百年來，兩者在證券交易市場的發展過程中一直相互促進，形成補充。

1.3.1.1 場外交易市場與場內交易市場的關係

場內交易市場，簡言之，即證券交易所市場，是為已公開發行證券提供集中交易的場所和設施，並組織和監督證券交易，實行自律管理的法人。在中國法律框架之下，《中華人民共和國證券法》（以下簡稱《證券法》）明確規定，「依法公開發行的股票、公司債券及其他證券，應當在依法設立的證券交易所上市交易或者在國務院批准的其他證券交易場所轉讓」。該條文即目前中國對證券交易活動場所的最高規定，同時從側面表明證券交易所和交易所以外的、經國務院批准的其他場外證券交易場所，在中國一同承擔起為已經公開發行的證券提供合法流通轉讓的職責。目前中國大陸地區的（基礎）證券場內交易市場，由上海證券交易所和深圳證券交易所兩者組成。

場外交易市場，作為與上述場內交易市場相對的一個概念，涉及面很廣闊，既包括早期的店頭市場或櫃臺市場，也包括后來出現的由客戶通過電話、電傳、電子信息網絡和券商經營機構進行場外交易的無形市場。包括：代辦股份轉讓系統（包括老三板和新三板）、產權交易市場（全國各地有200多家產權交易機構）以及區域股權交易市場（如天津股權交易所）等。

1.3.1.2 場外交易市場與二板市場的關係

二板市場，是在主板市場發展之後，為了滿足部分成長性較高的中小企業或者創新型企業的融資需求，解決科技企業初創之際的融資問題，而逐步發展起來的。中國的二板市場，目前指創業板市場。創業板的推出過程極為不易，在經深交所籌備10年之后於2009年3月推出，目的就是為成長型和創新型企業提供金融服務和融資平臺。不同於中小企業板之前的延續主板規則的風格，創業板較好地支持了科技產業的發展，截止到2014年5月，中國創業板上市企業共計379家，總市值已達16,961億元。

場外交易市場和二板市場兩者名稱完全不同，但在中國證券交易市場發展初期，由於創業板等尚未推出，兩者經常被放在一起討論研究。究其原因，兩者是理論界依不同標準劃分的兩個概念，放在不同場景下兩者可能會產生交集。其實，場外交易市場是和證券交易所市場相對應的概念，而二板市場是與主板、三板市場等相區別的市場劃分，是基於其上市標準、服務對象等不同於主板市場要求所形成的市場。

隨著 2009 年創業板成功在深圳證券交易所推出，中國的二板市場採取場內交易市場的發展模式得到了明確，二板市場與場外交易市場的區別就十分清晰，二板市場不屬於場外交易市場的研究範疇。

1.3.1.3 場外市場與三板市場

目前，三板市場在中國資本市場中成為一個研究熱點，但其概念比較模糊，有的認為三板市場是一國場外交易市場中受監管的全國性統一市場，有的研究則將三板市場與場外交易市場同義使用。

在中國發展多層次資本市場的進程中，主板、二板、三板市場對應於不同層次的融資主體，旨在滿足不同層次的投融資需求。總的來說，各板之間，入市標準的寬嚴、監管標準的松緊、信息披露的層級、融資範圍的大小等內容呈現層級下降，后者可以為前者提供入市資源，各板間既相互依存又進退有序。中國目前三板市場有老三板和新三板之分，前者是指代辦股份轉讓系統，成立於 2001 年 7 月，是指由中國證券業協會批准，由具有代辦非上市公司股份轉讓業務資格的證券公司採用電子交易方式，為非上市公司提供的特別轉讓服務，主要是為退市后的上市公司股份流通提供服務，也解決了原 STAQ 和 NET 系統掛牌公司法人股交易問題。后者稱為「中關村園區股份報價轉讓系統」，最初針對中關村科技企業開放，隨著政策的推進，進一步向全國其他地區科技型企業開放。新三板是目前市場發展的重點，一種說法是希望建立起中國真正的創業板市場。場外交易市場，是除了證券交易所市場之外的一切有形或者無形的證券市場，是比三板市場更加擴展的一個概念，包括更多的內部子市場或者場外市場層次。實踐中，場外交易市場範圍更為廣泛，如美國的場外交易市場包括了 NASDAQ、OTCBB、粉單市場等多個層次。中國的場外交易市場，除了三板市場之外，還應包括各地的產權交易市場和區域股權交易市場等。所以，儘管三板市場是場外交易市場構成中較重要的組成部分，但是場外交易市場的概念卻明顯大於三板市場。

1.3.2 場外交易市場的特徵

1.3.2.1 場外交易市場交易的證券數量更多

在中國，股票、債券、證券投資基金份額等現在均可以在證券交易所進行交易，儘管證券交易所交易品種十分豐富，但事實上鑒於證券交易所上市交易的證券具有高標準化特徵，同時對上市公司亦有很高要求，所以證券交易所整體規模依然十分有限。截止到 2014 年 5 月，中國上海證券交易所上市公司 958 家，上市各類債券 2049 只，上市基金 58 只。深圳證券交易所上市公司 1578

家、上市各類債券459只，上市基金321只。滬深兩市包括主板、中小企業板、創業板在內的總市值計23.9萬億元。而截止到2014年5月，在銀行間市場託管的債券數量，包括政府債券、央行票據、政府機構債、銀行債券、企業債券、中期票據等各類債券在內，共4510只，總計26.9萬億元。這還沒有包括新三板和老三板託管的上市公司數量及市值。這在國外也是如此，場外市場往往是債券交易的主要場所，而在中國，由於交易所市場發展進程比較曲折，要想在短期內把中國大量公司納入交易所市場上市是不太可能的，面對中國成千上萬未能上市的股份有限公司的股份流動需求，場外交易市場可進行交易的股票數量相對更多，從而可以更好地滿足市場中不同類型的融投資需求。

1.3.2.2 場外交易市場具有更為靈活的交易方式

在交易方式的選擇上，與傳統的交易所交易需要委託證券公司等券商進行交易不同，場外交易市場中，投資者可以直接「一對一」協商交易，也可以委託專業的仲介代為參與交易。考察美國OTCBB市場等場外交易市場，往往還引入了獨特的做市商制度。做市商（Market Maker）進行雙向報價，並在該價位上接受投資者的買賣要求，做市商以其自有資金或證券與投資者進行交易。做市商經過自己的專業判斷，用自己的帳戶買賣相關證券，而投資者可以直接與做市商進行買入或賣出交易，以此保持場外交易市場的流動性和活躍度。在中國，真正意義上的全國性場外交易市場尚未建成，區域性場外交易市場亦在探索試點過程中，但在代辦股份轉讓系統的新三板建設以及天津股權交易所的試點工作中，場外交易方式的獨特制度依然被很好地嘗試引入。比如，新三板的代辦報價轉讓交易採用協商定價制；天津股權交易所更是創新性引入做市商雙向報價，並在不同時段採用集合競價、協商定價的混合交易形式。故而，不論美國還是中國的場外交易市場，都具有比證券交易所集中競價等方式更為獨特的場外交易方式。

1.3.2.3 場外交易市場的監管相對寬鬆

對比前面提及的場外交易市場與場內交易市場的諸多差異，做市商制度的引入顯得最為有特色。做市商制度的採用不僅保證了場外交易的高效性和市場活力，同時因為專業券商的參加介入，場外交易市場的監管方式也得以一定程度的轉變。監管主體上，監管機構一般不採取集中監管的方式來完成對場外交易市場這樣一個入市門檻較低的證券交易市場的有效監管。實踐中，往往通過證券業協會及做市商實施交易過程中的自律監管等形式，來達成具體監管效果的實現。目前中國場外交易市場體系中，代辦股份轉讓系統由中國證券業協會負責直接監管，中國證監會間接監督；各地產權交易所由相應的各地政府及國

有資產管理部門主要負責監管，中國證監會暫時未介入系統監管。從中國場外交易市場的監管主體相對分散、缺乏統一的監管現實，我們不難發現，相對於「集中監管」的證券交易所而言，場外交易市場目前仍然由於入市門檻標準偏低、監管較為分散等原因，整體監管面上仍較為寬鬆。

2 國際貨幣市場比較與借鑑

2.1 英國貨幣市場發展歷程及現狀

2.1.1 英國貨幣市場發展歷程

英國貨幣市場發展已有200多年的歷史。對英國來說,貨幣市場分為貼現市場和平行市場。

通常認為,現代典型意義上的貨幣市場最早為英國19世紀初出現的貼現市場,當時主要是在商業信用的基礎上利用銀行信用對票據進行貼現。英國的貼現市場分為國庫券市場、短期資金拆借市場、商業票據市場和短期金融工具市場。英國的貼現市場除了從零售銀行獲得短期資金外,還從批發性銀行(如商人銀行等)及其他非銀行金融機構(如保險公司、養老金機構、投資信託公司等)取得各種形式的資金,從而使其貼現市場有更多的資金來源。貼現市場在英國貨幣市場中具有獨特性,目前英國的貼現市場是由貼現行、英格蘭銀行、清算銀行、商人銀行、證券經濟商號及承兌行等金融機構組成,貼現行在貼現市場上居中心地位,成為英格蘭銀行與商業銀行之間的緩衝器。倫敦11家貼現行是貼現市場的核心,主要從事英國政府的國庫券、商業票據和政府短期債券的貼現。西方大多數國家的貨幣市場上,都是工商企業向商業銀行貼現,商業銀行向中央銀行再貼現;而在英國,由於交易的傳統習慣和貨幣市場仲介機構的構成、地位和業務的側重點定位,使英國選擇了各種票據的貼現和再貼現都在貼現市場上通過貼現行進行。英國的貼現市場上,貼現行向商業銀行借入短期資金,投資於短期票據或政府證券。具體操作過程是貼現行從一些商業銀行以低於借貸利率的價格買進商業票據,再將這些商業票據賣給一些手頭有多餘資金的銀行和投資者,從而通過貼現率與借貸利率之間的微小利差賺取利潤。當貼現行需要資金時,可將證券或票據再賣給英格蘭銀行,或向其

再貼現或借款。貼現行是英格蘭銀行作為最后貸款人的唯一對象，其放款數量一般都能滿足貼現行對資金的實際需要。貼現市場通過獲得英格蘭銀行的這種流動性保證反過來又保證了銀行系統流動性的穩定。貼現市場實際上就是英格蘭銀行與其它商業銀行之間的橋樑，英格蘭銀行並不直接參與貼現市場，而是通過向貼現行提供資金融通的方式間接進行，並通過調整對貼現行的放款利率和買賣票據的公開市場方式來干預市場，傳導其貨幣政策。

在英國的貨幣市場上，同貼現市場並存的平行貨幣市場是在 20 世紀 50 年代中期形成的一種新型貨幣市場。平行市場是由銀行同業拆借市場、大額可轉讓存單市場構成，其中銀行同業市場具有更為特殊重要的地位。從 1996 年 1 月 2 日開始，金邊證券回購市場也正式運作，該市場包括回購協議市場和金邊債券借貸市場，它是一種專業的批發市場，最低交易金額在 100 萬英鎊。1997 年 11 月，金邊回購協議金額達 720 億英鎊，金邊債券借貸達 240 億英鎊。平行貨幣市場的參與者有清算銀行、大的歐洲銀行、貼現行、國際證券公司、政府機構。平行貨幣市場主要包括地方政府貨幣市場、銀行同業市場、存款證市場、公司同業市場四大類，其中前三類規模相對較大。平行貨幣市場的發展得益於兩大因素：一是英國的地方政府需要從金融市場上籌得大量資金；二是租購業務的擴張意味著一級銀行及傳統的貼現市場已經無法滿足個人和企業日益增長的資金需要。同時，國際金融市場上的短期資金（主要是歐洲美元）交易促進了歐洲貨幣市場的發展。這些新金融機構仲介創造了許多新型的金融債權，形成了同貼現市場平行活動的各種新貨幣市場，這就是平行貨幣市場的由來。

隨著該市場業務不斷擴大，英國的一級銀行也加入了平行貨幣市場的交易活動，這就使平行貨幣市場的業務內容和規模不斷擴大。近些年來，英國政府對進入貼現市場的限制有所放松，因此貼現市場與平行市場在業務上已經不像原先那樣涇渭分明。儘管如此，同傳統的貼現市場相比，平行貨幣市場上的資金有以下一些特點：一是借款行沒有英格蘭銀行提供的保證。二是平行貨幣市場上的利率變化不像貼現市場那樣直接受英格蘭銀行的影響，完全是由資金供求關係來決定的。不過，平行貨幣市場的利率走勢基本上與貼現市場趨同。三是在平行貨幣市場上，沒有像英格蘭銀行這種向貼現行提供資金的最終貸款人。但是，英格蘭銀行根據有關法律對參與平行貨幣市場交易的金融機構同樣有非常嚴格的監管。所以，從謹慎操作方面來看，平行貨幣市場與貼現市場基本上是一致的。四是平行貨幣市場的大部分資金交易都是通過經紀人在供需雙方之間牽線搭橋完成。英國貨幣市場中的平行市場也是一個無形的、由經紀人

通過電話與資金需求和資金供給雙方聯繫進行交易的電話市場。在英鎊貨幣市場上，貨幣可以在機構公司和銀行之間進行借貸，不用抵押品，而且也沒有貨幣當局的直接引導和管制。英格蘭銀行在市場上不再對任何人作為最后貸款者。在其他金融中心，交易在銀行或公司之間直接進行。而在倫敦，則廣泛運用經紀人制度，且經紀人買進海外經紀人股權，設立海外附屬公司，在其他金融中心進行交易。

倫敦是一個國際經紀人事務所中心，在倫敦有幾家大的經紀人公司，它們是一種高度職業化的組織，已成為最大的經紀人事務所，可以把貨幣投放在任何一個市場上進行外幣和英鎊的交易。經紀人有兩個協會組織：一個是「外匯和外幣存款經紀人協會」，這個協會的經紀人可以經營外匯或外幣存款或兼營這兩種業務。要成為該協會的會員，經紀人必須取得英格蘭銀行的「認可」。另一個是「英鎊經紀人協會」，這個協會的經紀人只經營英鎊存款業務。英國銀行同業市場上，銀行通過經紀人網絡直接利用存款收據借貸，而這些存款收據不能買賣。在存單市場上，貨幣經紀人代表客戶買賣這些存單，有時與貼現行交易，有時與銀行或大公司交易。

2.1.2　英國貨幣市場現狀

2.1.2.1　貼現市場

貼現市場是英國建立最早、歷時最長的貨幣市場。在20世紀50年代中期以前，貼現市場曾是英國唯一的貨幣市場。19世紀30年代，英格蘭銀行許諾做貼現行的「最終貸款人」，極大地促進了貼現市場的發展。今天，貼現市場與其他新興貨幣市場平行發展，但與其他貨幣市場不同的是貼現市場仍是英國唯一的有擔保信貸的貨幣市場。

英國的貼現市場由貼現行、英格蘭銀行、清算銀行、商人銀行、證券經紀商及承兌行等金融機構組成，並且以貼現行為中心，主要從事英國政府的國庫券、商業票據和政府短期債券的貼現。由於貼現行是英格蘭銀行最后放款者的唯一對象，英格蘭銀行對貼現行的放貸數量一般都能滿足貼現行對資金的實際需求。所以，貼現行的流動性有英格蘭銀行保證。貼現市場通過獲得英格蘭銀行的這種流動性反過來又保證了銀行系統流動性的穩定。在這種情況下，貼現市場實際上就是英格蘭銀行與其他商業銀行之間的橋樑，這種運作機制可以說是英國金融體系的一大特色。同時，英國貼現市場也就成了英格蘭銀行向商業銀行以及投資者傳導其貨幣政策意圖的渠道。

英國貼現市場除了通過短期票據交易，為商業銀行進行資金調劑，促成銀

行系統內部資金平衡外，還有其他一些功能。其具體表現在：英格蘭銀行每天通過在貼現市場上的運作來促使中央政府與英國其他經濟部門之間的資金流動平衡；為英格蘭銀行調整短期利率提供必要的場所；為進行國庫券買賣提供場所；同時也為英國地方政府證券和商業票據的交易提供場所。貼現市場與英格蘭銀行有著特殊的借貸關係亚在英格蘭銀行與商業銀行之間處於中心地位。這樣以貼現為中心的貼現市場就成了英國商業銀行隨時調整流動性的場所。

實際上，英國的貼現市場又分為國庫券市場、短期資金拆借市場、商業銀行票據市場和短期金融工具市場。

(1) 國庫券市場

在英國，國庫券是流動性非常高的金融資產。國庫券是流動性非常高的金融資產。國庫券不僅是英國政府每週發行用以彌補政府短期債務和籌資的工具，而且也是英格蘭銀行用以調劑現金余缺和對貨幣供應量進行微調的重要手段。英格蘭銀行發行國庫券主要採用招標和隨要隨供兩種方式。隨要隨供主要是直接供應給政府部門和有多余資金的其他貨幣當局；招標發行則是針對貼現行、貼現經紀人、銀行以及非銀行私人部門，其供應數量取決於政府借債要求和英格蘭銀行對貨幣供應量增長的意圖。國庫券面額從5000英鎊到100萬英鎊不等，期限為3個月。招標的國庫券每週向市場標售一次，最低標額為5萬英鎊，到期按面額償還。英格蘭銀行通過貼現市場買賣國庫券或通過讓貼現行以國庫券為擔保籌集資金這些方式來調節銀行系統的資金余缺，是英格蘭銀行體系長期以來所形成的一種特殊做法。

(2) 短期資金拆借市場

短期資金拆借市場又稱為活期存款市場，所交易的資金主要包括隨要隨還的或者可以過夜的資金，主要是清算銀行之間通過貼現行作為中間人進行的短期資金拆借。在銀行同業拆借市場出現前，這是英國銀行間拆借市場資金的唯一場所。短期資金市場的參加者早期只有貼現行、貼現經紀人和主要清算銀行，現已有所擴大。短期資金拆借市場除了銀行同業拆借外，還有企業之間的資金拆借和銀行對證券商放款兩種形式。

在英國短期資金拆借市場上，資金拆借利率按照日計算，通常又稱為「日拆」。拆借日期多為一天、幾天，也有以月計算的，但最長不超過一年。

短期資金拆借市場是英鎊貨幣市場的重要組成部分。其職能主要表現為：第一，短期資金拆借市場能平衡資金分配中的失衡，對分配不均的資金進行調整，以實現社會資金在不同部門和地區的合理分佈；第二，短期資金拆借市場能為資金供應者和需求者提供靈活方便的融資渠道，較快地解決短期、靈活和

信用較強的資金需要；第三，短期資金拆借市場能充分挖掘和利用現有資金的潛力，促使整個社會不斷提高資金的使用效率；第四，短期資金拆借市場通過市場利率的傳遞，調節資金供求和資金流向；第五，短期資金拆借市場能經常向決策者和經營者提供制定決策和投資方案所需要的信息。總之，英國短期資金拆借市場在英國經濟發展中發揮著重要作用。

（3）商業票據市場

傳統上，英國的商業票據是因商品交易而產生的一種憑證，屬於商業信用，形式多為出票人為付款人的本票。隨著貿易的發展和金融機構與金融市場的出現，商業票據逐漸作為代替現金流通和作為支付手段、結算債券的一種金融工具。商業票據已經成為一些大型工商企業和銀行為籌集短期資金而發行的短期借款票據和短期融資工具。

長期以來，英國金融市場上流通的票據種類較多，其中主要有匯票、本票和支票。英國商業票據市場上所流通的商業票據的面額不等，通常在25萬英鎊到100萬英鎊之間。商業票據的期限在一個月到半年之間，通常其期限是3個月。商業票據在票面上不標明利率，而是以貼現的方式發行。英國的商業票據通常又被稱為「持票人票據」，可以在二級市場上轉讓。不過，其中未經銀行承兌的稱為「貿易票據」，在市場上的信譽相對較低。

英國的銀行票據又分為「合格票據」和「非合格票據」兩種。合格票據是由英格蘭銀行認可合格的銀行承兌票據，可在英格蘭銀行辦理貼現。非合格票據往往是指沒有獲得英格蘭銀行認可的銀行承兌票據。長期以來，英國貼現商業票據一直是貼現行的傳統業務之一。貼現率的高低受多種因素的影響，它除了取決於利率水平、貨幣市場資金餘缺狀況、票據期限長短和供求關係外，還取決於承兌銀行是否被英格蘭銀行認可及其信譽的高低。

（4）短期金融工具市場

在英國，像期限5年以下的政府債券這種金融工具也可以用來緩解零售銀行系統的現金短缺。這種做法早在20世紀30年代就已經存在，並得到不斷發展，只是這一市場較前三大市場小得多。

需要提及的是，英國的貼現市場除了從零售銀行獲得短期資金外，還從批發銀行及其他非銀行金融機構取得各種形式的英鎊資金，從而使其貼現市場有更多的資金來源。

2.1.2.2 平行市場

平行貨幣市場主要是由地方政府貨幣市場、銀行同業市場、存款證市場和公司同業市場等組成，其中地方政府貨幣市場、銀行同業市場和存款證市場的

規模相對較大，而公司同業市場的規模相對較小。

(1) 地方政府貨幣市場

英國地方政府為滿足不同時期的財政開支需要必須從政府以外的其他渠道籌集資金。地方政府貨幣市場則視為滿足地方政府的這種籌資需要而出現的，並成為地方政府獲得短期資金的主要場所。英國地方政府貨幣市場創建於1955年，可以說是英國最早出現的平行英鎊貨幣市場。英國地方政府從政府以外的其他渠道獲得資金的主要方式是吸收存款、發行多種不同類型的地方政府證券等，地方政府吸收的存款多為活期存款，存期為隔夜、2天或7天通知存款，也有最長1年的定期存款。地方政府接收存款後出具存款收據，不過，地方政府所接收的大部分存款期限都在7天以下，而且最低存款額10萬英鎊，存款來源主要是金融機構、大型工商企業和海外機構。

目前在英國地方政府貨幣市場流通的地方政府證券種類較多，既有地方政府發行的短期債券、長期債券，也有收入票據等，這些證券的保證條件大致相同。地方政府短期債券票面額為5000英鎊、1萬英鎊、2.5萬英鎊、5萬英鎊和10萬英鎊，期限大都為3個月，也有少部分為6個月。英國地方政府債券不定期發行，一旦發行前必須獲得英格蘭銀行許可，一般通過指定銀行公開招標發行。

(2) 銀行同業市場

由於歷史原因，英國的商業銀行之間原先是不相互借貸的，商業銀行只將多餘的短期資金貸給貼現市場。20世紀50年代中期以後，由於銀行競爭加劇和籌集短期資金的需要，銀行同業市場才發展起來。銀行同業市場交易的金融工具是銀行之間的存款，主要是3個月以內的短期融資，其中大部分為隔夜拆借。每筆交易最低限額為50萬英鎊，高的可達1000萬英鎊以上。銀行同業市場的借貸沒有擔保，完全憑藉款人信譽。銀行同業市場的利率已經成為所有平行貨幣市場最重要的指示器，其中倫敦銀行同業拆放利率更為重要，已經成為國際金融市場廣泛的參考利率。

目前，銀行同業市場是平行英鎊貨幣市場中最大的市場，並且已經成為聯結倫敦貨幣市場各類參與者的主要紐帶。因此，參與銀行同業市場的機構除了清算銀行、商人銀行、貼現行、金融行、海外銀行、外國銀行及國際金融機構外，還包括許多非銀行金融機構。銀行同業市場的交易方式主要是通過經紀人進行，近年來，直接交易也有所發展。

(3) 存款證市場

英國的存款證市場是進行存款證交易的次級市場。英國的存款證又被稱為

高額存單，是銀行和房屋互助協會發行的定期存單，載有存款期限及適用利率。存款證作為金融市場的金融工具始於 20 世紀 60 年代，由美國傳入英國后迅速發展，現已達數百億英鎊。目前，倫敦市場流通的存款證既有英鎊存款證，也有美元存款證。英鎊存款證最低面額 5 萬英鎊並按 1 萬英鎊的倍數增加，最高可達 50 萬英鎊以上。英鎊存款證期限從 3 個月到 5 年不等，最常見的是 3 個月的存款證。存款證利率在發行時規定，最初為固定利率，現在大都採用可變利率或浮動利率。

英國最早發行存款證的金融機構是承兌行、英國海外銀行和外國銀行，現在清算銀行為主要發行人。商業銀行所持有的存款證數量最多，此外，其他金融機構如房屋互助協會、單位信託公司以及工商企業和其他投資者也持有一定數量存款證。由於存款證同其他證券一樣可以轉讓，所以英國的存款證市場同其他證券市場分為初級市場和次級市場。存款證可以買賣轉讓和次級存款證市場交易活躍是使存款證產品廣受歡迎的原因。

（4）公司間市場

公司間市場又稱為商業票據市場，它是在商業票據市場的基礎上發展起來的，也是英鎊貨幣市場中最新的平行貨幣市場。

公司間市場創建於 1967 年。當時，由於英國政府緊縮銀根、嚴格控製銀行貸款規模，使企業資金需求無法得到滿足，被迫通過相互融資來加以滿足，於是就有了公司間市場。公司間市場雖然是公司之間進行資金調劑的場所，但該市場的資金主要還是來自銀行。公司間市場的交易由貨幣經紀人居中撮合成交，貸款通常只貸給英國最大的 500 家企業。貸款的最低金額為 5 萬英鎊，通常為 25 萬英鎊。公司間市場的貸款沒有擔保，所以利率略高於其他貨幣市場，貸款期限從 3 個月到 5 年不等。

英國的平行貨幣市場是相互聯繫和相互影響的。有的銀行或金融機構同時可以充當幾個不同類型平行貨幣市場的貸款人。同樣，有些銀行與金融機構也同時參加多個市場的交易活動。這就使各類平行貨幣市場的利率相互影響和相互聯繫。此外，隨著英國政府近年來對金融機構管制的放鬆，大大促進了各類金融機構之間的競爭，並使傳統的貼現市場與新興的平行貨幣市場的業務內容日益趨同，二者之間的差別越來越小。

2.2 美國貨幣市場發展歷程及現狀

2.2.1 美國貨幣市場發展歷程

美國擁有世界上最發達的貨幣市場，如紐約不僅是美國的金融中心，而且也是世界上最大的國際金融中心。美國的金融機構創造出複雜多樣的市場工具，活躍在貨幣市場的參與者除了美國聯邦儲備體系外，還有聯邦政府、地方政府、大商業銀行、外國銀行和大公司等。聯邦儲備銀行在貨幣市場中起著主導作用，它通過聯邦資金的調節對美國銀行和貨幣市場進行管理和監督。

美國貨幣市場的發展，大約可以分為四個階段，在這四個階段的發展過程中，歷史、經濟及政治因素對貨幣市場的發展發揮了推動作用。第一個階段是美國獨立戰爭至20世紀初。這一階段貨幣市場的發展明顯受到兩個方面因素的巨大影響，一是美國資本主義商品生產和貿易關係的逐漸確立和發展。由於這一階段自由資本主義思想主導美國經濟發展，加之貿易日趨繁榮，因而，建立在商品貿易關係基礎上的市場導向明顯的商業票據市場得到穩步的發展。所以，商業票據市場也是美國最早出現的貨幣市場。二是美國獨立戰爭及美國內戰推動了為戰爭服務的貨幣交易與融資體系。在戰爭期間，為籌集戰爭經費而發行的融資券，其二級市場一度十分活躍。但是，這種適應戰時需要的交易市場及其交易體系並不完備，亦不長久。第二個階段是20世紀初至60年代。這一階段的顯著特徵是資本主義經濟的週期性動盪、二次世界大戰及國家干預主義對金融體系及貨幣市場造成了深刻影響。20世紀初美國資本主義經濟已經從自由資本主義進入到了壟斷資本主義階段，隨著社會化、專業化工業生產的建立和貿易的繁榮，貨幣市場不斷得到培育和發展，新型金融工具不斷創新，貨幣市場不斷得到培育和發展，新型金融工具不斷創新，貨幣市場越來越繁榮。但是，貨幣市場的繁榮景象受到20世紀30年代大危機沉重打擊。第二次世界大戰期間，由於美國在戰爭中處於特殊地位，因此，戰時畸形的經濟繁榮再次刺激了貨幣市場，特別是國家債券和國庫券市場的發展與繁榮。戰爭結束后，受國家干預主義影響，進一步刺激了以國庫券和國家債券為主要交易工具的貨幣市場的發展。第三個階段是20世紀70~80年代，一方面貨幣市場當局日趨嚴格的金融監管與金融交易主體不斷旺盛的創新力量之間展開著激烈的較量；另一方面，金融全球化、一體化趨勢的不斷加強和金融市場變化的加劇，增強了貨幣市場的競爭機制，激發著越來越強烈的創新需求。在此背景下，美

國貨幣市場在金融工具、交易形式和金融組織形式等方面創新不斷，市場也變得更加活躍，結構更趨複雜。第四個階段是20世紀90年代至今，一方面新技術革命成果在金融領域的廣泛應用，帶動著金融交易技術、金融市場格局和金融交易形式的巨大變革；另一方面，金融國際化、一體化進程不斷發展，金融自由化重新成為市場發展的主流。而且這些方面的影響現在才剛剛開始，遠沒有結束，它對貨幣市場的影響將是深刻而長遠的。

2.2.2　美國貨幣市場現狀

2.2.2.1　國庫券市場

國庫券市場是美國財政部發行的短期債券，借以應付國庫季節性的財政需要，發展到現在已經成為短期信用的重要工具。美國政府財政部是貨幣市場上短期金融工具最主要的發行者，它發行的短期國庫券（期限在1年以下，也稱為T-Bills）在短期債券市場占據主要地位，發行量最大，占美國各類短期債務額的80％。T-Bills的利率是貨幣市場其他工具的利率基礎。

國庫券作為一種短期債務，在金融市場上流通的所有票據中，它被認為不存在違約風險，是市場化程度最高的債券。另外投資國庫券所獲收益是免稅的，所以個人、金融機構、公司和國外等許多投資者都持有國庫券。另外，國庫券還是聯邦儲備體系債務管理和實施貨幣政策的重要工具。

從持有者方面來看，美國國庫券的主要持有者是美國政府投資帳戶、聯邦儲備銀行、商業銀行、非金融公司、州和地方政府以及外國人。商業銀行持有的國庫券不僅是其流動資產，而且是商業銀行的二級儲備。聯邦儲備銀行在公開市場業務中通過買賣國庫券來影響現行貨幣市場工具的利率以達到貫徹貨幣政策的目的。

2.2.2.2　商業票據市場

商業票據是信譽卓著的大工商企業、金融公司和非金融公司發行的短期期票，是一種無抵押擔保的借款。因為在一定的時期內通過發行短期票據籌集資金的借款成本要低於從銀行籌資的成本，而投資者則由於商業票據比短期國庫券提供更高的收益而願意購買。發行商業票據的目的主要是為了滿足季節性資金需要。在美國發行商業票據不需要在證券交易委員會註冊，而是採取貼現方式發行，票據到期時按票面金額償還。商業票據的到期日長短不等，與短期國庫券的期限大體一致，但是一般不超過270天。從美國商業票據的發展歷史來看，有一點可以明確指出：商業票據市場的發展是商業信用發展的產物，同時也為其他貨幣市場的發展奠定了信用基礎。

商業票據的最低金額一般為 2.5 萬美元。大公司一般通過經紀人或中間商發行，而金融公司則直接發行給投資者。大公司發行的商業票據一般有資信評估，並由銀行信貸額擔保。商業票據近年發展迅速，已成為大金融公司和銀行持股公司重要的籌資方式。商業票據的二級市場很小，許多金融公司在票據到期前即贖回。過去，美國商業銀行是商業票據的主要投資者，現在許多大公司、保險公司、年金組織和外國投資者也大量購買商業票據。商業票據的期限一般為 3 個月、6 個月、9 個月，很少有超過 9 個月的。美國大約有近千家美國和外國公司發行商業票據，其利息率一般高於國庫券利率。

2.2.2.3 銀行承兌匯票市場

銀行承兌匯票是指銀行承兌的商業匯票，匯票一經銀行承兌，銀行便成為主債務人。在國際貿易中，銀行承兌匯票多為進口商國內銀行發行的「信用證」預先授權。銀行承兌匯票可以在二級市場交易，承兌收益享受免稅條款。紐約若干大銀行和中間商是承兌票據的主要投資者，此外還有國外一些大公司。銀行承兌票據一般期限為 30 天至 90 天，最長不超過 270 天，無利息，以貼現方式出售。

銀行承兌匯票最早誕生於 20 世紀初，1913 年聯邦儲備法規定銀行可以簽發銀行承兌匯票，銀行承兌逐步建立和發展起來。第二次世界大戰中曾一度萎縮，50 年代後期再度發展，70 年代特別是 1975 年後則迅速發展，1980 年的「貨幣控製法」和 1982 年的「出口貿易公司法」，都有管制銀行承兌匯票的規定，以保證匯票的質量和安全性。到 1977 年 3 月，聯儲認為無必要在次級市場支持銀行承兌匯票而停止直接購買，把其承兌活動限於回購協議。

2.2.2.4 聯邦基金市場

聯邦體系的會員銀行的現金超過法定儲備的部分就是所謂的聯邦基金。由於各銀行每日的存放款活動變化很大，因此營業日結束時，經常出現有的銀行因當天吸收存款較多而準備金有剩餘，另一些銀行則因客戶提款較多而發生準備金不足情況。聯儲銀行要求，準備金不足部分當天要補齊，而剩餘部分則不付利息。因此，有剩餘準備金的銀行希望把超額部分借給準備金不足的銀行以收取利息，其他銀行則需要借入資金以補足法定儲備金，於是產生調節現金準備的市場。

聯邦基金市場類似於其他國家的同業拆借市場，這種同業拆借不受最高利率和法定準備金的限制，其交易者限於某些金融機構，如商業銀行、儲蓄貸款協會、某些聯邦機構和政府證券交易商，並以商業銀行為主。該市場在金融體系中充當重要角色，已成為商業銀行調整其流動性狀況的主要工具。

聯邦基金的交易對象一般為大銀行。紐約為全國交易中心，占全部交易額的 1/3 左右。20 世紀 70 年代以後，聯邦資金的交易範圍擴大到互助儲蓄銀行、儲蓄協會、外國銀行分行、證券交易商和聯邦政府有關機構。聯邦資金的利率波動劇烈，它不僅受市場供求影響，也受聯邦公開市場業務的影響，並經常成為美聯儲實施貨幣政策的重要參照指標。

聯邦基金市場與美國貨幣政策密切相關。將短期內多餘儲備金投向聯邦基金市場，既簡便又無風險，對銀行儲備金的日常管理是十分必要的，因為可以在很短時間內從該市場籌集資金以應付緊急情況。該市場對整個貨幣市場也十分重要，聯邦基金被用來作為證券和貸款的主要支付手段，而且聯邦基金市場能夠很快地將聯儲貨幣政策傳至整個銀行系統。

2.3 日本貨幣市場發展歷程及現狀

2.3.1 日本貨幣市場發展歷程

相對於英國與美國來講，日本的貨幣市場起步較晚，但是隨著二戰后日本經濟的崛起，日本的貨幣市場也隨之迅速發展。二戰之前，日本仿效英國倫敦的票據貼現市場來發展自己的貨幣市場，但是其票據貼現市場並未獲得預期的發展，一直到 20 世紀 70 年代，日本貨幣市場發展都比較單一，主要由銀行同業拆借市場組成，其他子市場並不發達。20 世紀 70 年代初，日本銀行開始開展票據業務，使得票據貼現及買賣得以快速發展，到了 80 年代末，日本票據市場的資金餘額與同業拆借市場的資金餘額已不相上下。票據市場的發展為日本各銀行的信用調節及流動性管理發揮了至關重要的作用。

與此同時，日本的政府債券市場也慢慢建立起來。最初，長期政府債券幾乎全為日本銀行認購，不能在二級債券市場進行買賣。1966 年開始，為了平滑季節性資金餘額的大幅波動，日本央行開始在拆借市場上發行短期政府債券，這種做法類似於公開市場業務操作，即流動性過大時拋售債券以緊縮銀根，流動性不足時回購債券以滿足社會流動性需求。短期政府債券的發展為日本銀行實施貨幣政策提供了又一有效的政策工具。

隨著日本經濟的發展及進出口貿易的擴大，日本國內企業對外匯的資金需求迅速增長。為了適應經濟發展的需要，1971 年日本政府開始允許指定的銀行在歐洲美元市場進行交易。隨著這些銀行在歐洲美元市場交易額的增加，日本國內也出現了美元交易及調節外匯餘額的需求。同時，大藏省為了加快金融

市場國際化的步伐，開始允許個別日本國內銀行從事短期外匯交易，從此東京美元拆借市場逐漸形成。

債券市場和票據市場的迅速發展，「脫媒」現象就不可避免地發生了，日本各銀行的資金來源受到猛烈衝擊，商業銀行不得不展開對策，1979年，日本的商業銀行開始發行可轉讓存款憑證（CD）。20世紀80年代中期，由於日本經濟的迅猛發展，以美國為首的西方國家開始對日本政府施壓，要求日本進行金融改革，以糾正日美貿易的不平衡。為此，日本開始發展銀行承兌票據（BA）市場。同時為了兌付70年代中期發行的長期政府債券，日本政府開始發行大量短期國債，這樣日本的短期國債（TB）市場也逐漸建立起來。

至此，日本形成了同業市場、票據市場、債券市場齊頭並進，結構比較完整的貨幣市場體系。

2.3.2 日本貨幣市場現狀

日本是一個嚴格實行金融分業的國家，表現在貨幣市場上亦存在嚴格的劃分，即日本貨幣市場具體由銀行間市場和短期公開市場組成。

2.3.2.1 銀行間市場

日本的銀行間市場包括銀行間同業拆借市場、票據買賣市場和東京美元拆借市場這三個子市場。最初，金融機構之間相互拆借資金大部分在銀行間同業拆借市場上進行，而後，隨著票據市場的迅速發展，其規模超過了短期拆借市場。1977年年底《新外匯法案》實施後，美元短期借款市場規模迅速擴大，逐漸發展成為銀行間市場中最大的一個子市場。

銀行同業拆借市場中大多數的短期資金都為2天以上的不定期拆借，借款期限由雙方商定，並提前一天通知放款。此外還有24小時拆借和12小時拆借。長期以來日本政府經常通過控製、壓低利率來降低企業的融資成本，以達到穩定經濟的目的。但是銀行同業拆借市場的發展過程中特別是多種工具出現之后，加快了日本金融走向自由化的步伐，自由浮動的銀行同業拆借利率對資金供求的反應極為敏捷，從而被日本銀行作為實施貨幣政策的操作目標。現時日本銀行同業拆借市場僅限於兩類金融機構參加：一是需求或供給資金的金融機構，如城市銀行、地方銀行、相互銀行、保險公司等，直接拆借所占比重較少；二是短資公司，這是一類專門的仲介機構，通過取得金融機構貸款或向金融機構賣出自身票據吸收資金，通過對金融機構的直接短期借貸或買入金融機構的票據提供資金。

日本票據市場的交易主體與同業拆借市場大體相同，包括日本銀行、城市

銀行、信用協會、信託銀行、外國銀行、地方銀行、農村金融機構、相互銀行等。在票據市場上，票據的賣者以 13 家城市銀行為主，票據的買者主要為信託銀行、信用協會和農村金融機構。由於票據市場的工具相對靈活而且流通期較長，城市銀行也把大量資金投入票據貼現市場。

　　日本票據買賣市場作為銀行同業市場的補充於 1971 年正式成立，它也是通過票據貼現業務為金融機構調整準備金頭寸的場所。由於日本銀行同業拆借市場的信用工具不能滿足更短期的貨幣需求，當時採用的措施是把為期 1 個月的拆借市場工具改為靈活性的如可以隨時貼現的票據。票據貼現市場成立，標誌著日本票據買賣市場正式形成。當時規定合格的票據是優惠工商業票據、外貿商業匯票和優惠單項票據，以及與這些票據相當的、由金融機構開出的外匯票據。1971 年年末，日本票據貼現市場初具規模。1972 年以後，在票據貼現市場中，公開市場業務的買賣活動成為日本銀行票據和證券活動的中心。以後票據貼現市場不斷發展，1997 年票據買賣市場交易余額達 10.3 萬億日元，相當於銀行同業拆借市場規模的 1/4，成為日本貨幣市場的主要組成部分之一。

　　東京美元短期借貸市場成立於 1972 年 4 月，是日本金融機構之間拆借短期外匯資金的市場，發揮著與外匯市場相類似的作用。參加者僅限於在日本的外匯經營行和經紀人，不對非居民開放。自該市場成立起，參加銀行的數目不斷上升。1980 年 3 月末由成立之初的 41 家發展為 161 家。1980 年 12 月，日本實施修正后的新外匯法，准許本國所有外匯經營行參加該市場，並取消了外籍銀行和居民的限額限制。因此，市場參加者迅速增加，市場規模迅速擴大。到 1988 年年末，共有 287 家銀行（日籍 205 家，外籍 82 家）成為該市場成員，美元資金的臨時性余缺調劑極為方便。1990 年東京美元拆借市場的交易額達到 18,696 億美元，較之 1975 年的 418 億美元，增加了 45 倍。1998 年 4 月 1 日修改后的《日本外匯及外貿法》的實施，為該市場的發展提供了新的機遇。日本金融自由化和國際化的發展趨勢正是其迅速發展的直接原因。

2.3.2.2　短期公開市場

　　日本的公開市場是指金融機構以外的個人和一般企事業單位可以參加的短期的公開市場，包括債券回購市場、可轉讓存單市場、無擔保商業票據市場、政府短期證券市場和短期國債市場等。

　　債券回購市場又稱「現先市場」，是指附帶購回（或賣出）條件的債券買賣市場。日本人把這一交易稱作「現在、將來」，指在同一市場上兩次進行同一筆證券的反向交易。20 世紀 60 年代末以前，債券回購市場實際上只是證券公司向農業金融機構售賣債券以吸收季節性過剩資金的狹小市場。日本銀行從

1962年起開始用購買國債方式供應貨幣，但這種方式直到70年代才被廣泛採用。1967年貨幣市場上短期資金餘額為1230億日元，而債券回購交易餘額僅占12%。1968年以後，日本恢復了國債發行，民間和日本銀行持有國債的數量大大增加，日本銀行也更加注重利用公開市場業務去實現政策目標。隨著國債大量的發行以及利率市場出現的頻繁變動，債券回購市場急遽擴大並迅速趕上短期貨幣市場和票據貼現市場。1967—1973年的交易額增長迅速，年平均增長率高達51%。80年代初由於日本國內資金的外流和新興貨幣市場工具的出現，債券回購市場的交易額略有下降，90年代又呈現快速發展的勢頭。

在日本，CD市場是一個較新的市場。日本人借鑑國外如倫敦、紐約經驗，於1979年設立了這一市場。經過20年的發展，目前CD市場已成為日本貨幣市場中第二大子市場。1995年年末市場餘額24.3萬億日元，占日本貨幣市場份額的近1/4。日本的CD市場分為發行市場和流通市場。在CD的發行市場上，都市銀行的發行量占到一半以上，此外還有地方銀行、信託銀行和長期信用銀行等。而購買者主要有企業、政府和公共團體。在CD的流通市場上，允許辦理CD流通業務的機構有短資公司、銀行和企業等機構，其中有200多家大企業經常參加CD的買賣交易。在CD的流通交易中，短資公司發揮著重要作用，它既是CD買賣的交易主體，也可代理買賣、轉讓及收付款等業務。

短期國債（TB）是根據日本《國債整理基金特別會計法》發行的，期限為6個月以內的「借換債」（一種專門為償還舊債而發行的新債）。TB發行採取價格投標方式，日本銀行認購。TB投標發行后，在交易人之間或交易人與客戶之間進行買賣。根據日本銀行的國債轉帳結算制度，TB的買賣全部進行轉帳結算。1995年年末，短期國債市場余額12.1萬億日元，其規模略大於債券回購市場和無擔保商業票據市場。

2.4 臺灣貨幣市場發展歷程及現狀

2.4.1 臺灣貨幣市場發展歷程

臺灣的貨幣市場是在1976年以後才慢慢建立起來的。1976年之前，臺灣尚未建立起真正的貨幣市場，臺灣的短期資金市場除了銀行的短期貸款之外，只有以臺北市為中心的遠期支票「調頭寸」及各銀行間的短期拆借交易。還有就是金銀及外幣的「黑市」交易、民間合會等。遠期支票的「調頭寸」的操作，是僅憑個人信用而無實質的擔保，屬於短期信用融資。金銀的「黑

市」買賣，則以飾金及珠寶為交易工具，類似與典當的交易。

20世紀60年代以後，臺灣開始實行以出口導向的經濟發展戰略，使臺灣的經濟開始快速發展，由於此時臺灣的經濟及金融體制還處於嚴格的管制之下，民間出口經濟的發展帶動投資需求的上升，金融體制的管制難以滿足經濟的發展，使得民間融資活躍。20世紀70年代以後，臺灣經濟金融環境發生較大變化。一方面，由於60年代臺灣經濟的快速發展，「國民生產總值」顯著提高，對外貿易開始出現盈餘，社會儲蓄大為增加。以1973年為例，以當年幣值計算的人均GNP達新臺幣26,409元，折合695美元，民間儲蓄金額達新臺幣658億元，較1960年增加22倍，扣除物價上漲因素，實質增加仍達13倍之多。一個活躍的貨幣市場和多元化的信用工具為社會大眾所急需，而且，由於證券市場在臺灣的建立和發展已有相當空間，民眾對金融市場的認識有所提高。另一方面，20世紀70年代初期，臺灣外貿開始呈現出超狀態，貨幣供應量劇增，「央行」缺乏間接調控今日的有效渠道，迫切需要建立貨幣市場。1973年4月「財政部」頒布《國庫券發行條例》，同年8月16日又修訂部分條文，規定為調節「國庫」收支及穩定金融可發行「國庫券」，同年10月18日臺灣「央行」首次發行乙種「國庫券」。

在這一客觀背景下，1974年秋，臺灣「中央研究院」劉大中、蔣碩傑等六「院士」發表《今后臺灣財經政策的研討》一文，倡導建立貨幣市場，主要內容為：①「國庫券」應由一般投資大眾所廣泛持有，並廢除以6個月定期存款利率作為計算「國庫券」低價基準的辦法；②鼓勵金融機構對於工商業所開的「遠期支票」加以承兌或擔保，使其能在公開市場上流通；③推廣「商業期票」，促使其在貨幣市場上買賣；④准許各銀行發行可轉讓定期存單，向貨幣市場吸收資金作為貸款之用，存款利率可聽其自然，不必加以限制。這一建議得到社會各界熱烈回應，臺灣「政府債券經紀人公會」遂成立「發展貨幣市場研究小組」，並於1975年5月向「財政部」及「央行」提交「發展貨幣市場研究意見」，建議從短期票券市場著手，配合已上市的乙種「國庫券」。

1975年年初，臺灣當局便把建立貨幣市場作為當年重要財經政策，臺灣銀行奉命籌設票券金融公司，1975年5月提出「中興票券金融公司籌設計劃」。在此期間，臺灣銀行為充實票券市場信用工具，首次於1975年3月1日開辦島內遠期信用證業務，創造出銀行承兌匯票，又與同年8月1日起發行可轉讓定期存單。這樣，「國庫券」、銀行承兌匯票、可轉讓定期存單等貨幣市場信用工具便逐漸在市面上流通。

在票券金融交易仲介機構的籌設方面，臺灣「財政部」於 1975 年 12 月 5 日頒布「短期票券交易商管理規則」，指定臺灣銀行、中國國際商業銀行以及交通銀行分別發起組設票券金融公司。臺灣銀行即根據所擬定的籌設計劃，制定各項規章制度、營業計劃及概算，邀請土地銀行、第一商業銀行等銀行和企業共 7 家參加投資。1976 年 5 月 20 日，臺灣第一家貨幣市場短期票券交易商——「中興票券金融公司」正式開業。由中國國際商業銀行籌設的「國際票券金融公司」以及由交通銀行籌設的「中華票券金融公司」分別於 1977 年 1 月 15 日和 1978 年 12 月 1 日開業。臺灣貨幣市場從此邁向有組織的發展階段。

隨著貨幣市場的建立和發展，短期信用交易工具不斷增加。臺灣「央行」於 1979 年 1 月開始進行公開市場操作，以間接調控金融。1980 年 4 月 1 日，臺北市銀行同業公會根據銀行法設立同業拆款中心，便利銀行間互相調節準備金部分，以及撥補票據交換差額，使銀行超額準備金及臨時性資產可以透過仲介機構獲得有效運用，資金不足者則可以得到短期融通。這樣，一個包容票券交易市場和同業拆款市場的相對健全的貨幣市場逐漸發展起來。

2.4.2 臺灣貨幣市場現狀

在交易主體方面，臺灣貨幣市場的交易主體的典型特徵是票券金融公司起著舉足輕重的作用。由於臺灣貨幣市場並沒有一個集中的交易場所，供求雙方一般是通過票券金融公司這一仲介機構來達成交易，因而票券金融公司事實上是整個臺灣貨幣市場的交易中樞，發揮著橋樑的作用。不僅如此，臺灣「央行」實施公開市場操作也均通過票券金融公司來進行，因此，票券金融公司的運作也直接關係著臺灣貨幣政策的實施。另外，臺灣貨幣市場的交易主體還包括「中央銀行」、金融機構、企業、「個人和政府」等。特別是個人在臺灣貨幣市場中起著重要的作用，這是臺灣貨幣市場交易主體的另一特色。2010 年臺灣票券金融公司拆出金額達 2107.47 億新臺幣，拆入金額 194.7 億新臺幣。而近年來有所變動，2012 年拆出金額達 210.7 億新臺幣，拆入金額 26,031.98 億新臺幣。

根據臺灣現行短期票券交易商管理規則的規定，臺灣貨幣市場的主要交易工具包括：「國庫券」、銀行大額可轉讓定期存單、銀行承兌匯票、商業承兌匯票、商業本票以及到期日在 1 年以內的各種債券或其他短期債務憑證。臺灣「央行」可以自己發行「國庫券」來實施貨幣政策，其主要目的是為了調控貨幣供應量、實現其貨幣政策目標。融資性票據在臺灣貨幣市場工具中佔有舉足輕重的作用，但是融資性票據過度依賴銀行信用支持，且這些融資性的票據

中，以實質交易為基礎產生的交易性商業本票所占比重很小，這樣不僅容易導致信用膨脹，而且不利於降低企業籌集資金的成本。2012年臺灣地區票券發行額合計81,876.81億新臺幣，其中國庫券發行額為2650億新臺幣，商業本票為73,116.04億新臺幣，銀行承兌匯票241.98億，可轉讓定期存單5868.79億新臺幣。

臺灣地區拆款市場早期分為同業拆款市場和短期融通市場，為健全同業拆款市場的功能，提高資金營運效率及完善貨幣市場功能，1991年8月，臺灣銀行公會將原有的這兩個分立的市場合二為一，並為「金融業拆款市場」。參與拆款交易的對象放寬為本國銀行、外國銀行在臺分行、信託投資公司、證券金融公司及票券金融公司；拆款期限由以前的10天延長為180天；解除了原來規定的會員拆借款的總金額最高不得超過該會員法定準備金的限制。這些措施的實施，為臺灣地區同業拆借市場的進一步發展鋪平了道路。

2.5 中國香港貨幣市場發展歷程及現狀

2.5.1 中國香港貨幣市場發展歷程

中國香港地區貨幣市場是伴隨著20世紀70年代香港經濟的崛起而迅速發展起來的。作為一個以外向型經濟為主的地區和國際性金融中心，香港貨幣市場獨具特色。

港元同業拆借市場是香港貨幣市場中形成較早的一個，其發展可以追溯到20世紀50年代末期。當時，隨著香港銀行業的迅速發展，香港本地銀行之間拆借資金的活動開始活躍起來，但是總體上市場規模較小。到了20世紀60年代初，由於席捲全港的銀行危機，導致銀行體系出現動盪，使得剛剛萌芽的港元同業拆借市場轉入沉寂。進入70年代以後，股市的興旺帶動了股票集資、包銷、公司財務和投資管理等業務，吸引了本地與海外不少金融機構開業，不過大多為接受存款公司。1976年《接受存款公司條例》出抬後，接受存款公司的地位得到承認，其中個別實力雄厚者開始涉足同業市場，令同業拆借交易空前活躍。同時，由於香港經濟的蓬勃發展，極大地推動了銀行業的國際化進程，外資銀行紛紛來港開設分支機構。這些外資行剛入港時並未打入本地港元存款市場，其房貸業務就需要依靠本地金融機構拆放港元來維持頭寸，外資行的積極參與，極大地推動了同業拆借市場的發展。80年代初期，由於政治前景不明朗，房地產市場與股市的低迷使香港同業拆借市場受到嚴峻考驗。隨後

由於中英會談取得重大進展，人心回穩，市場才得以逐步恢復。反過來看，這次衝擊把一些財務不健全的金融機構淘汰出市場，健全了香港同業拆借市場，促進了香港同業拆借市場的進一步發展。

商業票據市場是香港貨幣市場的另外一個非常重要的組成部分，香港的商業票據一般都是短期性的，期限通常在一年以下。1977 年地下鐵路公司發行期限為 360 天、面值為 5 億港元的商業票據，這標誌著香港的商業票據市場開始萌芽。此后，地下鐵路公司還多次以商業票據來籌集資金，成為一級市場的主要發行機構。除地下鐵路公司外，其他大型的企業如置地、新鴻基證券、和黃等也開始發行商業票據來籌集資金，但是數目有限，票據市場發展緩慢。到了 80 年代中后期，商業票據發行出現猛增，發行額一度達到 250 多億港元，平均每年發行 50 多億港元。1989 年受外部因素影響及整個香港金融的不穩定，發行額有所下降，只有 27.5 億港元。90 年代以后香港票據市場發展更加迅速，1993 年，商業票據發行的融資額度中，港元商業票據為 6 億港元，外幣 130.65 億港元。

香港地區沒有「中央銀行」這一「最終放款人」和運用貨幣政策工具影響貨幣市場的參與主體，這在世界各國的貨幣市場都是鮮見的，是香港市場的一大特色。中央銀行所行使的發行鈔票的職能由私營銀行與官方外匯基金通過類似於外匯買賣的方式來完成。如果銀行欲發行貨幣，必須將一定數量的外匯資產存入由香港金融管理局負責管理的外匯基金，然后由外匯基金向其提供不附利息的等值港幣負債證明書；反之，通過把港幣負債證明書賣回給外匯基金，發鈔銀行就增加了一筆外匯資產而減少了等值的港幣。由此可見，外匯基金是香港貨幣市場上發揮中央銀行職能的實質上的最后貸款人。外匯基金票據是由外匯基金發出的無擔保短期票據，而外匯基金卻是官方組織，因此外匯基金票據的性質與一般國家（或地區）政府所發行的短期國庫券無異，其信貸風險主要取決於特區政府本身的信用。

香港外匯基金票據市場形成於 20 世紀 90 年代。1990 年 3 月，港府發行期限為 91 天的外匯基金票據，並決定定期每週發行一次，每次發行額 3 億港元。第一個循環週期計劃后，由於市場反應熱烈，從第二個循環週期開始，將每次發行額提高至 4 億港元。儘管發行額增多，但仍不能滿足市場需求，因此，自 1991 年 8 月 18 日起，港府將每次發行額進一步增加至 5 億港元。此外，除了期限為 91 天的外匯基金票據外，港府亦於 1990 年 10 月和 1991 年 2 月開始分別開始發行 182 天和 364 天的外匯基金票據。與此同時，隨著一級市場發行量的增加，二級市場交易也很活躍。

2.5.2 中國香港貨幣市場現狀

目前，港元同業拆借市場的主要參與者有持牌銀行、有限制牌照銀行、接受存款公司。參與者之間可以直接交易也可通過貨幣經紀行進行交易。這些經紀行主要負責財務機構交易的安排，並從中賺取佣金，由於不是以自己名義進行拆出或借入活動，故其並不需要負擔交易上的任何信用風險。本地註冊銀行是同業市場港元資金的主要供給者，資金供應方式以存放為主。港元同業拆借市場上最為重要的信用工具是同業配售/借款和外匯掉期。同業直接配售/借款的拆借期限有隔夜、1周、2周、1個月、2個月、3個月、6個月和12個月。其中隔夜拆借所占比重最大。對於同業市場的資金需求方來說，雖然對手的信用風險較低，但當提供的資金期限超過3個月時，大多採用掉期方式來取代以往那種無擔保的存/借方式。大多數外匯掉期主要是以美元買賣港元，雙方約定在合約到期時，按照雙方同意的匯率反方向操作。這種安排，要求雙方互換不同幣種的本金，從而雙方的信用風險大大降低。海外註冊的銀行是掉期交易的最活躍的參與者，占港元淨拆出量的2/3及港元淨買入量的90%。香港同業拆息率（Hong Kong Interbank Offer Rate，簡稱為HIBOR）是香港同業拆借市場的成交價格，同業拆息率不僅調節資金頭寸，而且反應了整個市場的資金水平，是決定大額存貸款利率的基礎。

在商業票據市場方面，其參與者主要有票據發行機構、票據包銷機構和投資者。商業票據的發行主要有兩種形式：一種是一次性發行，以籌集一筆短期季節性資金；另一種是利用循環式包銷協議發行。所謂循環包銷協議是發行機構與包銷財務機構簽訂的一份協議，由后者承諾在將來一定期限內，負責包銷發行機構所發出的一切商業票據。與其他貨幣市場一樣，商業票據市場的發展受利率的影響較大，較低的利率會吸引更多的投資者，也使得發行票據的公司的籌資成本降低，從而促進票據市場的繁榮。利率上升，二級市場商業票據價格下降，投資者紛紛拋售，銀根的緊縮也會使發行方減少票據的發行，壓縮籌資成本，從而抑制商業票據市場發展。

在香港，外匯基金票據及債券計劃採用交易商兩級制。金管局委任認可交易商及市場莊家，它們協助香港金管局發展外匯基金票據市場。認可交易商是在金管局設立用作持有外匯基金票據的證券帳戶的金融機構。市場莊家從認可交易商中挑選出來再被委任，負責維持外匯基金票據及債券在二級市場的流通性。尤其它們承諾在外匯基金票據的正常交易時間內應要求提供買入及賣出報價。由2007年7月3日起，只有根據金管局所定準則而獲委任為「合資格市

場莊家」的最活躍市場莊家才會獲邀參與一級市場。現在，香港市場上認可交易商及市場莊家總共有 12 家金融機構。目前，外匯基金票據已經成為香港貨幣市場重要的組成部分。2012 年香港地區外匯基金票據及債券余額高達6613.68 億港幣。

2.6　國際貨幣市場發展對中國貨幣市場發展的啟示

縱觀世界各國（地區）貨幣市場體系結構的發展過程，一個共同的規律是：發達貨幣市場的子市場發育完備，各子市場間均衡、協調發展，使得貨幣市場作為一個整體向前發展，在短期貨幣資金的融通和傳導貨幣政策中發揮著重要的作用，同時為資本市場的發展提供了的基礎條件，並促進了社會儲蓄—投資機制的形成。

2.6.1　完整的市場體系是貨幣市場成熟的標誌

由於市場經濟發展的歷史及進程的不同，各國貨幣市場在市場體系結構和子市場的銜接方面存在著很大的不同，其產生的主要根源在於市場經濟體制對貨幣市場滲透的深度以及各個國家的具體國情。

從市場經濟體制與貨幣市場的特徵來看，一般而言，市場經濟體制建立較早、運作歷史較長的國家，其貨幣市場構成體系大多都比較完整。例如美國，與高度發達的市場經濟相適應，其貨幣市場體系構成十分完整，由許多從事短期信用的相互關聯的子市場共同組成。這些子市場包括規模最大、最活躍的國庫券市場，規模僅次於國庫券市場的商業票據市場，體現美國金融創新的大額可轉讓存單市場，等同於同業拆借市場的聯邦基金市場以及銀行承兌匯票市場、回購協議市場、聯邦資助機構證券市場等。作為市場經濟發祥地和世界貿易中心的英國，其貨幣市場體系亦十分完備，是一個由居貨幣市場中心地位的「平行貨幣市場」——銀行同業拆借市場、存單市場、地方機構債券市場以及金融公司市場、公司同業拆借市場、倫敦歐洲貨幣市場、歐洲商業票據市場以及能高效貫徹貨幣政策意圖的貼現市場構成的市場體系。日本的貨幣市場體系是隨著金融自由化、國際化的進程而迅速發展起來的，在先構建了現先市場、拆借市場、貼現市場、可轉讓存單市場等子市場的基礎上，后來又陸續培育了商業票據市場、銀行承兌匯票市場、東京美元拆借市場以及歐洲日元市場，從而形成了一個相對比較完善的市場體系。

相比較而言，新興工業化國家和地區以及發展中國家的貨幣市場體系一般都不十分完整，如香港的貨幣市場儘管相對比較發達，但整個市場體系僅包括短期存款市場、港元同業拆借市場、外匯基金票據市場、商業票據市場四個子市場。像臺灣貨幣市場也僅由票券市場和同業拆借等少數幾個子市場組成。

2.6.2　發達的貨幣市場中各子市場的協調發展

市場經濟體制歷史悠久和市場機制完備的國家，其貨幣市場的子市場不僅發育齊備，而且各子市場間主輔分明，均衡、協調發展。

以美國為例，從貨幣政策操作和資金融通兩個角度考察，可以發現，美國的主要貨幣市場子市場被定位為國庫券市場、邦基金市場、商業票據市場和可轉讓存單市場，而其他市場則處於輔助市場地位。英國的貨幣市場中傳統的貼現市場和新興的平行貨幣市場作為最重要的兩個子市場發揮著主導作用，其他市場作為輔助市場而構成了整個的貨幣市場體系。此外，日本的同業拆借市場也均在本國貨幣市場體系中居於主市場地位，其他市場則作為輔助市場而存在。貨幣市場構成體系的主輔分明，不僅使各子市場功能定位準確，而且使貨幣市場各主、輔市場各司其職，各發揮其功能，共同促進貨幣市場整體功能的完成。

相比較而言，新興工業化國家和地區以及發展中國家的貨幣市場儘管有的也建立了眾多的子市場，但各個子市場之間發育不均衡，有的子市場較為發達，而有的子市場發展則大為滯後，使得整個貨幣市場未能形成一個統一體。如相比於同業拆借市場，中國香港的商業票據市場很不發達，而臺灣的同業拆借市場則基本上不存在。這種情況既限制了這些國家和地區通過貨幣市場進行貨幣政策操作的效果，又使得貨幣市場參與者難以在多個子市場間進行短期資金融通。

3　中國貨幣市場現狀與存在的問題

3.1　中國傳統貨幣市場現狀

3.1.1　中國傳統貨幣市場發展回顧

儘管在新中國成立前就已經出現了一些貨幣市場的雛形,但中國貨幣市場的真正起步是在改革開放后。20 世紀 80 年代初期中國貨幣市場開始萌芽,在此后近 20 年中,中國貨幣市場的發展經歷了艱難而又曲折的道路,直到 1998 年以後才開始初步走上正軌。

中國貨幣市場的起步早於資本市場,1981 年開始發行國庫券,1984 年開始建立同業拆借市場,1985 年開始建立票據貼現市場,1986 年開始試點發行企業短期融資券,1988 年開始建立國庫券的二級市場,1991 年開始建立國債回購市場。但是由於體制不順、機制不靈、市場不夠成熟、投資者觀念落後、策劃不夠周密及經驗不足等方面原因,幾乎每個子市場都經歷了「一放就亂、一亂就收、一收就死」的波折。

以同業拆借市場為例,其發展就經歷了「三起三落」的過程。

1984 年 10 月,人民銀行對傳統的「統存統貸」的信貸制度改為「實貸實存、相互融通」,允許銀行之間相互拆借資金,初步改變了全由上級縱向調撥信貸資金的局面。1986 年 1 月,國務院頒布了《中華人民共和國銀行管理暫行條例》,明確規定專業銀行的資金可以相互拆借,並於當年在廣州等五個城市建立了同業拆借市場。

1988 年 3 月,各地由國有商業銀行當地分行出會員費合資,組建了以拆借資金為主要業務的融資公司,但人民銀行於同年 10 月就下文件要治理整頓,1989 年初更下文撤銷了融資公司。

1990 年 3 月,人民銀行頒布了文件《同業拆借管理試行辦法》,首次規範

了同業拆借業務和比例要求。

但1992年開始，拆借市場又陷入混亂，到1993年6月，省、地、縣的融資仲介組織多達1170個。1993年5月末國家銀行向系統外淨拆借資金1055億元，1993年6月又開始整頓。

1995年9月，人民銀行開始建立全國統一的同業拆借市場，將所有拆借行為納入網絡。同年1月，人民銀行下文撤銷了各商業銀行組建的融資中心、資金市場和各種仲介組織約50家，只保留了人民銀行牽頭設立的融資中心43家。

1996年1月3日，全國統一的同業拆借市場開始運行，當年累計成交5871億元，比上年減少41%。1997年7月，人民銀行的融資中心開始清理拆出逾期資金，當年市場拆借交易量下降為4149億元；同年10月，人民銀行的融資中心停止自營拆借業務。1998年3月人民銀行撤銷全部融資中心。到1998年年底，人民銀行融資中心清理收回了逾期資金160多億元，清理了連環債權債務40多億元。當時全國43家融資中心有上海、武漢、成都等7家全部清收完畢並予以撤銷，1/3的分行完成了50%～80%的清收任務。在這段期間，同業拆借市場信用拆借額直線下降，從1995年的8205億元降至1998年的989億元，到1999年才逐漸回升。

票據市場也經歷了曲折的發展道路。1985年，中國人民銀行和中國工商銀行聯合頒布了《商業匯票承兌貼現暫行辦法》和《商業匯票承兌貼現會計核算手續》兩個文件，鼓勵工商企業間的商業信用票據化。1986年4月，北京、上海、廣州、重慶、武漢等城市試點用商業票據承兌、貼現辦法清理拖欠貸款，允許專業銀行對工商企業進行局限於商業承兌匯票和銀行承兌匯票的貼現，同時允許個專業銀行間辦理轉貼現業務。1986年，中國人民銀行頒布了《中國人民銀行再貼現試行辦法》，開始辦理中央銀行再貼現業務。

但是，資金流向不合理、票據案件特別是假票據等嚴重問題出現在票據市場，1988年基本停止了銀行票據承兌和貼現業務。

1994年11月，為了促進商業票據承兌、貼現業務的開展，中國人民銀行安排專項資金分別用於有關煤炭等五個行業和棉花等四種產品的已貼現票據的再貼現。1995年，中國人民銀行又將再貼現範圍擴大到部分地區的畜產品調銷。1995年，全國人大通過了票據法，促進了票據市場的發展，企業簽發的商業票據、商業銀行貼現額和中央銀行再貼現額都有很大發展，並且形成了地區性票據市場。

1987年人民銀行開始試點發行企業短期融資券，當時允許一些經濟效益好的企業向單位和個人發行3、6、9、12個月的短期融資票據，由人民銀行省

分行在總行確定的發行余額額度內,對發行企業的申請進行審批。1988 年年底發行余額僅 12 億元。1989 年 2 月,中國人民銀行下發了《關於發行企業短期融資券有關問題的通知》,明確提出要在試點基礎上正式開放企業短期融資券市場,並規定這種短期融資券可以在企業間轉讓、可以在資金市場上買賣、還可以由各種金融機構代理發行或承銷,由此企業短期融資券發行量增加,從 1987 年到 1995 年,企業短期融資券累計發行 993 億元。但是,問題隨之而來,發行的短期融資券僅在個別城市裡有少量的轉讓,基本沒有形成二級市場;而且相當數量的企業在發行融資券後到期無力償還,一直發新債還舊債,1996 年以後,在部分省和城市還相繼出現了債券償付危機。

1981 年,中國第一次發行國庫券,其後每年發行一次,但當時只有發行市場,沒有流通市場。1988 年開始允許國庫券在 61 個城市分兩批試行流通和轉讓。1991 年財政部開始組織國債的「承購包銷」,國庫券發行規模較大幅度增加。1993 年國庫券市場迎來了自營商制度,大宗國債通過「承購包銷」或「招標」方式向一級自營商發行,然後從自營商到經紀人,再從經紀人到最終投資者。關於二級市場的建設,在上海、深圳證券交易所及武漢證券交易中心之類的交易網絡都開放了國庫券的現貨、回購、期貨交易。自 1995 年國債期貨停止後,國債二級市場主要是進行國債現貨交易和國債回購交易。1997 年,人民銀行要求所有商業銀行退出上海及深圳證券交易所和各地證券交易中心的國債回購和現券交易。1998 年撤銷了各地的證券交易中心,將銀行間的國債回購交易集中在全國銀行間同業拆借中心進行。

1996 年,財政部、中國人民銀行經過協商,並經國務院批准,決定將中國證券交易系統有限公司改組為《中國國債登記結算有限責任公司》,並承擔全國國債的統一登記、託管和結算業務。銀行間債券市場的參與者應在中央結算公司開立債券託管帳戶,債券託管帳戶按功能實行分類管理,甲類成員可以辦理自營和代理業務,乙類成員和間接結算成員只能辦理債券自營業務。債券結算通過中央結算公司的中央債券簿記系統進行,債券交易的資金結算以轉帳方式進行。

縱觀中國貨幣市場近 20 年的發展,可以說是一波三折,直至 1998 年後,隨著中國央行貨幣政策調控手段的變化和經濟貨幣化、金融市場化程度的提高,中國貨幣市場的完善才開始有所進展,主要成效是包括銀行間同業拆借市場、銀行間債券市場和票據市場三大子市場在內的貨幣市場發展均呈加速趨勢。目前,同業拆借市場已成為金融機構管理頭寸的主要場所;銀行間債券市場已成為中央銀行公開市場操作的主要平臺;票據市場已成為企業短期融資和銀行提高流動性管理、規避風險的重要途徑。

3.1.2 同業拆借市場

同業拆借市場是中國貨幣市場發展最早的市場。1996年1月3日，全國銀行間拆借市場網絡建立並試運行，全國統一的銀行間同業拆借市場正式建立。1997年，同業拆借市場占貨幣市場總量超過12%，1998年下滑到5%左右，1999年和2000年雖有所回升，但仍低於10%，最近幾年也一直維持在低於10%的水平。儘管同業拆借市場占貨幣市場交易的比重在下降，但並不是其在萎縮，而是因為貨幣市場交易結構出現了積極的變化。同業拆借市場交易所占比重有所下降，而銀行間債券回購交易和現券交易額每年都有很大的增長，此外，票據與貼現交易量也有較大規模的上升（見表3-1）。同業拆借市場不再擔當促進儲蓄轉化為投資的功能，逐漸轉變成為金融機構流動性管理的場所。

表3-1　　　　　　中國貨幣市場交易（1998—2013年）　　　　單位：億元

年份	同業拆借	銀行間債券回購	銀行間現券交易	商業匯票	貼現	再貼現
1998	1978	1021	—	3840	2400	1001
1999	3291	3949	75.3	5076	2449	1150
2000	6728	15782	682.68	7442	6447.1	2667.3
2001	8082	40,133.3	842.57	11,000	12,699	2778
2002	12,107	101,885.2	4340.3	16,139	23,073	100
2003	22,220	117,203	30,800	27,700	44,400	44,400
2004	14,600	94,400	25,000	34,000	45,000	223.7
2005	12,800	159,000	60,100	44,500	67,500	25
2006	21,500	265,900	102,600	54,300	84,900	39.9
2007	107,000	448,000	156,000	58,700	101,100	138.22
2008	150,000	581,000	371,000	71,000	135,000	109.7
2009	194,000	703,000	473,000	103,000	232,000	248.8
2010	279,000	876,000	640,000	122,000	260,000	N/A
2011	334,000	995,000	636,000	151,000	250,000	N/A
2012	467,000	1,417,000	752,000	179,000	316,000	N/A
2013	355,000	1,582,000	416,000	203,000	457,000	N/A

數據來源：中國人民銀行貨幣政策執行報告。

同業拆借市場的角色轉變還體現在同業拆借期限結構變化上。由表 3-2 可知，2006 年以前，銀行間同業拆借期限較長，大多集中在 7 天到 90 天之間。2007 年之後，隔夜同業拆借占同業拆借總量 70% 以上，充分說明中國同業拆借市場已成為市場各參與主體流動性管理的場所。

表 3-2　　全國銀行間同業拆借的期限結構（1998—2013 年）　　單位:%

年份	隔夜	7 天	14 天	20 天	30 天	60 天	90 天	120 天	6 個月	9 個月	1 年
1998	6.00	22.50	–	14.50	22.60	18.30	10.50	5.60	–	–	–
1999	10.90	28.60	–	7.40	21.20	27.90	3.30	0.70	–	–	–
2000	7.70	63.70	–	12.00	4.90	9.20	2.30	0.10	–	–	–
2001	12.50	66.70	–	9.10	3.20	5.80	2.40	0.30	–	–	–
2002	16.60	70.40	–	8.30	2.40	0.90	0.30	0.10	–	–	–
2003	26.70	60.40	–	8.60	1.80	1.60	0.40	0.10	–	–	–
2004	20.36	74.82	–	2.20	1.36	0.66	0.42	0.18	–	–	–
2005	18.09	72.70	–	4.90	2.43	0.61	1.14	0.12	–	–	–
2006	29.54	60.01	6.83	1.77	0.89	0.56	0.24	0.07	0.01	0.01	0.07
2007	75.75	20.55	2.58	0.47	0.32	0.32	0.30	0.07	0.05	0.01	0.01
2008	70.78	23.26	3.15	0.74	0.75	0.30	0.44	0.12	0.19	0.14	0.12
2009	83.55	11.03	3.09	0.53	1.06	0.28	0.37	0.03	0.05	0.01	0.00
2010	87.86	8.70	1.82	0.23	0.58	0.17	0.48	0.07	0.07	0.01	0.01
2011	81.70	12.68	2.99	0.68	0.81	0.33	0.50	0.10	0.18	0.01	0.02
2012	86.25	8.98	2.58	0.51	0.96	0.35	0.25	0.02	0.08	0.01	0.02
2013	81.54	12.39	3.26	0.51	1.43	0.29	0.49	0.02	0.03	0.00	0.02

數據來源：中國人民銀行內部資料。

同業拆借市場自建立之初發展至今，其參與主體範圍不斷擴大，進一步活躍了交易。在 1998 年改革之前，同業拆借市場的參與主體只有中資商業銀行。隨后六年，經過一系列擴容，市場參與主體由原來的單一金融機構擴大到中資商業銀行及授權分行、外資商業銀行、中外合資商業銀行、城鄉信用社、證券公司、財務公司在內的銀行類及部分非銀行類金融機構。但值得注意的是，在這一構成中所包含的非銀行類金融機構仍然十分有限。2007 年 7 月 9 日中國人民銀行頒布了《同業拆借管理辦法》，將同業拆借市場參與者的範圍從 10 個擴大到了 16 個，信託公司、金融資產管理公司、金融租賃公司、汽車金融公司、保險公司、保險

資產管理公司等六類非銀行金融機構首次被納入同業拆借市場申請人範圍。表3-3顯示了截至2014年5月中國同業拆借市場中心交易成員構成情況。

表3-3　全國銀行間同業拆借中心成員構成（截至2014年5月）

金融機構性質	數量	金融機構性質	數量
國有商業銀行	40	投資公司	1
股份制商業銀行	78	汽車金融公司	10
政策性銀行	3	保險公司的資產管理公司	15
城市商業銀行	159	農村信用聯社	539
農村商業銀行和合作銀行	304	城市信用社	4
外資銀行	87	基金	1412
境外銀行	83	社保基金	88
信託投資公司	63	企業年金	1264
金融租賃公司	19	信託公司的金融產品	664
財務公司	109	保險公司的保險產品	106
保險公司	125	基金公司的特定客戶資產管理業務	473
證券公司	116	證券公司的證券資產管理業務	627
基金公司	65	其他投資產品	15
資產管理公司	5	其他	11
人民幣合格境外機構投資者	32	非金融機構	148
合格境外機構投資者	7	村鎮銀行	11
境外保險公司	10	商業銀行資管	32
合計			6725

數據來源：中國外匯交易中心。

3.1.3　票據市場

與同業拆借市場一樣，中國票據市場自1998年以來不斷發展，如表3-1所示，商業票據交易額從1998年的3840億元增加到2013年的203,000億元，貼現額與再貼現額也有了大幅上升，說明票據市場在滿足非金融企業和金融機構之外的實體經濟部門暫時的流動性需求的同時，也逐步增加了其作為流動資金貸放和中央銀行貨幣政策操作基礎的功能。

目前，中國票據市場主要工具包括本票和匯票。在現有監管法規中，本票只規定了銀行本票，對商業本票未作規定；匯票包括銀行承兌匯票和商業承兌

匯票，其中銀行承兌匯票占比約為95%，商業承兌匯票占5%。

中國票據市場發展至今，市場交易主體已由有限的商業銀行範圍擴大到中小金融機構，相當一批中小金融機構已經獲得開辦票據貼現業務的資格，並可以向人民銀行申辦再貼現。如表3-4所示。

表3-4　　　　中國票據網成員構成表（截至2013年5月末）

金融機構性質	2009年末	2010年末	2011年末	2012年末	2013年5月末
國有商業銀行	4	4	4	4	4
股份制商業銀行	17	17	17	17	17
政策性銀行	2	2	3	4	4
城市商業銀行	112	119	125	133	137
農村商業銀行	12	20	34	59	86
城市信用社	46	46	46	46	46
財務公司	46	58	64	72	77
農村信用聯社	385	423	461	498	513
村鎮銀行	-	4	20	38	48
商業銀行授權分行	819	935	1075	1201	1269
外資銀行	23	27	39	48	51
合計	1446	1655	1888	2120	2252

數據來源：中國票據網

在2003—2011年間，票據網會員數翻了一倍多，報價量的年均增長率保持在20%以上。截止到2013年5月底，中國票據網會員達到2252家。

3.1.4　短期債券市場

短期債券市場是指以一年以內短期債券為交易對象的市場。中國的短期債券市場主要包括短期國債市場、企業短期債券市場、短期金融債券市場。

首先，短期國債市場。中國的短期國債市場自1981年首次向個人和企事業單位發行國庫券來不斷發展，發行額逐步擴大，但與其他期限的國債相比，其規模沒有出現太大的變化。從表3-5可以看出，從1994年才開始出現1年以下的短期國債，而且1981—2003年20多年間發行過類似短期國債的僅僅只有1994年和1996年，2003年以後雖然每年都發行了短期國債，但所占比例只有2006年和2009年突破了20%。

表 3-5　　　　　　　　中國國債期限結構（1981—2013 年）　　　　單位：億元

類型	短期國債 1年以下		中期國債 1-2年		3-5年		6-9年		長期國債 10年及以上		總額	
年份	發行額	占比	發行額	占比	發行額	占比	發行額	占比	發行額	占比	發行額	占比
1981—1987					416.9	100.00%					416.9	100%
1988			87.3	46.14%	101.9	53.86%					189.1	100%
1989—1993					1545.9	100.00%					1545.9	100%
1994	50.3	11.49%	367.6	84.02%	19.6	4.48%					437.5	100%
1995			118.9	30.25%	274.1	69.75%					393.0	100%
1996	366.5	19.71%	334.8	18.00%	702.1	37.75%	201.1	10.81%	255.3	13.73%	1859.9	100%
1997			259.5	31.88%	422.7	52.16%			130.0	15.97%	814.2	100%
1998					162.0	3.70%	513.5	11.74%	3700.0	84.56%	4375.5	100%
1999			160.0	9.23%			614.0	35.41%	960.0	55.36%	1734.0	100%
2000			400.0	15.88%	302.0	11.99%	697.5	27.68%	1120.0	44.45%	2519.5	100%
2001			200.0	5.96%	863.5	25.75%	970.0	28.92%	1320.0	39.36%	3353.5	100%
2002			893.1	20.02%	1035.0	23.20%	1460.0	32.73%	1073.3	24.06%	4461.4	100%
2003	100.0	1.84%	475.0	8.73%	780.0	14.33%	1520.0	27.93%	2567.4	47.17%	5442.4	100%
2004	253.2	6.11%	1273.5	30.73%	1245.3	30.05%	1129.5	27.26%	242.4	5.85%	4143.9	100%
2005	411.0	8.15%	1670.2	33.13%	991.9	19.67%	985.6	19.55%	983.3	19.50%	5042.0	100%
2006	1490.0	21.49%	631.8	9.11%	2248.0	32.42%	1312.6	18.93%	1250.9	18.04%	6933.3	100%
2007	1160.0	5.27%	1251.5	5.69%	1565.6	7.12%	1289.4	5.86%	16733.0	76.06%	21999.5	100%
2008	980.0	13.40%	769.2	10.52%	2190.4	29.94%	1052.2	14.38%	2323.2	31.76%	7315.0	100%
2009	3886.4	26.96%	1469.9	10.19%	4124.9	28.61%	1874.8	13.00%	3062.1	21.24%	14418.1	100%
2010	3109.4	19.46%	2254.8	14.11%	3843.9	24.05%	2003.7	12.54%	4770.8	29.85%	15981.9	100%
2011	613.9	4.37%	2267.5	16.14%	4302.3	30.63%	2111.5	15.03%	4750.9	33.82%	14046.5	100%
2012	1200.0	8.31%	1089.5	7.55%	4721.8	32.72%	2718.4	18.83%	4703.1	32.59%	14432.8	100%
2013	1145.3	7.35%	1902.5	12.22%	5012.3	32.18%	3527.6	22.65%	3986.7	25.60%	15574.4	100%

數據來源：證券時報網

其次，企業短期債券市場。2005 年 5 月 25 日，人民銀行公布了《短期融資券管理辦法》及兩個配套文件，非金融企業的短期融資券發行工作正式啓動。與企業債券不同的是，短期融資券主要是為企業籌集短期流動資金，融資期限最長不超過 365 天，通常分為 3 個月、6 個月、9 個月和 11 個月四個品種，通常由國有商業銀行和部分股份制商業銀行擔任主承銷商，且只在銀行間債券市場發行和上市交易。表 3-6 為中國企業發行短期融資券的情況。

表 3-6　　　　　　　中國發行短期融資券的情況　　　　　　單位：億元

年份	1988	1990	1991	1992	1993	1994	1995	1996	1997
發行額	12	50	104	229	216	123	171	121	69
年份	2005	2006	2007	2008	2009	2010	2011	2012	
發行額	4752	4599	3349	4339	4612	6892	10,122	11,197	

數據來源：瑞思數據庫

註：1988—1997 年為企業短期融資券，隨后暫停發行。

短期融資券的發行主體由最初獲準的大型國有企業已擴容到大型民營企業和中小企業，融資主體開始多元化。但是，國有企業仍然是最大的融資券發行主體。

此外，2010年12月21日，中國銀行間市場交易商協會發布《銀行間債券市場企業超短期融資券業務規程（試行）》，正式推出超短期融資券業務品種。超短期融資券是指具有法人資格、信用評級較高的非金融企業在銀行間債券市場發行的，期限在7天至270天的短期融資券。目前僅限於鐵道部和信用評級為重點AAA的9家央企。

短期金融債券市場。中國短期金融債券包括中央銀行融資券、商業銀行融資券、政策性銀行融資券以及非銀行金融債券。

中央銀行融資券，即俗稱的央票，目的是為了通過發行和回購調控流通中的貨幣供應量，為央行提供了宏觀調控的一大利器，從已發行的央票來看，期限最短的3個月，最長的也只有3年。

商業銀行融資券，我們通常知曉的即為商業銀行次級債，在銀行間債券市場發行，其投資人範圍為銀行間債券市場的所有投資人。2012年全年商業銀行累計發行次級債規模達到2240.2億元，其中，中國銀行230億元次級債、建行發行400億元、農行發行500億元、工行發行200億元，共計2360億元。也就是說，四家大型銀行的次級債發行量超過全國總量的六成。中國的商業銀行次級債初始期限一般為5~10年，目前二級市場較為活躍的商業銀行次級債主要為主體評級AAA次級債、待償期限8~10年次級債。從發行主體看，多為工行、中行、平安銀行、興業銀行、農行等發行的次級債。

政策性銀行金融債是中國政策性銀行（國家開發銀行、中國農業發展銀行、中國進出口銀行）為籌集貸資金，經國務院批准，由中國人民銀行用計劃派購的方式，向郵政儲蓄銀行、國有商業銀行、區域性商業銀行、城市商業銀行（城市合作銀行）、農村信用社等金融機構發行的金融債券。從1999年開始全面實行市場化招標發行金融債券，使該券種成為中國債券市場中發行規模僅次於國債的券種，推出的券種按期限分有三個月、六個月、一年期、二年期、三年期、五年期、七年期、十年期、二十期、三十年期；

最後，非銀行金融債券。2004年10月，中國人民銀行制定了《證券公司短期融資券管理辦法》（以下簡稱《辦法》），允許證券公司於銀行間債券市場發行短期融資券。2005年，根據《辦法》和《關於證券公司發行短期融資券相關問題的通知》等政策文件，招商證券、國泰君安、海通證券、中信證券和廣發證券五家公司均各發行了一只期限為91天的短期融資券，五家公司

發行總額29億元。但由於市場環境變化等原因，證券公司短期融資券隨後未再發行，直至2012年5月31日，招商證券招標發行40億元人民幣短期融資券，期限91天，證券公司短期融資券才重回市場。

3.1.5 債券回購市場

債券回購市場又稱回購協議市場，債券回購市場可以保持金融機構資產的流動性、收益性和安全性的統一，同時實現資產結構多元化和合理化；企業也可以利用債券回購市場對自己的短期資金做有效的配置；債券回購也為中央銀行進行公開市場業務和執行貨幣政策提供了手段。

中國的債券回購市場起步較晚，不過經歷了20多年的發展，市場規模得到迅速擴大，交易主體、交易類型和標的債券不斷豐富，目前形成了以銀行間債券回購市場為主體、包括交易所回購市場的市場體系，其二者交易量比例約為9：1。如表3-1，銀行間債券回購交易量從1998年的1021億元發展為2013年的1,582,000億元。

在債券市場回購期限方面，如表3-7所示，1998年到2002年間，7天內回購交易額占總交易額比重逐年攀升；到2002年和2003年該比已經超過了80%。但2004年以後，該比例有所下降，但始終維持在50%以上。債券市場的這種積極變化充分說明，市場參與者在債券市場上為了規避信貸規模控製、籌集長期資金的目的逐漸弱化，而是要利用這個市場進行流動性管理、達到收益與風險平衡。

表3-7 全國銀行間市場債券質押式回購交易期限結構（1997—2013年）

年份		2002	2003	2004	2005	2006	2007	2008	2009	2010	2011	2012	2013
1天 Overnight	成交金額（億元）	-	-	-	-	134,254.8	229,985.1	360,050.8	526,451.7	676,982.6	728,666.7	1,109,323.4	1,201,735.0
	占比	-	-	-	-	51.0%	52.2%	63.9%	77.8%	80.0%	75.4%	81.2%	79.1%
7天 7Days	成交金額（億元）	84,487.5	78,330.9	54,208.6	61,598.9	98,269.1	158,416.3	150,263.0	104,012.9	120,618.5	157,023.0	172,165.2	196,620.0
	占比	82.9%	80.4%	75.2%	73.3%	37.4%	35.9%	26.7%	15.4%	14.2%	16.2%	12.6%	12.9%
14天 14Days	成交金額（億元）	12,257.4	13,382.3	10,700.9	14,530.8	22,354.8	38,464.2	36,413.0	32,745.2	29,016.1	43,834.2	47,390.0	64,787.0
	占比	12.0%	13.7%	14.9%	17.3%	8.5%	8.7%	6.5%	4.8%	3.4%	4.5%	3.5%	4.3%
21天 14Days	成交金額（億元）	2166.4	2185.8	2866.3	3770.7	3521.2	5913.2	7172.9	6565.7	5331.4	11,335.2	9913.1	14,263.0
	占比	2.1%	2.2%	4.0%	4.5%	1.3%	1.3%	1.3%	1.0%	0.6%	1.2%	0.7%	0.9%
1個月 1Month	成交金額（億元）	1335.4	1729.1	2331.6	2310.5	3196.8	4932.0	7350.3	4200.3	8735.4	13,804.0	13,154.9	24,745.0
	占比	1.3%	1.8%	3.2%	2.7%	1.2%	1.1%	1.3%	0.6%	1.0%	1.4%	1.0%	1.6%
2個月 2Months	成交金額（億元）	797.8	925.1	903.8	788.2	560.5	1513.3	1085.9	1015.2	2851.9	5132.8	8119.8	8264.0
	占比	0.8%	0.9%	1.3%	0.9%	0.2%	0.3%	0.2%	0.1%	0.3%	0.5%	0.6%	0.5%
3個月 3Months	成交金額（億元）	439.6	633.3	696.1	535.3	458.0	906.7	1045.7	1360.2	1913.4	4513.0	4421.1	7068.0
	占比	0.4%	0.7%	1.0%	0.6%	0.2%	0.2%	0.2%	0.2%	0.2%	0.5%	0.3%	0.5%

表3-7(續)

年份		2002	2003	2004	2005	2006	2007	2008	2009	2010	2011	2012	2013
4個月 4Months	成交金額(億元)	215.9	88.9	145.3	55.3	8.8	143.2	133.2	283.9	391.8	1027.9	611.7	613.0
	占比	0.2%	0.1%	0.2%	0.1%	0.0%	0.0%	0.0%	0.0%	0.0%	0.1%	0.0%	0.0%
6個月 6Months	成交金額(億元)	107.9	143.1	131.8	211.1	42.3	138.0	155.5	180.8	550.4	1052.1	804.0	1045.0
	占比	0.1%	0.1%	0.2%	0.3%	0.0%	0.0%	0.0%	0.0%	0.1%	0.1%	0.1%	0.1%
9個月 9Months	成交金額(億元)	23.0	0.0	36.4	87.2	115.2	21.0	77.4	31.1	84.5	35.9	88.7	234.0
	占比	0.0%	0.0%	0.1%	0.1%	0.0%	0.0%	0.0%	0.0%	0.0%	0.0%	0.0%	0.0%
1年 1Year	成交金額(億元)	54.5	0.0	34.0	149.2	238.7	239.4	82.2	160.4	57.6	224.9	182.1	384.0
	占比	0.1%	0.0%	0.0%	0.2%	0.1%	0.1%	0.0%	0.0%	0.0%	0.0%	0.0%	0.0%
總成交金額		101,885.2	97,418.5	72,054.7	84,037.1	263,020.6	440,672.3	563,829.5	6,770,007.1	846,533.5	966,649.7	1,366,173.9	1,519,757.0
占比		100.0%	100.0%	100.0%	100.0%	100.0%	100.0%	100.0%	100.0%	100.0%	100.0%	100.0%	100.0%

數據來源：中國人民銀行

自20世紀90年代末以來，債券回購的交易標的從最初僅限於國債和政策性金融債券已發展到今天的國債、央行票據、政策性金融債券、金融債券以及商業銀行次級債券，豐富了債券品種，為投資者提供了新型的投資工具。

目前，中國銀行間債券市場的主要參與者有境內商業銀行、非銀行金融機構、非金融機構以及可經營人民幣業務的外國銀行分行。截至2013年年末，銀行間債券市場共有參與主體4883個。如此一來，債券的發行就有更多的市場主體來承擔，央行貨幣政策間接調控機制的運行就更加順暢。

3.1.6 短期信貸市場

短期信貸市場主要指交易工具期限在一年之內的屬於貨幣市場範疇的信貸市場。其主要功能是調劑暫時性或季節性的資金餘缺。

根據貸款對象的不同，目前中國的短期信貸包括工商企業短期信貸、短期農業信貸、個人短期消費信貸以及私營及個體短期信貸。按照規定，能貸出此類短期貸款的機構目前包括商業銀行、非銀行金融機構（如城市信用社、農村合作金融機構、金融公司、小額貸款公司、擔保公司等）。根據央行最新公布的2014年4月金融統計數據，中長期貸款偏弱，短期貸款趨強。信貸結構來看，中長期貸款421,500.02億元，環比增長1.23%，同比增加13.52%；短期貸款304,073.52億元，環比增長0.49%，同比增長16.14%。中長期貸款投放主體仍然是大型銀行。全國性中小銀行中長期貸款投放77,381.08億元，環比增761.66億元；短期貸款投放92,046.66億元，環比增加820.48億元，增幅較大。短期貸款投放主體為中小型銀行。

3.1.7 外匯市場

外匯市場（Foreign Exchange Market），是指外匯買賣與兌換的場所，它由

外匯供求雙方及仲介機構組成。外匯市場既可以是有形的（在特定場所進行外匯交易）也可以是無形的（通過通訊設備進行交易）。作為國際金融市場的重要組成部分，外匯市場在匯率形成、資金融通（國際資本流動）和外匯風險防範等方面起著重要的作用。中國外匯市場的產生與發展同中國經濟體制改革和對外開放緊密相連。特別是與外貿、外匯體制改革息息相關。它走過了一條「有價無市→外匯調劑→市場銀行間外匯市場」的發展道路，並逐步趨於規範。在傳統的計劃經濟時代，為了高效地利用稀缺的外匯資源，中國實行了嚴格的外匯管制政策，外匯市場處於有價（匯率）無市階段。真正意義上的外匯市場的萌芽始於外匯調劑市場的建立。我們可以粗略地將外匯市場的發展分為以下幾個階段：

第一階段（1979—1994年），「外匯市場」的概念出現。這是「外匯留成制度」帶來的成果。所謂留成制度指外貿企業獲得外匯收入後可以按照一定比例獲得用匯指標。出口企業往往持有多餘的用匯指標，進口企業則常常苦於沒有購匯指標，用匯指標的買賣市場即外匯調劑市場順勢而成。80年代中後期，全國各省市紛紛設立了外匯調劑中心，外匯調劑價格逐步放開，參與外匯調劑的主體範圍日益擴大，市場化、公開化的成分不斷增強，於是外匯兌換的官方與調劑市場並存的模式就這樣建立起來。

此階段的改革使外匯市場突破計劃經濟的堅冰，從無到有建立起來，這是一個相當重要的成就。當然遺留的問題也很多。官方與調劑市場匯價並存，使得匯價混亂；其次調劑市場本身也存在諸多問題，分散、封閉、孤立，不利於外匯資源的合理配置，全國統一的外匯市場亟待建立。

第二階段（1994—2005年），這是中國外匯市場改革史上又一個重要階段。1994年的外匯管理體制改革取消了外匯留成制度和調劑市場，將官方和調劑市場合併，建立了強制結售匯制度和統一的外匯市場。改革後，中國外匯市場分為批發市場（銀行間同業交易）與零售市場（銀行對客戶結售匯）兩個層次分明的市場體系。銀行間同業拆借市場即中國外匯交易中心通過計算機網絡形成覆蓋全國37個分中心的外匯交易聯網系統。這也是人民幣匯率形成的場所，中央銀行根據前一日銀行間外匯交易市場形成的價格，公布人民幣對美元交易的中間價，即基準匯價。零售市場上各外匯指定銀行以基準匯價為依據，在規定的浮動幅度內自行決定外匯牌價，按照規定審核客戶的商業單據和有效憑證，對客戶買賣外匯。這一市場與人民幣可兌換的程度密切相關。可以在不同地區和銀行之間流動，保證了外匯資源的合理配置，奠定了外匯市場發展的基本雛形。

第三階段（2005年到現在），中國外匯市場進入了向市場化、自由化方向發展的新階段，交易工具日益豐富，功能不斷完善，多種交易方式並存，分層有序的外匯市場體系正逐步確立。其中主要的變化有如下：在外幣兌外幣和人民幣兌外幣兩個市場都引入了做市商制度；引入詢價交易，延長交易時間；引入非銀行機構和非金融公司成為銀行間市場會員；增加遠期、掉期和期權等產品；

匯改后即期外匯市場運行平穩，銀行間市場交易量不斷上升。2006年，中國銀行間即期外匯市場年成交量首次超過1萬億美元，比2005年翻了一番，2007年上半年銀行間即期外匯市場日均成交量比匯改前增長了3.7倍。而在匯改后相繼推出的銀行間遠期外匯交易及人民幣與外匯掉期交易日益活躍，日均交易量逐月遞增，特別是2007年以來交易量增長迅速。2006年，銀行間遠期外匯市場總成交金額140.61億美元，日均成交量5786萬美元，較2005年下半年日均成交量增長108.64%。雖然在2007年、2008年增速有所放緩，但是之后又出現了一個較快速的增長。2011年和2012年銀行間遠期外匯交易的成交量達到了2146億美元和886億美元。

截止到2013年，中國銀行間市場即期外匯交易達到了4.07萬億美元，增長21.4%。銀行間遠期外匯外匯市場累計成交324億美元，下降62.6%，這是因為2012年4月取消銀行收付實現制頭寸下限管理后，銀行間遠期交易需求持續減少。外匯和貨幣掉期市場累計成交3.48萬億美元，較上年增長36.4%。銀行間外匯和貨幣掉期市場累計成交3.4萬億美元，增長34.8%，掉期市場的交易特徵和本外幣融資功能突出。外匯期權交易更加活躍。2013年，期權市場累計成交732億美元，較上年增長1.3倍，是增長最快的外匯衍生產品。以上詳見表3-8。

表3-8　　　　2005—2013年人民幣外匯市場交易概況　　　單位：億美元

年份	銀行間市場即期外匯交易	銀行間市場遠期外匯交易	銀行間市場掉期外匯交易	銀行間市場期權外匯
2005	-	26.90	-	-
2006	-	140.61	508.56	-
2007	-	223.82	3146.14	-
2008	-	173.7	4403.0	-
2009	-	97.67	8018.02	-
2010	3.05萬	326.7	12834.6	-

表3-8(續)

年份	銀行間市場即期外匯交易	銀行間市場遠期外匯交易	銀行間市場掉期外匯交易	銀行間市場期權外匯
2011	3.55萬	2146	17710	10.1
2012	3.36萬	886	25531	33
2013	4.07萬	324	34014	217

註：數據均為單邊交易額，採用四捨五入原則。
數據來源：《2013年中國國際收支報告》。

2005年8月8日，中國人民銀行允許非銀行金融機構和非金融企業按實需原則進入銀行間外匯市場，同時允許銀行之間開展人民幣對外幣的掉期交易。目前銀行間外匯市場的會員構成類型基本均為銀行業金融機構，如下圖3-1所示：

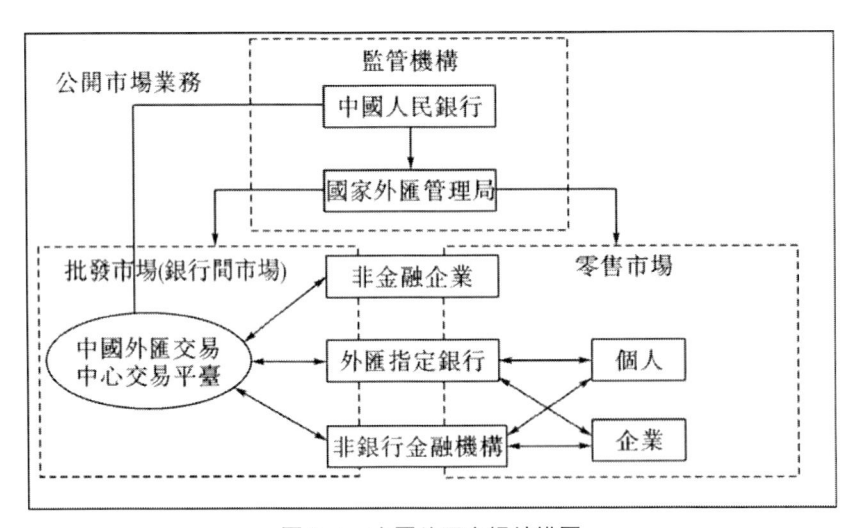

圖3-1 中國外匯市場結構圖

2006年年初，即期外匯市場引入人民幣兌外幣交易做市商制度，做市商在銀行間外匯市場持續提供買賣雙邊報價為外匯市場提供流動性。截止到2013年年底，人民幣外匯即期做市商31家，其中中資銀行16家、外資銀行15家；人民幣外匯遠期掉期做市商27家，其中中資16家、外資11家。如表3-9、表3-10所示。由於中國是銀行主導類的金融系統模式，主要以銀行間的外匯市場為主。這種制度框架導致場外市場客戶指令流通過會員銀行的指令流來傳達宏觀基本面和市場供求信息。這種交易機制的差別導致的信息傳遞和

處理過程如下圖 3-2 所示：

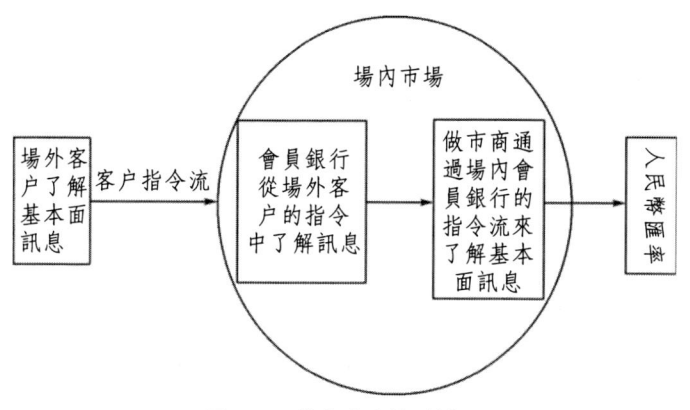

圖 3-2 做市商市場結構圖

表 3-9　　　　　　　　　人民幣外匯即期做市商

序號	機構	英文簡稱	序號	機構	英文簡稱
1	中國工商銀行股份有限公司	ICBC	2	中國農業銀行股份有限公司	ABCI
3	中國銀行股份有限公司	BCHO	4	中國建設銀行股份有限公司	CCBH
5	交通銀行股份有限公司	BCOH	6	中信銀行股份有限公司	CTIB
7	招商銀行股份有限公司	CMHO	8	中國光大銀行	EBBC
9	華夏銀行股份有限公司	HXBJ	10	廣發銀行股份有限公司	DEVE
11	平安銀行股份有限公司	DESZ	12	興業銀行股份有限公司	IBCN
13	中國民生銀行股份有限公司	CMSB	14	國家開發銀行	CDBB
15	中國郵政儲蓄銀行	PSBC	16	寧波銀行股份有限公司	NBCB
17	法國巴黎銀行（中國）有限公司	BNPC	18	上海浦東發展銀行	SPDB
19	星展銀行（中國）有限公司	DBSC	20	美國銀行有限公司上海分行	BASH
21	匯豐銀行（中國）有限公司	HKSH	22	蒙特利爾銀行（中國）有限公司	BMCN
23	花旗銀行（中國）有限公司	CTSH	24	渣打銀行（中國）有限公司	SCCN

表3-9(續)

序號	機構	英文簡稱	序號	機構	英文簡稱
25	蘇格蘭皇家銀行（中國）有限公司	RSSH	26	摩根大通銀行（中國）有限公司	JPSH
27	東方匯理銀行（中國）有限公司	CALS	28	三井住友銀行（中國）有限公司	SMSH
29	德意志銀行（中國）有限公司	DBSH	30	瑞穗銀行（中國）有限公司	MHSH
31	三菱東京日聯銀行（中國）有限公司	TMSH			

數據來源：銀行間交易商協會

表3-10　　人民幣外匯遠期掉期做市商

序號	機構	英文簡稱	序號	機構	英文簡稱
1	中國工商銀行股份有限公司	ICBC	2	中國農業銀行股份有限公司	ABCI
3	中國銀行股份有限公司	BCHO	4	中國建設銀行股份有限公司	CCBH
5	交通銀行股份有限公司	BCOH	6	中信銀行股份有限公司	CTIB
7	招商銀行股份有限公司	CMHO	8	中國光大銀行	EBBC
9	華夏銀行股份有限公司	HXBJ	10	廣發銀行股份有限公司	DEVE
11	平安銀行股份有限公司	DESZ	12	興業銀行股份有限公司	IBCN
13	中國民生銀行股份有限公司	CMSB	14	國家開發銀行	CDBB
15	寧波銀行股份有限公司	NBCB	16	上海浦東發展銀行	SPDB
17	星展銀行（中國）有限公司	DBSC	18	美國銀行有限公司上海分行	BASH
19	匯豐銀行（中國）有限公司	HKSH	20	花旗銀行（中國）有限公司	CTSH
21	渣打銀行（中國）有限公司	SCCN	22	蘇格蘭皇家銀行（中國）有限公司	RSSH
23	摩根大通銀行（中國）有限公司	JPSH	24	三井住友銀行（中國）有限公司	SMSH

表3-10(續)

序號	機構	英文簡稱	序號	機構	英文簡稱
25	德意志銀行（中國）有限公司	DBSH	26	瑞穗銀行（中國）有限公司	MHSH
27	三菱東京日聯銀行（中國）有限公司	TMSH			

數據來源：銀行間交易商協會

中國的外匯市場雖然發展迅速，但是同時存在諸多問題，阻礙了外匯市場的國際化進程：如外匯市場工具缺乏，金融抑制問題嚴重；外匯市場體制不健全；中央銀行宏觀調控力度不夠；法律體系仍有待完善等，我們將其歸納如下：

第一，人民幣的市場化程度低。由於對資本項目的不對稱管制，外匯需求仍然受到限制。同時，從經濟基本面來看，中國國際收支「雙順差」的格局或將一直持續，這樣中國將繼續面臨外匯供給剛性增長的趨勢。外匯供給和外匯需求處於不對稱的狀態，人民幣匯率持續面臨升值的壓力。加之人民幣升值預期的加強，吸引了一定數量的投機資金的流入，進一步加劇了外匯市場的超額供給局面。這種情況將會影響外匯市場的健康發展。

第二，外匯交易過於集中，缺乏流動性。從外匯市場的主體來看，銀行間外匯市場的300多家會員中，只有少數幾家銀行占據高度壟斷地位。這雖然有利於監管機構的監管，但是同時也迫使中央銀行被動干預外匯市場的壓力，並且阻礙了匯率市場化的進程。其次由於交易品種有限，使得外匯市場的流動性不高，即期交易主導外匯市場，避險工具不成熟。這主要和中國外匯按需進入的制度有關。

第三，央行仍然是外匯市場的重要參與者。與其他主要新興市場相比，中國人民銀行在外匯交易中的作用相對突出，成為銀行間外匯市場的最後買者。在雙順差的格局下，中央銀行是外匯市場上最大的買者。在銀行間外匯市場的自律管理比較薄弱的情況下，監管部門還是要經常利用行政手段來規範外匯交易，這同樣限制了中央銀行干預外匯市場的效率。

3.1.8 黃金市場

2001年4月，央行宣布取消黃金「統購統配」的計劃管理體制。同年6月，央行正式啟動黃金價格周報價制度，根據國際市場價格變動對國內進價進

行調整。2002年10月30日，上海黃金交易所正式運行，這是中國黃金管理體制的改革的重大突破，象徵中國黃金市場邁出了新的步伐。2007年9月11日，經國務院同意，中國證監會《關於同意上海期貨交易所上市黃金期貨合約的批復》（證監期貨字【2007】158號）批准上海期貨交易所上市黃金期貨。自2002年10月30日上海黃金交易所的成立和2008年1月9日上海期貨交易所黃金期貨品種的推出至今，黃金市場形成了現貨市場與期貨市場共同發展的局面，中國的黃金市場邁入快速發展時期，市場參與者不斷充實，交易規模不斷擴大，交易方式日益豐富，政策法規逐漸健全，對外開放不斷深化，國際影響力逐漸顯現。

21世紀初以來的中國黃金市場迎來了一個大發展時期，具體來講有以下幾個特點：

（1）現貨與期貨市場雙輪驅動，實金與衍生品交易共同發展。在黃金現貨市場的基礎上，2008年1月9日上海期貨交易所推出了黃金期貨交易品種，從而形成了黃金現貨市場與黃金期貨市場共同發展的局面。黃金現貨市場因為價格波動而需要建立一種分散和轉移市場風險的機制，這個機制在目前條件下自然由黃金期貨市場來擔當，這也是中國黃金市場不斷成熟、壯大的必然要求。

（2）黃金市場各類型參與主體不斷完善。自中國黃金期貨和現貨市場的形成以來，黃金市場的參與主體不斷完善，涵蓋了個人投資者、機構投資者、黃金交易所、中央銀行、商業銀行、黃金生產企業、用金企業、黃金經銷商、經紀公司和各類仲介服務機構等方面的資源和力量。市場參與主體的不斷豐富和完善，必將對活躍黃金交易市場、推動黃金產業發展起到重要的基礎作用。尤其值得一提的是，黃金投資的隊伍不斷壯大和黃金投資公司、諮詢公司的大量湧現反應了中國黃金市場的快速發展格局。

（3）黃金市場交易標的不斷豐富。黃金市場的交易標的大致可以分為四類：金條、金幣、紙黃金和衍生品合約。每類產品又有多種不同的交易品種，並跨越商品和金融兩大市場，這是黃金市場不同於其他一般商品市場的一個顯著特徵。

與國際主要的黃金市場比，中國黃金市場的發展還比較落後，交易量僅為倫敦黃金市場的十分之一不到，這與中國的經濟發展狀況是不相適應的。同時，同其他發達的黃金市場相比，中國在交易制度、交易產品和法律法規等方面，都有待完善的地方。如表3-11所示。

表 3-11 各國黃金市場情況對比

比較項目	英國	瑞士	美國	日本	中國
監管機構	英國金融服務管理局、英格蘭銀行	瑞士國家銀行	美國商品期貨交易委員會、美國聯邦儲備委員會、財政部	經濟產業省、金融廳、日本銀行、證券交易監視委員會	中國人民銀行、證監會、銀監會、工商局等
行業組織	倫敦金銀市場協會	蘇黎世黃金總庫	美國黃金協會、美國期貨協會、美國珠寶首飾商會	日本黃金協會、日本商品期貨交易協會	中國黃金協會
法律法規	英國《金融服務與市場法》、英國金融服務管理局有關金銀管理規定、證券法規有關金銀規定、倫敦金銀市場協會章程及有關法規、倫敦黃金市場交易規則	瑞士國家銀行金銀儲備管理法規、蘇黎世黃金總庫組織與瑞士國家銀行制定的瑞士蘇黎世黃金交易市場管理規則、章程及配套法規	美聯儲關於金銀管理的法規、財政部和美聯儲關於黃金儲備的規定、美國《商品期貨交易委員會法》、期貨交易規則、交易所條例	日本《商品交易所法》、《日本商業條例》和《金融工具及交易法》、協會和交易所相關制度規則	《金銀管理條例》和《中華人民共和國人民銀行法》、協會和交易所相關制度規則
稅收政策	出口免稅、進口投資金及半成品免增值稅；對首飾金零售徵收增值稅，免消費稅，對投資金零售免稅；場內交易免稅，交割徵稅即徵即退	進出口無關稅；對首飾金零售徵收增值稅，對投資金零售免稅；市場內交易免稅	進出口無關稅；黃金交易徵消費稅	進出口徵5%關稅；黃金交易徵5%的銷售稅，回購時退稅	進口環節免徵增值稅，出口不退稅；場內交易未發生實物交割的，免徵增值稅，實物交割的，增值稅即徵即退，且免收城市維護建設稅和教育費附加
交易模式	以場外市場為主	以場外市場為主	以場內市場為主	以場內市場為主	以場內市場為主
交易主體	主要是商業銀行、投資機構、基金等機構投資者	瑞士三大銀行自營或代理	主要是銀行、對沖基金等金融機構和跨國金商、黃金經紀商等機構投資者	商業銀行、珠寶首飾商、經紀商等，絕大部分是日資公司和大型財團	以商業銀行、產金用金企業為主
交易品種	現貨、遠期、掉期、遠期利率和期權等	黃金現貨、黃金期貨（遠期合約）、黃金帳戶（黃金保管）等	黃金現貨、期貨、期權的標準市場交易，提供現貨、期貨在同一交易所內組織投資的機制，衍生出倫敦現貨黃金與紐約期貨黃金的掉期交易	金條、金幣、黃金累積計劃，期貨和期權合同交易	現貨、延期、遠期、期貨為主

表3-11(續)

比較項目	英國	瑞士	美國	日本	中國
市場開放程度	無外匯管制，市場開放、資本流動自由、國內黃金買賣自由	無外匯管制，市場開放、資本流動自由、黃金買賣自由	無外匯管制，進出口無限制、國內黃金買賣自由	無外匯管制，進出口無限制但需繳納關稅、國內黃金買賣自由	有外匯管制，進出口有限制，對內黃金生產、流通全面市場化，但不允許個人實物交割
黃金儲備	310.3噸，占外匯儲備的15.2%	040.1噸，占外匯儲備的10%	8133.5噸，占外匯儲備的75.1%	765.2噸，占外匯儲備的3.1%	1054.1噸，占外匯儲備的1.6%

註：黃金儲備數據來源於世界黃金協會2013年數據

表3-12　　2009—2013年中國黃金市場交易量和交易金額情況

年份	成交量（噸）	成交金額（億）
2009	4710.82	1.10萬
2010	6051.50	1.62萬
2011	7438.5	2.48萬
2012	6350.0	2.15萬
2013	11,614.45	3.21萬

數據來源：《中國金融穩定報告2013》

從表3-12可以看出，中國黃金市場至2009年起成交量和成交金額不斷增長，除了2012年有所放緩之外，其餘年份都顯示出較強的潛力。2013年成交量更是達到了11,614.45噸，成交金額達到了3.21萬億。

3.1.9 貨幣市場基金

貨幣市場基金（MMF）是指投資於貨幣市場上短期（一年以內，平均期限120天）有價證券的一種投資基金，該基金資產主要投資於短期貨幣工具如國庫券、商業票據、銀行定期存單、政府短期債券、企業債券等短期有價證券。貨幣市場基金是以貨幣市場工具為投資對象的基金，目前貨幣市場基金的投資範圍主要包括：短期國債（剩餘期限小於397天）、中央銀行票據、銀行背書的商業匯票、銀行承兌匯票、銀行定存、大額可轉讓存單、期限在一年內的回購等貨幣市場工具。

中國貨幣基金發展可以分為幾個重要階段：①2005年，證監會發布《關於貨幣市場基金投資等相關問題的通知》，初步奠定了貨幣基金運行的框架，貨幣

基金進入第一個擴張期；②2007 年，A 股快速上漲，股票型基金擴張較快，貨幣基金占比回落；③2008 年末，金融危機導致 A 股大幅下跌，股票型基金收縮，貨幣基金進入第二個擴張期；④2009 年，流動性極度寬鬆，貨幣基金收益率下降，規模萎縮；⑤2011 年，央行收縮流動性，城投債務等資產大幅貶值，貨幣基金面臨危機，證監會緊急「救市」，放開貨幣基金投資協議存款；⑥2012 年以來，在證監會政策紅利和互聯網技術滲透雙方面作用下，貨幣基金迎來第三個擴張期，規模由 2012 年年初的 3000 億元擴張至 2014 年年初的 9000 億元，年化增幅超過 70%。中國貨幣基金 2013 年末規模達到 9000 億元，接近各類基金總規模的 1/3。從 2013 年末前十大貨幣基金排名看，除余額寶支撐的天弘增利寶獨占首位外，其他均為各大基金公司的主打貨幣基金。而微信理財通支撐的華夏財富寶當時規模尚小，僅以 10 億份額排名第 114 位。

在互聯網與金融業交叉融合等大環境下，貨幣市場基金的設計更科學、交易更便捷、功能更完善，迎來了新一輪快速發展期。2013 年四季報顯示，中國共有 MMF 產品 153 只，資產淨值 8832 億元，占基金總規模的 30%。其中「余額寶」一只產品在成立的 8 個月內規模激增至 4000 億元，約占中國 MMF 總規模的 40%。中國貨幣基金近幾年發展現狀見表 3-13。

表 3-13　　中國 2003—2013 年貨幣市場基金規模及發展情況

年份	貨幣市場基金資產淨值（億元）	全部基金資產淨值（億元）	貨幣基金資產淨值占全部基金資產淨值比重（%）
2003	42.55	1782	2.39
2004	633.27	3246.4	19.51
2005	1858.45	4691.16	39.62
2006	794.87	8564.61	9.28
2007	1110.46	32,755.9	3.39
2008	3891.74	19,388.67	20.07
2009	2595.27	26,760.8	9.7
2010	974.39	21,257.34	4.58
2011	4405.6	21,918.4	20.1
2012	5718.4	28,663.78	19.95
2013	7476	30,024.24	24.9

數據來源：中國銀河證券基金研究中心。

從上表可以看出，中國自 2003 年以來基金及貨幣基金發展比較波動，基金行業整體來看資產淨值在曲折上升，從 2003 年的 1782 億元增長到 2013 年的 30,024.24 億元，增幅達 1585%。而貨幣市場基金資產淨值 2008 年以前一直上升，不過 2008 年後有所下降，從 2003 年的 42.55 增加到 2013 年的 7476 億元。

上面我們從資產淨值及占比考察了貨幣基金的規模及發展，下面我們從貨幣基金的絕對數量來研究其發展狀況，見表 3-14。

表 3-14　　　　　　　　2003—2013 中國貨幣基金只數

年份	總支數	A 級支數	B 級支數
2003/12/31	1	1	0
2004/12/31	10	7	0
2005/12/31	30	19	4
2006/12/31	49	25	9
2007/12/31	50	24	11
2008/12/31	51	25	11
2009/12/31	61	28	18
2010/12/31	69	31	23
2011/12/31	79	36	28
2012/12/31	106	46	44
2013/12/31	158	65	64

註：A 級貨幣市場基金面向普通客戶，申購額度較低，通常為 1000 元；B 級貨幣市場基金面向資金量大的客戶如機構客戶，申購門檻一般在 100 萬元以上。

數據來源：和訊財經網站資料。

從上表中我們可以看到，自 2003 年中國第一只貨幣基金產生以來，中國貨幣市場基金不斷發展壯大。基金總只數從 2003 年 1 只發展到 2013 年 158 支，A 級貨幣基金從 2003 年 1 支增加到 2013 年 65 支，B 級貨幣基金從 2003 年 0 支壯大到 2013 年 52 支。特別是從 2011 年以來，基金支數增長特別快，而這主要是由 B 級貨幣基金的發展壯大帶動的，說明近幾年中國的貨幣基金主要是面向機構大投資者發展的。

貨幣市場基金有很多優點，如收益穩定、流動性強、購買限額低、資本安全性高、可以用基金帳戶簽發支票、支付消費帳單，通常被作為進行新的投資

之前暫時存放現金的場所，這些現金可以獲得高於活期存款的收益，並可隨時撤回用於投資。一些投資人大量認購貨幣市場基金，然后逐步贖回用以投資股票、債券或其他類型的基金。許多投資人還將以備應急之需的現金以貨幣市場基金的形式持有。有的貨幣市場基金甚至允許投資人直接通過自動取款機抽取資金。

當然貨幣市場基金也有其風險，貨幣市場基金的風險來自其投資的短期債券與市場利率變化。一是當市場利率突然發生變化而短期債券的利息隨之發生變化時基金沒有做出及時的調整以致其整體收益下跌；還有一種風險來自其自身行業的競爭，其每天的七日年化收益率的計算是以當天的收益曲線中最有利於基金公司的價格計算出來的，造成報價收益與實際收益的差異。表 3-15 是不同種類基金的風險收益的比較。

表 3-15　　　　不同類型的基金風險收益等屬性比較　　　　單位：億元

基金類型	貨幣市場基金	股票型基金	債券型基金	混合基金
標的	商業本票、可轉讓定存單、銀行承兌匯票等	股票	政府債券、公司債券等各類債券	股票、債券、商業本票等
目標	獲取固定收益	追求高收益	獲取固定收益	獲取固定收益
風險	最低	最高	次之	中等
收益率	最低	最高	次之	中等
優點	流動性強	收益高	獲利穩定	可獲得多市場收益
缺點	沒有成長機會	風險高	沒有成長機會	同時面臨多市場風險

自 2011 年以來，中國的貨幣市場基金平均年收益一直高於銀行一年期定期存款。近段時間以來，隨著季末效應的逐漸消退，貨幣市場基金的短期收益出現了明顯回落。但以「余額寶」為代表的「寶」類貨幣基金最近的 7 日年化收益仍普遍維持在 4% 以上，遠高於 1 年期定存的收益。此外，極佳的流動性加上創新的功能使得投資者對「寶」類基金青睞有加。

現如今中國貨幣市場基金的發展還受到很多因素的制約。一是投資範圍狹窄。目前中國貨幣市場的發展受到諸多政策的限制，只能投資規定了剩餘期限的債券、回購和銀行定期存款。但是，國際貨幣市場基金收益率的主要增長點恰恰便是中國不能投資的商業票據等。因此，中國狹窄的貨幣市場投資範圍降低了中國貨幣市場基金對投資者的吸引力，影響了中國貨幣市場基金的發展。

二是投資工具單一。目前中國貨幣市場的規模有限，投資工具也比較單一。債券和國債在中國的貨幣市場上較多，而企業債券和市政債券貨幣市場上相對較少。在國債中，較多的是中長期國債，而短期國債卻相對較少。另外，有限的市場規模體現了商業票據的局限性。這些狀況直接導致了中國的貨幣市場基金很難使投資者選擇出相對較好的投資組合，才使得貨幣市場基金市場的吸引力大大降低。與此同時，中國貨幣市場還存在央行票據比重過大的問題，這個問題導致中國貨幣市場上本來有限的基金投資組合還過度依賴央行票據，央行票據的過多參與直接決定了中國貨幣市場基金的經營業績，不利於中國貨幣市場基金的發展。三是盈利空間小。由於貨幣市場基金的靈活性接近於活期存款，所以業內經常拿銀行七天通知存款的稅后收益水平與貨幣市場基金的收益率作比較，當后者低於前者時，說明貨幣市場基金的收益水平不盡如人意，基金投資者也會對貨幣市場基金失去信心，使貨幣市場基金失去了其本應有的吸引力。

中國貨幣市場基金雖然有著廣闊的市場前景，但風險也不可忽視。基金管理人應高度重視貨幣市場基金的流動性風險。MMF 多用於日常現金管理，或作為不同投資品種轉換期間的臨時資金存放，常被投資者視為安全產品而忽視風險。當同業市場出現波動，機構投資者往往第一時間贖回 MMF，或在不同 MMF 產品間套利，造成「踩踏」。MMF 管理人面臨更高的投資者申贖帶來的風險，對流動性管理水平也有更高的要求。金融危機暴露出流動性風險和利率、信用等其他風險間的密切聯繫，應注意控製期限錯配敞口，充分估計可能出現的流動性缺口。

3.2 中國衍生貨幣市場現狀

所謂衍生貨幣市場，是指交易工具在一年期以內（包括一年）的短期金融衍生品市場。按照交易方式，金融衍生品分為遠期、期貨、期權和互換，其中遠期合約是指雙方約定在未來的某一確定時間，按照確定的價格買賣一定數量的某種金融資產的合約；期貨合約同遠期協議十分類似，是指在特定的交易所通過競價方式成交，承諾在未來的某一日或某一期限內，以實現約定的價格買進或賣出某種標準數量的某種金融工具的標準化契約；期權又稱之為選擇權，是指賦予其購買者在規定期限內按雙方約定的價格或執行價格購買或出售一定數量某種金融資產的權利的合約；互換又稱掉期，是指互換雙方達成協議

並在一定的期限內轉換彼此貨幣種類、利率基礎及其他資產的一種交易。

根據合約標準化程度可以將以上四種產品類型劃分為適宜場內交易型與適宜場外交易型。其中，期貨與期權合約標準化程度較高，比較適合場內交易，如股票交易所交易的股票期權產品、在期貨交易所交易的各類期貨合約等；遠期與互換由於合約標準化程度較低、靈活性大，合同條款可以根據客戶的要求量身定制，比較適合場外交易，如金融機構之間、金融機構與大規模交易者之間進行的各類互換交易和信用衍生品交易。

中國的金融衍生品市場分為場內交易市場和場外交易市場。1998年之後，中國金融衍生品場內交易市場逐漸步入規範，如今包括4個期貨交易所：上海期貨交易所、大連商品交易所、鄭州商品交易所和中國金融期貨交易所；共有40個交易品種，主要為實物期貨，以金融資產為標的的衍生產品僅有滬深300指數期貨和5年期國債期貨，也從側面反應出中國金融衍生品市場發展仍處於初級階段。各交易所的交易產品如表3-16所示：

表3-16　　　　　　　　中國衍生產品交易所和交易品種

交易所	交易品種
上海期貨交易所	黃金、銅、鋁、鋅、鉛、白銀、螺紋鋼、線材、熱軋卷板、燃料油、瀝青、天然橡膠
大連商品交易所	玉米、黃大豆1號、黃大豆2號、豆粕、豆油、棕櫚油、雞蛋、纖維板、膠合板、線型低密度聚乙烯、聚氯乙烯、聚丙烯、焦炭、鐵礦石
鄭州商品交易所	小麥（包括優質強筋小麥和普通小麥）、早秈稻、粳稻、棉花、油菜籽、菜籽油、菜籽粕、白糖、動力煤、甲醇、精對苯二甲酸、玻璃
中國金融期貨交易所	滬深300指數期貨、5年期國債期貨

數據來源：各交易所網站資料

場外市場交易品種則更為廣泛，以金融資產為標的的衍生產品種類也更為豐富，其中主要包括利率類衍生產品、貨幣類衍生產品和信用類衍生產品等。場外交易市場主要分為銀行和客戶間交易的零售市場、銀行與銀行間交易的批發市場。

中國金融衍生產品市場交易者主要包括商業銀行、其他非銀行金融機構、工商企業和個人。商業銀行是主要交易者，承擔著交易商和做市商的作用，其他金融機構數量較少，本來在國際上參與度較高的保險公司等金融機構，在中國並沒有被正式引入衍生品市場，工商企業主要出於規避利率、匯率和價格風

險或是投機動機才進行交易，而個人交易量很小。總體來說中國金融衍生品市場的交易者品種較為單一，而商業銀行受到政策影響較大，並沒有真正形成由市場化較高的交易主體組成的衍生品市場。

3.2.1 利率類衍生產品

利率類衍生產品是一種損益以某種方式依賴於利率水平的金融創新工具，具體包括遠期利率協議、利率期貨、利率期權、利率互換等最基本、最常見的標準產品。

中國利率類衍生產品市場發展較晚，產品品種主要有2005年6月在銀行間債券市場推出的債券遠期、2006年1月推出的人民幣利率互換和2007年9月推出的遠期利率協議，而在2013年9月，自「327」國債風波之後暫停了18年的國債期貨在中國金融期貨交易所重新上市交易，這也是如今在場內交易的唯一一個利率類衍生產品。首批上市的國債期貨為5年期合約，分別為2013年12月和2014年3月、6月合約，國債期貨合約標的為面值100萬元、票面利率為3%的名義中期國債。

1992年12月，上海證券交易所最先開放了國債期貨交易，共推出12個品種的國債期貨合約，只對機構投資者開放。而到1995年以後，國債期貨交易日趨火爆，經常出現日交易量達到400億元的市況，而同期市場上流通的國債現券不到1050億元。直到1995年2月23日上海萬國證券公司違規交易「327」國債合約致使國債期貨最終暫停，暴露了當時中國國債期貨制度設計上的漏洞：既沒有對漲跌幅度的限制，也沒有對於期貨合約和現貨合約掛勾的相關制度，加之當時流動性缺乏，市場很容易被操縱，因而造成了「327事件」，對當時的資本市場產生了極大的負面影響。

自利率類衍生產品交易以來，人民幣利率互換交易大幅增長，於2010年一舉超過債券遠期的交易量，成為交易量最大的利率類衍生產品，2013年，人民幣利率互換市場發生交易24,409筆，名義本金總額2.7萬億元，同比下降6.01%。從期限結構來看，1年及1年期以下交易最為活躍，其名義本金總額2.1萬億元，占總量的75.55%。而債券遠期交易自2009年後逐漸萎縮，2013年債券遠期成交1筆，成交金額1.01億元。遠期利率協議仍舊成交冷淡，2013年遠期利率協議共成交1筆，名義本金額0.5億元。如表3-17所示。

表 3-17　　　　利率類衍生產品交易情況（2006—2012 年）

時間	利率互換 交易筆數（筆）	利率互換 名義本金額（億元）	債券遠期 交易筆數（筆）	債券遠期 交易量（億元）	遠期利率協議 交易筆數（筆）	遠期利率協議 名義本金額（億元）
2006	103	355.7	398	664.5	—	—
2007	1978	2186.9	1238	2518.1	14	10.5
2008	4040	4121.5	1327	5005.5	137	113.6
2009	4044	4616.4	1599	6556.4	27	60
2010	11,643	15,003.4	967	3183.4	20	33.5
2011	20,202	26,759.6	436	1030.1	3	3
2012	20,945	29,021.4	56	166.1	3	2
2013	24,409	27,100.2	1	1.01	1	0.5

數據來源：中國外匯交易中心資料

從期限結構來看，利率互換交易的主要品種為 1 年及 1 年以下期品種；債券遠期交易以 7 天期品種最為活躍。雖然如今利率期貨重新上市交易，但品種單一，僅有五年期國債期貨合約，缺乏短期利率期貨交易工具。

3.2.2　貨幣類衍生產品

貨幣類衍生產品是指標的為各類貨幣資產的金融衍生工具，主要包括遠期外匯合約、貨幣期貨、貨幣期權、貨幣互換以及上述合約的混合交易合約。

中國的貨幣類衍生產品是伴隨著中國外匯市場的逐步形成而發展的，中國的外匯市場經歷了 30 多年從無到有、從小到大、從有形到無形、從簡單到複雜的過程，貨幣類衍生產品也從 2005 年 8 月問世的遠期外匯擴大到 2006 年的人民幣外匯掉期、2007 年的人民幣外匯貨幣掉期、2011 年的外匯期權，產品結構趨向多樣化。

受金融危機的影響，銀行間外匯市場遠期外匯交易額在 2007 年至 2009 年間出現下降，但是 2010 年恢復上升態勢，交易額節節攀升；外匯掉期交易從推出就頗受市場歡迎，年年攀升，由 2007 年 3146.14 億美元上漲至 2011 年的 17,700 億美元，5 年間上漲了 4.6 倍；而貨幣掉期自推出交易後就一直冷淡；外匯掉期於 2011 年 4 月 1 日推出，受限於市場的接受程度，交易額較小。銀行間外匯市場中人民幣外匯掉期交易占據人民幣外匯衍生產品市場 90% 的份額，已成為商業銀行重要的避險手段和財務管理工具。如表 3-18 所示：

表 3-18　　中國貨幣類衍生產品交易情況（2007—2013 年）　單位：億美元

年份	遠期外匯交易額	外匯掉期交易額	貨幣掉期交易額	外匯期權交易額
2007	223.82	3146.14	0.8	-
2008	173.7	4403	0.1	-
2009	97.67	8018.02	-	-
2010	326.7	12,834.6	-	-
2011	2146	17,710	-	10.1
2012	886	25,531	-	33
2013	324	34,014	-	217

數據來源：2013 年中國國際收支報告

就 2013 年而言，從期限來看，各品種產品交易中短期產品居多，遠期外匯交易、外匯和貨幣掉期及外匯期權 3 個月（含）以下期限的產品交易分別占總交易額的 58.64%、87.57% 和 68.66%。銀行間外匯市場占大部分，達到 66.95%，而銀行對客戶市場為 33.05%。值得注意的是，遠期以及期權品種上銀行對客戶市場占絕大部分，而在外匯和貨幣掉期品種上則是銀行間外匯市場占絕大多數。如表 3-19 所示：

表 3-19　　　　2013 年銀行間外匯市場交易期限概況　　　單位：億美元

交易品種	交易量	占比
即期	70,864	
銀行對客戶市場	30,117	42.50%
銀行間外匯市場	40,747	57.50%
遠期	6045	
銀行對客戶市場	5721	94.64%
銀行間外匯市場	324	5.36%
其中：3 個月（含）以下	190	58.64%
3 個月至 1 年（含）	123	37.96%
1 年以上	11	3.40%
外匯和貨幣掉期	34831	
銀行對客戶市場	816	2.34%

表3-19(續)

交易品種	交易量	占比
銀行間外匯市場	34014	97.65%
其中：3個月（含）以下	29785	87.57%
3個月至1年（含）	4077	11.99%
1年以上	152	0.45%
期權	732	
銀行對客戶市場	514	70.22%
其中：外匯看漲/人民幣看跌	273	53.11%
外匯看跌/人民幣看漲	241	46.89%
銀行間外匯市場	217	29.64%
其中：外匯看漲/人民幣看跌	116	53.46%
外匯看跌/人民幣看漲	101	46.54%
其中：3個月（含）以下	149	68.66%
3個月至1年（含）	68	31.34%
1年以上	0	0.00%
合計	112471	
其中：銀行對客戶市場	37168	33.05%
銀行間外匯市場	75303	66.95%
其中：即期	70864	63.01%
遠期	6045	5.37%
外匯和貨幣掉期	34831	30.97%
期權	732	0.65%

數據來源：2013年中國國際收支報告。

3.2.3 信用類衍生產品

信用衍生工具是一種金融合約，提供與信用有關的損失保險。對於債券發行者、投資者和銀行來說，信用衍生工具是貸款出售及資產證券化之後的新的管理信用風險的工具。

進入21世紀以來，新的金融衍生產品不斷推出，信用衍生產品發展速度

最快，次貸危機中大量使用的金融衍生產品有擔保債務憑證 CDO，信用違約互換 CDS 等等。目前全球市場有多重類型的信用衍生產品，例如：信用違約掉期（Credit Default Swap）、擔保債務合同（Collateral Debts Obligations—CDO）、複合擔保債務合同（CDO Square）、合成擔保債務合同（Synthetic CDO）、組合擔保債務合同（Basket CDO）和奇異信用衍生產品（Exotic Credit Derivatives）。信用衍生產品交易的市場主要在美國和歐洲，BBA（British Bank Association）關於信用衍生產品的報告表明，歐洲是最大的信用衍生產品交易市場，占全部市場份額的 59%，美國是第二大的信用衍生產品交易市場，亞洲目前處於起步階段。

中國的信用衍生產品起步較晚，目前包括兩類信用衍生產品：結構性信用衍生產品和信用風險緩釋工具（CRM），且仍處於試點階段。

所謂結構性信用衍生產品，在中國大都以信貸資產支持證券的形式體現，如 2005 年，中國發展銀行發行了第一支資產抵押債券，它是中國第一個信用衍生產品，也標誌著銀行信貸資產證券化的試點放行，此後一直處於小規模試點規模，2007 年下半年起開始提速，多家商業銀行，如工商銀行、興業銀行、浦發銀行等都成功發行。但是這項試點在 2009 年受全球金融危機的影響而暫停。直至 2012 年 2 月，第三輪資產證券化試點啟動，擬擴大試點銀行範圍和試點資產的範圍，新一輪試點按照此前央行報批至國務院的方案為準，資產證券化仍以銀行間市場為平臺。2013 年 8 月國務院常務會議決定進一步擴大信貸資產證券化試點，眾多信貸類金融衍生產品逐漸在這一階段進行試點，信貸類衍生品在這之後至今仍在全面提速，發展迅猛。2013 年 11 月國開行發行首期鐵路信貸資產支持證券，是國內首次發行單一行業、單一借款人的證券化產品。2014 年 3 月招商銀行兩期信貸資產支持證券在銀行間市場同時招標發行，其中，第一期證券的基礎資產為信用卡分期應收款，為基於信用卡應收帳款的資產證券化在中國的進行的首次嘗試。2014 年 5 月國家開發銀行成功發行 2014 年第三期開元信貸資產證券化產品，規模 109.4674 億元，是目前國內單筆發行金額最大的信貸資產證券化產品。本期產品所盤活的信貸規模將向經濟發展的重點領域傾斜，積極服務棚戶區改造、鐵路建設、「三農」、小微企業等。

2010 年 10 月 29 日，中國銀行間市場交易商協會發布了《銀行間市場信用風險緩釋工具試點業務指引》，正式推出了信用風險緩釋工具，即 CRM，CRM 又被稱為「中國版 CDS」。CRM 是 CDS 和中國金融市場現狀的結合，是一個「2+N」的創新工具體系，以信用風險緩釋合約（Credit Risk Mitigation Agreement，CRMA）和信用風險緩釋憑證（Credit Risk Mitigation Warrant，CRMW）為核心，同時包括市場機構自主創新的簡單信用衍生工具；CRMA是典型的傳統場外金融衍生交易工具，由信用保護賣方就約定的標的債務向買方提供信用風險保護，而買方則按照約定的標準和方式向賣方支付信用保護費用。CRMW是更加標準化的信用衍生工具，由第三方創設，為憑證持有人提供信用風險保護，實行「集中登記、集中託管、集中清算」，可在二級市場流通，有利於增強市場透明度、控製槓桿率和防範市場風險。

截至2012年7月，自信用風險緩釋工具（CRM）上線以來，在CRM資質備案方面，已有46家機構備案成為CRM交易商（見表3-20），26家機構備案成為核心交易商（見表3-21），30家機構備案成為信用風險緩釋憑證（CRMW）創設機構（見表3-22）。

表3-20　　　　　　信用風險緩釋工具交易商名單

序號	機構名稱	序號	機構名稱
1	國家開發銀行股份有限公司	24	中銀國際證券有限責任公司
2	中國工商銀行股份有限公司	25	招商證券股份有限公司
3	中國銀行股份有限公司	26	光大證券股份有限公司
4	中國建設銀行股份有限公司	27	北京高華證券有限責任公司
5	交通銀行股份有限公司	28	渤海銀行股份有限公司
6	中國光大銀行股份有限公司	29	華泰證券股份有限公司
7	中國民生銀行股份有限公司	30	深圳發展銀行股份有限公司
8	興業銀行股份有限公司	31	南京銀行股份有限公司
9	上海浦東發展銀行股份有限公司	32	三菱東京日聯銀行（中國）有限公司
10	匯豐銀行（中國）有限公司	33	杭州銀行股份有限公司
11	德意志銀行（中國）有限公司	34	上海銀行股份有限公司
12	法國巴黎銀行（中國）有限公司	35	中信銀行股份有限公司
13	花旗銀行（中國）有限公司	36	南京證券有限責任公司
14	巴克萊銀行上海分行	37	蘇格蘭皇家銀行（中國）有限公司
15	中國國際金融有限公司	38	寧波銀行股份有限公司
16	中信證券股份有限公司	39	平安證券有限責任公司

表3-20(續)

序號	機構名稱	序號	機構名稱
17	中債信用增進投資股份有限公司	40	北京銀行股份有限公司
18	渣打銀行（中國）有限公司	41	浙商銀行股份有限公司
19	招商銀行股份有限公司	42	恒豐銀行股份有限公司
20	廣發銀行股份有限公司	43	中國長城資產管理公司
21	中國農業銀行股份有限公司	44	法國興業銀行（中國）有限公司
22	華夏銀行股份有限公司	45	中信建投證券股份有限公司
23	摩根大通銀行（中國）有限公司	46	廣發證券股份有限公司

數據來源：中國銀行間市場交易商協會。

表3-21　信用風險緩釋工具核心交易商名單

序號	核心交易商機構名稱	序號	核心交易商機構名稱
1	國家開發銀行股份有限公司	14	中信證券股份有限公司
2	中國工商銀行股份有限公司	15	中國農業銀行股份有限公司
3	中國銀行股份有限公司	16	招商銀行股份有限公司
4	中國建設銀行股份有限公司	17	華夏銀行股份有限公司
5	交通銀行股份有限公司	18	廣發銀行股份有限公司
6	中國光大銀行股份有限公司	19	摩根大通銀行（中國）有限公司
7	中國民生銀行股份有限公司	20	渣打銀行（中國）有限公司
8	興業銀行股份有限公司	21	三菱東京日聯銀行（中國）有限公司
9	上海浦東發展銀行股份有限公司	22	上海銀行股份有限公司
10	匯豐銀行（中國）有限公司	23	中信銀行股份有限公司
11	德意志銀行（中國）有限公司	24	蘇格蘭皇家銀行（中國）有限公司
12	法國巴黎銀行（中國）有限公司	25	北京銀行股份有限公司
13	中國國際金融有限公司	26	深圳發展銀行股份有限公司

數據來源：中國銀行間市場交易商協會。

表 3-22　　　　　　　信用風險緩釋憑證創設機構名單

序號	機構名稱	序號	機構名稱
1	國家開發銀行股份有限公司	16	招商銀行股份有限公司
2	中國工商銀行股份有限公司	17	華夏銀行股份有限公司
3	中國銀行股份有限公司	18	廣發銀行股份有限公司
4	中國建設銀行股份有限公司	19	摩根大通銀行（中國）有限公司
5	交通銀行股份有限公司	20	渣打銀行（中國）有限公司
6	中國光大銀行股份有限公司	21	法國巴黎銀行（中國）有限公司
7	中國民生銀行股份有限公司	22	招商證券股份有限公司
8	興業銀行股份有限公司	23	光大證券股份有限公司
9	上海浦東發展銀行股份有限公司	24	渤海銀行股份有限公司
10	匯豐銀行（中國）有限公司	25	華泰證券股份有限公司
11	德意志銀行（中國）有限公司	26	上海銀行股份有限公司
12	中國國際金融有限公司	27	平安證券有限責任公司
13	中信證券股份有限公司	28	北京銀行股份有限公司
14	中債信用增進投資股份有限公司	29	深圳發展銀行股份有限公司
15	中國農業銀行股份有限公司	30	中信建投證券股份有限公司

數據來源：中國銀行間市場交易商協會。

在交易方面，截至 2012 年 7 月，已有 15 家 CRM 交易商達成 42 筆信用風險緩釋合約（CRMA），名義本金 36.9 億元，涉及各類標的實體 23 家，涉及各類標的債務 26 項。與此同時，共有 6 家機構創設了 9 只緩釋憑證（CRM Warrant，CRMW），名義本金合計 7.4 億元；在二級市場上，共發生 6 筆 CRMW 轉讓，名義本金合計 2.4 億元。

從 CRM 目前的運行情況來看，參與者主要是國有商業銀行和股份制商業銀行，其他類型機構參與較少，這使得信用風險只能在少數銀行之間轉移，無法在更大範圍內進行優化配置，導致 CRM 防範系統性風險、維護宏觀經濟穩定的作用得不到有效發揮。在定價方面，信用衍生品的定價技術非常複雜，需要掌握基礎借款人的違約率、違約損失，信用衍生工具交易對手的違約率、違約損失以及兩種違約率之間的相關性等數據。目前，中國儘管建立了企業信用信息數據庫，但是時間短，記錄的企業違約信息不全面；而且，中國的信用評級機構處於起步階段，缺乏歷史數據和完整的信用交易信息；最重要的是，大

多數金融機構也缺乏信用衍生品定價的經驗和信用風險量化分析技術。在外部環境方面，中國 CRM 市場的發展受到會計、稅收等外部環境的制約。首先，套保會計制度沒有得到廣泛應用，市場參與者通過 CRM 進行套期保值的效果往往無法在財務報表上得到體現。其次，對於基於金融衍生品的交易，中國目前沒有對其進行分類徵稅的規定，而是按照名義本金徵收營業稅，這在一定程度上增加了交易成本，抑制了市場活躍度。

3.2.4 黃金期貨

黃金期貨，是指以國際黃金市場未來某時點的黃金價格為交易標的的期貨合約，投資人買賣黃金期貨的盈虧，是由進場到出場兩個時間的金價價差來衡量，契約到期后則是實物交割，屬於典型的貴金屬類實物期貨。

2008 年 1 月 9 日，中國黃金期貨交易在上海期貨交易所正式開市，上海期貨交易所推出了《上海期貨交易所黃金期貨標準合約》、《上海期貨交易所黃金期貨交割實施細則（試行）》、《上海期貨交易所指定金庫管理辦法（試行）》。這標誌著中國黃金市場的發展正步入「衍生品」時代，多層次黃金市場體系的逐步形成，從而推進了黃金現貨市場與黃金期貨市場共同發展的局面。2013 年 7 月 5 日，上海期貨交易所推出了貴金屬「夜盤」，使得黃金、白銀期貨成交量大幅上升。至 2013 年上海期貨交易所黃金期貨成交量達到 4.02 萬噸，是 2012 年成交量的 2.4 倍。按照美國期貨業協會發布的統計數據顯示，中國黃金期貨成交量從 2012 年的第四位躍居至世界第二位。

交易合約具體如下表 3-23 所示：

表 3-23　　　　　　　　上海期貨交易所黃金期貨合約

交易品種	黃金
交易單位	1000 克/手
報價單位	元（人民幣）/克
最小變動價位	0.05 元/克
每日價格最大波動限制	不超過上一交易日結算價±3%
合約交割月份	最近三個連續月份的合約以及最近 11 個月以內的雙月合約
交易時間	上午 9：00-11：30，下午 1：30-3：00 和交易所規定的其他交易時間
最后交易日	合約交割月份的 15 日（遇法定假日順延）

表3-23(續)

交割日期	最后交易日后連續五個工作日
交割品級	金含量不小於99.95%的國產金錠及經交易所認可的倫敦金銀市場協會（LBMA）認定的合格供貨商或精煉廠生產的標準金錠（具體質量規定見附件）。
交割地點	交易所指定交割金庫
最低交易保證金	合約價值的4%
交割方式	實物交割
交易代碼	AU
上市交易所	上海期貨交易所

數據來源：上海期貨交易所資料

 截至2014年5月，當期黃金期貨合約成交金額達到351.4億元，在上海期貨交易所中次於天然橡膠、銅、螺紋鋼、白銀，排在第五位。所有黃金合約中au1412合約的成交量最大，成交量達到13.9萬手，持倉量為22.2萬手，占所有黃金合約持有量的97.5%以上。中國黃金期貨自上市以來每年交易量穩步增長，迅速發展，但仍然存在法律法規滯后，黃金期貨市場缺乏自主定價權等問題。

3.3 中國貨幣市場存在的問題

 貨幣市場運行的好壞直接關係到基準利率的形成、貨幣政策的實施以及短期資金的融通等貨幣市場功能的實現。隨著中國金融宏觀調控、利率市場化改革的不斷推進以及金融創新的不斷深入，中國的貨幣市場建設得到了快速發展，各子市場規模均有較大幅度的增長，市場參與主體不斷擴容，市場交易工具不斷豐富，為宏觀調控和短期資金融通提供了更堅實的市場基礎。同時，由於中國貨幣市場體系、要素以及運行環境等方面存在的問題，中國貨幣市場的運行效率不高，限制了其功能的發揮，也阻礙了其與其他金融市場的互動。

3.3.1 貨幣市場體系結構不合理

3.3.1.1 市場交易主體集中

近年來，中國貨幣市場的市場參與主體不斷豐富，截至2011年末，中國

銀行間債券市場的參與主體已經擴大到 11,162 家，主要參與者包括境內商業銀行、非銀行金融機構、非金融機構以及可經營人民幣業務的外國銀行分行。但是從交易量和債券持有的份額上看，市場交易仍以少數商業銀行尤其是國有商業銀行為主。由於銀行間債券市場中交易和債券持有主要集中於少數大型機構，並且機構投資者存在買賣行為趨同的情況，導致主要商業銀行對貨幣市場具有較大影響力。主要銀行的經營狀況發生變化必定會導致市場利率的大幅度波動，不利於市場的穩定。

3.3.1.2 貨幣市場產品單一

目前，中國貨幣市場上交易的產品主要以拆借頭寸、債券為主，票據交易次之。大額定期存單雖然一度發行過，但未形成二級市場。商業票據、商業承兌匯票規模太小，沒有形成二級市場。雖然相較於發展初期，交易產品種類已幾經創新與豐富，但交易集中度仍較高。如債券回購市場中，交易絕大部分集中在央票、國債與政策性金融債，其他品種占比非常小。票據市場中大部分的產品都為銀行承兌匯票，基於商業信用的商業承兌匯票很少。這也是反應出中國貨幣市場的需求結構相對較單一，這實際上受制於中國金融市場整體開放程度不高和市場化程度不夠，因此相應制約了貨幣市場的進一步發展。

3.3.1.3 子市場發展不均衡

同業拆借市場、票據市場、債券回購市場交易占比較大，短期債券市場、短期信貸市場交易占比較小，缺少大額可轉讓定期存單（CDS）市場，基本不存在商業票據市場和商業承兌匯票市場。子市場間發展失衡，交易過於集中。如在中國同業拆借市場上，由於各交易主體在資產規模、市場信譽等方面存在較大的差異，國有商業銀行在上述各方面明顯優於其他商業銀行和非銀行金融機構，使市場交易主體之間存在一定的不對稱性、發展失衡。貨幣市場體系不完備，各子市場之間發展不均衡，使得貨幣市場的基準利率不能發揮其基準的效果，影響貨幣市場與其他金融市場之間的有效聯動，使貨幣政策的傳導不順暢，直接影響貨幣政策效果。

3.3.2 貨幣市場運行環境不完善

3.3.2.1 徵信體系不完善

在市場經濟條件下，市場交換關係都建立在信用基礎上，沒有信用，市場經濟活動就很難維繫。一個健全的社會信用體系應該是從商業信用到銀行信用和國家信用，再到貨幣市場信用，最後形成發展資本市場所需的社會信用，應該是從低到高的一個進程。然而，在中國，長期的計劃經濟導致國家信用代替

商業信用和銀行信用的現象突出，沒有健全的社會信用體系。

由於中國信用評估制度不發達，企業信用不透明，對不守信行為的懲罰和制約不夠，在這樣的環境下建立貨幣市場難以取得投資者的信任，因而導致近年來貨幣市場的發行規模和品種雖有很大的增加，但信用主體仍主要集中於國有大型企業和金融機構，以商業信用為基礎的債券發展還相當滯後。比如，在銀行間債券市場，國債、政策性金融債和央行票據的發行仍然是債券市場的大頭，商業銀行債券、公司債、企業債、融資券等以商業信用為基礎的債券所占比例較小。

3.3.2.2 相關法律法規缺失或滯后

發達國家貨幣市場發展建設的經驗表明，貨幣市場有效運行是建立健全的金融法制基礎上的。自改革開放以來，中國經過30多年的發展，初步形成了以銀行三法、證券法、保險法、信託基金法為核心，金融法律、行政法規和規章為主體，金融方面的司法解釋為補充的金融法律法規體系，但是在某些領域還未能出抬相關法律法規，如存款保險制度遲遲未能建立。此外，在實踐中，金融監管機構權限往往過大，金融市場行政干預管理色彩重於法制色彩。這主要是因為中國金融監管權力缺乏來自法律的制約。中國在相關的《中華人民共和國人民銀行法》、《中華人民共和國商業銀行法》、《中華人民共和國銀行業監督管理法》、《中華人民共和國證券法》等位階較高的權威性法律中，對監管者的監督制約機制要麼規定得比較模糊，要麼完全沒有規定。如此一來，監管機構權力沒有受到法律的有效約束，干預的隨意性很大，靠政策、文件，隨意行使權力的情況時有發生。

3.4 促進中國貨幣市場快速發展的幾點建議

（1）擴大參與主體，加強金融產品創新

為了進一步發揮貨幣市場短期資金融通的功能，中國貨幣市場必須進一步擴大市場的參與主體，加強相關金融產品的創新。一是逐步向境外機構投資者開放貨幣市場，吸引外部資本的進入。二是要鼓勵產品創新，完善市場結構。大力發展為實體經濟部門服務的債券種類，進一步豐富金融衍生產品，在現有債券遠期、利率互換交易等簡單衍生品的基礎上，發展利率期權、信用違約互換等場外衍生產品以及期貨、期權等場內衍生產品。通過金融產品創新滿足市場參與者多樣化需求，在金融市場的整體改革和發展中促進貨幣市場的穩定和

完善。

（2）進一步完善貨幣市場體系

迄今為止，中國已陸續建立了同業拆借、國債、票據現與承兌等市場，但與世界其他國家相比體系尚未健全。各個子市場發展不均衡，並沒有形成體系，制約了貨幣市場的發展。所以，我們要促進各子市場的均衡發展，滿足不同的資金需求。同時，在不同的市場也要注意產品結構的豐富性，規避市場風險。

其次，積極培育發展貨幣市場仲介機構。國外發達貨幣市場的實踐表明，仲介機構的存在有利於提高市場交易效率，降低資金供給者或需求者為尋找交易對手並對交易對手進行信用評估等所必須支付的交易費用，有效地促進了貨幣市場的發展。成熟的貨幣市場普遍存在著經紀人，如美國的聯邦基金經紀人，英國的銀行經紀商，日本的短期資金公司。而在新興市場經濟國家中，大多也存在著貨幣經紀人，如韓國的貨幣經紀公司，新加坡的國際貨幣經紀商和香港的貨幣經紀行也是同業拆借市場上的比較活躍的仲介機構。所以中國也應該培育和發展自己的仲介機構體系。

（3）完善信用體系

信用制度的不完善是制約中國貨幣市場發展的瓶頸，人民銀行要在《銀行間債券市場信用評級規範》的基礎上加快中國貨幣市場信用體系的建設，進一步加強市場參與主體的信息披露，完善監管標準和業務規範，提高信用評級機構評級質量，擴大評級範圍，並將評級與貨幣市場利率定價相結合，發揮信用評級的市場約束與激勵的功能，從而有效地保護市場參與者的利益，引導貨幣市場健康發展。

（4）加快貨幣市場基準利率的建設

加快貨幣市場基準利率的建設。一是要建立以 Shibor 為中心的利率形成和傳導機制，實現中央銀行運用價格手段調控 Shibor，並通過 Shibor 影響金融機構、企業和居民等微觀主體行為的貨幣政策傳導機制，推進貨幣政策由數量調控向價格調控轉變。二是要建立以 Shibor 為基準的市場化定價機制，擴大 Shibor 在產品定價中的運用範圍，加快以 Shibor 為基準的金融產。

（5）加強貨幣市場的監管，維護貨幣市場正常秩序

加強市場設施建設，完善監控手段，強化信息披露。貨幣市場上各種交易主體和交易行為的有關信息的充分披露和迅速傳遞，是提高市場效率的基礎，也是加強監管的基礎。強化監管的指導思想應是，在有利於市場發展的前提下進行監管，加強監管的目的是為了保證和促進而不是限制市場的發展。為此，

必須轉變監管模式，改進監管方式和手段，逐步由行政手段為主的監管模式過渡到充分利用法律手段和行業自律的市場化監管模式，建立起政府監管、法律約束和市場主體自律三個層次的監督、控製與管理機制。

4 中國貨幣市場的發展與創新思路

4.1 中國金融市場發展趨勢及影響

貨幣市場的發展作為中國整個金融市場發展的一部分，是同中國經濟的迅速發展息息相關的，同時貨幣市場也為中國經濟的發展提供了更多的融資渠道及流動性支持。從中國金融改革和發展長遠趨勢看，利率市場化及金融機構綜合化經營是中國金融市場發展面臨的兩大課題，下面我們分別從這兩個方面來闡述其對中國金融市場發展乃至整個宏觀經濟的發展的影響。

4.1.1 利率市場化

利率市場化是一個國家金融自由化改革的最重要組成部分之一，它是政府或者貨幣當局通過逐步放松或放棄對利率的直接控制，轉而通過資金市場供求關係來決定利率水平的利率決定機制的變遷過程，並使得市場機制在金融資源配置中發揮主導作用。

利率市場化的進展在很大程度上取決於貨幣市場的發展程度。利率市場化中基準利率的形成有賴於貨幣市場的發展，貨幣市場利率對於社會資金供求關係的反應非常靈敏，是反應市場資金供求狀況及不同金融產品的風險收益狀況的重要指標。貨幣市場各子市場對利率市場化都有不同的影響。

4.1.1.1 債券市場與利率市場化

同業拆借市場在整個金融市場中占據了主要地位，因此同業拆借市場的利率就可以代表金融機構取得批發性資金的成本，也能及時體現資金供求關係的情況，同業拆借利率是金融市場資金供求的綜合反應。另外，由於同業拆借市場日交易量規模十分巨大，且同業拆借利率和銀行的存款準備金有關，因此其變動遠比其他貨幣市場利率的變化要明顯和頻繁。

因為同業拆借利率在整個金融市場的利率體系中的重要地位，所以同業拆借利率在整個金融市場的利率結構中具有導向作用，同業拆借利率能非常及時、準確地反應貨幣市場上資金的供求變化，並將市場變化迅速擴散和傳導到整個金融市場，從而引起金融市場利率體系的協同變動。

在中國，利率市場化進程也正是以中國銀行間同業拆借市場為突破口的。1996年1月3日全國統一的銀行間拆借市場的啟動試運行，是中國利率市場化改革的第一步，拆借市場的利率由交易雙方根據市場資金供求狀況在規定的浮動範圍內確定；同年6月1日又取消了原先按同檔次再貸款利率加2.28個百分點的上限限制，利率完全由交易雙方自行議定。單個交易品種在每一交易日的加權平均利率形成「全國銀行間拆借市場利率」（簡稱CHIBOR）。2007年1月4日，中國基準利率雛形亮相，這個由全國銀行間同業拆借中心發布的「上海銀行間同業拆放利率」（簡稱「SHIBOR」）正式運行。上海銀行間同業拆放利率以位於上海的全國銀行間同業拆借中心為技術平臺計算、發布並命名，是由信用等級較高的銀行組成報價團自主報出的人民幣同業拆出利率計算確定的算術平均利率，是單利、無擔保、批發性利率。

2007年9月中國銀行間市場交易商協會成立後，銀行間市場合格機構交易產品從行政審批制為註冊備案制至今，在主管部門及市場各參與主體的共同努力下，銀行間債券市場發展取得巨大成就，發行規模迅猛增長，交易量突飛猛進。銀行間債券市場不斷創新，先後推出浮息中票、含權中票、外幣中票、中小企業短期融資券等品種，在國民經濟中發揮的作用日益重要。截止到2012年末，債券市場全年累計發行人民幣債券8.0萬億元，同比增加2.4%，其中銀行間債券市場累計發行人民幣債券7.5萬億元，同比增加1.7%。與上年相比，公司信用類債券發行量與上年相比增加顯著。截至年末，債券市場債券託管總額達26.0萬億元，其中，銀行間市場債券託管額為25.0萬億元，同比增加16.8%。

2010年12月21日，中國銀行間市場交易商協會發布《銀行間債券市場非金融企業超短期融資券業務規程（試行）》，正式推出超短期融資業務品種。產品推出后僅3個月，就有鐵道部、中國石油化工股份有限公司、中國石油化工集團公司、中國石油天然氣集團公司、中國聯合網絡通信有限公司等5家發行人申請並完成發行註冊，註冊額度高達2700億元。

目前債券回購已成為中國貨幣市場交易最為活躍的品種之一，但是與發達國家相比，中國的銀行間債券回購市場還有很大的發展空間。回購的需求遠遠少於發達的市場，回購形式也比較單一，並且銀行間回購的參與者主要是金融

機構，因此我們還應通過有效方式來積極推動非金融機構參與回購交易，從而促進貨幣市場交易的活躍、提高貨幣政策的傳導效果。

當然由於中國現在的利率結構還不夠合理，在利率體系中市場化利率與管制利率並存，金融市場中缺乏反應真正資金供求關係的基準利率，中央銀行難以把握宏觀經濟的脈搏，無法通過公開市場操作來調整基準利率，形成合理的市場預期，從而傳導並影響微觀經濟行為。同業拆借利率未成為金融市場基準利率，未充分實現其功能，這成為中國同業拆借市場與海外發達的同業拆借市場存在差距的關鍵，也是利率市場化進程中必須要解決的問題。

4.1.1.2 票據市場與利率市場化

商業票據作為商業信用流通工具經背書後在生產者之間流通，並作為支付手段和票據市場上的金融工具，進行債權債務關係的轉移和抵消。商業票據的流通，更多與銀行信用相結合。票據市場上的主體如企業與金融機構等也是拆借市場和回購市場上的資金供求者，因而票據市場便成為各個貨幣子市場共同的交匯點。

從利率的決定機制來看，利率水平的高低與變動都應該由資金的市場供求來決定，只有市場供求雙方的競爭才能形成合理的價格，利率才能確切反應國家經濟態勢，為中央銀行實施宏觀調控提供真實的操作信號和有利的政策手段。票據業務的利益驅動使得商業銀行普遍開始重視票據業務，一些大中型企業辦理票據結算融資業務的積極性大大提高，票據市場融資量占整個貨幣市場融資量的比重不斷上升。2012年全年全國票據市場累計簽發商業匯票17.89萬億元，同比增長18.81%；累計辦理貼現31.64萬億元，同比增長26.40%；累計辦理再貼現2329.8億元，同比增長19.74%。年末，未到期商業匯票余額8.35萬億元，同比增長25.37%；票據貼現余額2.04萬億元，同比增長35.00%；再貼現余額759.5億元，同比增長70.51%。

從利率的傳導機制來看。首先，票據市場上的投融資主體對利率較為敏感，資金的供給者可以在多種金融工具之間選擇，而資金的需求者一般也是出於短期資金週轉的需要，還本付息具有硬約束，是以真實貿易為支持的一種短期貸款，因而對融資成本有剛性約束和限制。其次，作為中央銀行基準利率的再貼現率，將影響商業銀行再貼現的資金成本，而再貼現率與貼現率又具有高度的正相關關係，再貼現率的高低將引起商業銀行存款準備金的增減，從而影響承兌票據的貼現額與貼現率的高低，並由此形成市場化的利率。市場利率的升降進一步影響貨幣供求的變化，從而引起投資、就業、物價及GDP等經濟變量的變化。通過票據市場的承兌與貼現行為，資金進入生產企業，形成企業

的即時購買力，並由此將貨幣政策的作用傳導到微觀企業層面。

從利率的調整機制來看，市場利率的信號傳遞到商業銀行和金融市場的中觀層面上，將引起其他各種利率的變化，從而引導貨幣資金流動，進而調節微觀經濟主體的行為和宏觀經濟的狀況。當然這種作用的發揮除了依賴中央銀行和眾多行為市場化的金融仲介機構以外，還必須建立合理的利率結構及完善的金融體系，尤其是票據市場的完善與深化。票據具有流動性高、變現力強、獲利能力高及風險低的特點，在變現過程中，交易量不受限制，價格也不因吞吐量影響而發生很大變動，因而非常適合於作為商業銀行的二級準備金，通過票據承兌和貼現發揮調節作用。另外，票據也是中央銀行進行公開市場業務的理想工具。從國際慣例來看，中央銀行一般選擇在國債市場和票據市場這兩個市場上進行操作，可以單獨在一個市場上操作，也可以在兩個市場上同時操作，吞吐基礎貨幣進而調節經濟。

經過近年來的快速發展，中國票據市場已具備一定的規模，能夠為中央銀行貨幣政策操作提供較大的回旋空間；票據市場利率基本實現市場化，中央銀行可以通過貨幣政策操作影響票據市場利率；票據融資成為企業重要的短期融資渠道，票據融資變化會對企業生產經營產生影響。所以應充分發揮再貼現利率在貨幣政策傳導中的作用，增強再貼現利率與貨幣市場利率的聯動性，合理確定再貼現利率與貨幣市場利率、貼現利率、轉貼現利率之間的利差範圍，逐步理順價格框架體系，以發揮再貼現利率在票據市場利率形成中的信號作用和引導作用。

4.1.1.3 利率市場化的影響

利率市場化是中國建立社會主義市場經濟和金融深化改革的重要內容。當前，推動利率市場化對中國金融市場及宏觀經濟帶來以下影響：

一是有利於有效配置金融資源，提高金融市場運行效率。中國當前各市場存在一定的壟斷和分割，造成了資金無法在各金融市場之間自由流動，其后果是「影子銀行」大量滋生。利率市場化在促進貨幣市場和資本市場的協調發展中將起到積極作用。

二是有利於發揮利率機制的傳導作用，實現宏觀調控的市場化轉變。金融機構參照央行基準利率掌握一定的存款利率浮動自主權，是貨幣政策順暢傳導的條件之一。

三是有利於倒逼商業銀行加快金融創新，轉變經營模式。中國資金流通和運作的中心是在商業銀行，在利率市場化、金融脫媒等背景下，商業銀行能否加速金融創新、提升創新業務和非利息收入比重對於整個金融體系改革具有示

範作用。

四是有利於規範和引導民間融資健康發展。一方面，推進存款利率市場化改革有利於吸引社會資金迴歸金融體系；另一方面，有利於改變民間利率與銀行借貸利率差距過大的現象。

所以，利率市場化是「金融深化」的重要內容，是市場作為中國經濟資源決定性配置作用的核心舉措。

4.1.2 金融機構綜合化經營

金融機構綜合經營是指在金融監管機構的許可下，金融機構同時經營銀行、證券、保險、信託等兩項以上的金融業務。類似概念有「混業經營」、「金融多元化」、「金融一體化」等，其本質是一致的，即金融機構的全能化發展，其微觀含義是金融仲介機構能夠對應經濟的內在需求提供全方位的金融服務。

4.1.2.1 中國金融綜合經營的歷史進程

自 1983 年金融系統建立以來，中國的金融體制主要經歷了以下三個發展階段：第一階段，從 1984 年到 1992 年，是中國金融混業經營階段；第二階段，從 1993 年到 1998 年，是金融分業經營形成階段；第三階段，從 1999 年至今，是金融綜合經營的探索階段。

在第一階段中，由於中國的金融體系建立不久，整個金融體系市場化水平很低，主要表現為競爭不足，經營效率低，因此對金融體系「建立市場機制」顯得尤為重要。在這一時期交通銀行、中信實業銀行等綜合性金融機構相繼成立。同時，銀行開始經營證券業務。中國逐漸形成了金融混業經營體制。

但是，由於當時對金融風險的認識水平較低，導致了 20 世紀 90 年代初期高速的通貨膨脹，這對中國的經濟平穩產生了很大的影響。這次通貨膨脹使政府下決心建立強有力的宏觀調控體系和金融監管體系。因此，在 1993 年 12 月，國務院公布了《關於金融體制改革的決定》，確定了金融分業經營的方針。1995 年，中國又相繼頒布了《中華人民共和國人民銀行法》、《中華人民共和國商業銀行法》和《中華人民共和國保險法》，從根本上奠定了中國金融分業經營的格局。此后，證監會和保監會相繼成立，分業監管格局也正式成立。

1999 年美國國會批准通過了《金融服務現代化法》和 2001 年中國加入 WTO 這兩大歷史事件，又開啓了中國理論界對金融綜合經營的討論。為了不斷深化中國金融體制改革，並促進中國金融體系的對外開放，政府和各級監管

部門也都對當時的分業經營制度進行了一定的調整和改革，為中國逐步放開金融分業經營管制、不斷探索金融綜合經營體制創造了條件。當前，中國金融綜合經營的試點已經展開，金融不同部門的業務合作開始出現，同時，一批有實力的金融控股公司也開始茁壯成長起來。

4.1.2.2 中國金融機構綜合經營的現狀

中國目前金融機構的綜合經營歸納起來主要有三類：

一是成立金融控股公司或金融集團實現綜合經營。所謂金融控股公司，是指母公司經營某類金融業務或僅從事獲得股權收益的活動，並通過控股兼營其他金融業務。如中信集團、光大集團與平安銀行，它們分別相對控股或絕對控股銀行、證券、保險等金融機構。

金融業的發展是一個由低級向高級發展的過程。傳統的混業經營只是簡單地提倡業務之間的相互滲透，而沒有強調多種業務之間的相互配合和相互融合。而現代的綜合經營追求的是一種相互合作、融合和溝通的綜合機制，這也正是金融機構綜合經營的目標。

在以市場和客戶為導向的前提下，現代國際金融業已走向綜合經營，多種金融功能融合在同一金融機構當中成為了現實。銀行與銀行之間、銀行與其他金融機構之間的重組併購不斷湧現，這既包括同處一個子行業的金融機構之間的併購重組，也包括不同子行業之間如銀行、證券公司、保險公司、信託投資公司之間的併購重組，綜合性的金融服務集團不斷出現。與此同時，越來越多的金融金鉤引進海外投資者並在海外市場募股上市。

目前，中國發展起來的金融控股公司主要有三種：

第一，以商業銀行為主形成的金融控股公司。中國多家商業銀行如中國銀行、中國工商銀行等都是通過該種方式實現了多種類的金融業務經營。其中，中銀集團被認為是中國金融控股公司中最完善的公司。其下屬機構包括中銀集團香港分行，中銀集團人壽保險有限公司，中銀國際控股有限公司和中銀國際證券有限公司。

第二，以非銀行金融機構為主形成的金融控股公司，如中信集團、光大集團、平安集團等都屬於這種類型的金融控股公司。

第三，由實業集團投資形成的實業資本控股機構，例如山東電力、海爾集團和新希望集團等。

這一模式的特點在於：控股公司可以通過資本的調度和綜合發展計劃的制定，調整集團在各個金融行業中的資本分配，形成最大的競爭力；子公司之間可以簽訂合作協議，實現客戶網絡、資信、營銷能力等方面的優勢互補，共同

開發多樣化的金融產品，進而降低整體經營成本，加快金融創新；各金融行業既自成專業化發展體系，彼此之間沒有利益從屬關係，又能互相協作，凝聚競爭力，一定程度上實現了專業化和多樣化的有效統一。通過頻繁的併購，金融集團的規模更容易擺脫單個金融機構資金實力的局限，向超大型企業發展。值得注意的是：集團內部相同業務合併時機構、人事等方面的磨合成本也急遽擴張；雖適用於分業監管，但對集團內部和監管當局實施行業間的協調管理與監管仍提出了更高的要求。

二是各類金融機構相互合作、共用平臺或者成立專門機構實現銷售功能上的綜合經營。近年來，中國商業銀行和證券公司、商業銀行和保險公司、商業銀行和信託投資公司、信託投資公司和證券公司之間都存在不同程度的業務合作。證券公司的業務開展依賴於大量穩定的資金，而銀行作為最穩定可靠資金源，勢必成為證券公司的依託對象。同時，銀行依靠強大的資金能力，也在一定程度上主宰著證券公司的運作。不少證券公司與商業銀行間紛紛合作，共同開發產品，吸引潛在客戶。如，華夏證券與中國工商銀行、國通證券與中信實業銀行、湘財證券與中國建設銀行之間，都紛紛建立了合作關係。

由於商業銀行獨有的渠道優勢，所以保險公司、證券公司、基金公司、信託公司在銷售產品時都非常依賴商業銀行這個重要的渠道。此外銀行與各類金融機構在資金清算方面的合作是雙方之間的優勢互補。商業銀行利用自身豐富的實踐經驗和先進的軟件設備，能夠為金融機構提供更準確而快捷的資金清算服務，節省了金融機構的人力物力和財力。證券公司和基金公司因為在資本市場上較強的管理能力和信託公司、商業銀行合作，開發具有較高風險的產品。信託公司由於具有全能化的運作平臺，擁有較強的業務拓展空間，因而同樣具有對外業務合作的優勢。

三是各類金融機構共同競爭同一類性質的資產管理業務。如銀行的理財業務，證券公司的定向資產管理業務與集合資產管理業務，信託投資公司的信託計劃，保險公司的分紅保險、投資聯結保險，等等。雖然業務名稱各不相同，具體操作上因各監管部門監管方式不一而導致業務方式不一，但這些都屬於「信託」範圍，實現的都是「代客理財」。從這點上看，各類金融機構實現了綜合經營。

1999年8月10日和10月12日，中國人民銀行下發了《證券公司進入銀行間同業市場管理規定》和《基金管理公司進入銀行間同業市場管理規定》。允許證券公司和基金管理公司進入同業拆借市場進行拆借、債券回購，首次為銀行資金間接入市提供了一條合法通道。

目前中國大多數證券公司都是作為一個大型的金融集團公司的控股公司或者全資子公司專業經營證券相關業務，混業經營是中國未來金融業的發展趨勢，中國已有很多證券公司提出了發展成為金融控股公司的發展目標。當前中國債券市場發展迅速，許多券商紛紛進入銀行間市場並大力發展自己的固定收益部門，券商參與銀行間同業市場的操作的主要目的是解決企業融資問題和擴大經營品種謀取新的經營利潤，其中最根本的目的還是拓寬融資渠道。事實證明，銀行間同業市場的蓬勃發展，也為券商帶來空前的發展機遇，同時也會促進中國貨幣市場和資本市場的結合和融通。然而，發展總是伴隨著曲折和艱難，歷史和經驗告誡我們：風險和收益並存於任何市場，銀行間同業市場的發展在給券商提供新的利益和獲利空間的同時，無疑也會帶來新的風險。

4.1.2.3 中國金融綜合經營發展的未來發展趨勢

首先，金融綜合經營是大勢所趨。從國際環境來看，中國將逐步對世界開放金融市場，西方發達國家金融綜合經營的潮流必將對中國金融現行的分業經營制度帶來強烈的衝擊，也必將對中國金融綜合經營的發展產生強大的推動作用。從國內條件來看，近年來對金融法規的完善降低了金融綜合經營的風險；新的會計準則和信息披露機制等外部監督機制的完善也為金融綜合經營的規範化做好了準備。這些外部環境和內部條件必定會推動中國在未來建立金融綜合經營制度。

其次，金融綜合經營的模式將以金融控股公司為主。金融控股公司適宜存在於從金融分業經營向金融綜合經營過渡的發展路徑中，這符合中國當前的金融綜合經營發展軌跡。而且，自中國第一家金融控股公司——中信控股有限責任公司掛牌成立以來，中國金融控股公司的發展已經歷了近 10 個年頭。目前，一些公司基本已經發展成為了具有合理的公司治理結構和有效的內部風險管控體系的現代金融集團，這些金融控股公司的發展將為未來企業的組織形式提供範本。

當然建立適宜的金融監管體系需要長期的過程。國際經驗表明，建立與綜合經營相適宜的金融監管體系需要較長時間。例如，英國從 1986 年《金融服務法》誕生以來到 1997 年金融服務監管局（FSA）宣布成立，其間間隔了 11 年的時間；而日本從 1992 年金融體制改革開始至 1999 年改革基本完成，期間也曾多次對相關法律和監管部門進行調整和修正。國際上類似的實例還有很多。從國內金融監管現狀來看，中國當前的金融監管無論是監管理念還是監管法規都是建立在分業經營基礎上的，與金融綜合經營的要求還有較大的差距。而且中國當前金融監管協調機制極度缺乏，金融監管部門之間的合作時好時

壞。顯然，要解決以上這些問題需要中國金融監管部門逐步累積經驗並進行調整。

4.1.2.4　金融機構綜合化經營的影響

金融機構綜合化經營可以優化各個金融機構的業務機構，增強盈利能力，分散經營風險，滿足客戶對金融產品和服務日益多元化的市場需求，並且推動外部監管環境及金融機構內部體制機制的完善。

當然，金融機構綜合化經營除了會增加傳統金融風險，如信用風險，操作風險，市場風險等；也會增加綜合化經營的特定風險，如關聯交易風險、系統性風險、監管風險、內部管理風險，政策法規風險和道德風險。

但是，無論從國際金融發展的趨勢還是中國金融業及金融機構發展的要求來看，金融機構綜合化經營都是中國金融業的發展目標和發展的趨勢。

4.2　貨幣市場的完善

4.2.1　貨幣市場產品的完善

近年來雖然中國貨幣市場的產品日趨豐富，但是在實際的運作過程中還需要逐漸完善。如在票據市場上，中國票據融資工具缺乏創新，美國的票據市場工具還包括以融資為目標的商業票據，即融資型票據，這在中國是不允許發行的，票據融資工具的種類必然無法滿足投資者需求的多樣化。在債券市場上，地方政府作為獨立發行主體自主發債尚未實現，從發行規模看，地方政府債相比其他政府債的規模較小，且債券品種單一，對於完善地方政府融資結構和滿足市場多元化的投資需求尚顯不足。超短期融資券是2010年新推出的貨幣市場工具。超短期融資券的推出雖然可以幫助企業豐富長短兼備的梯次融資結構，通過發行超短期融資券，企業可進行更為合理的資產負債管理及流動性管理，即時利用短期頭寸，靈活應對突發資金需求，提高資金運作效率，但是未來也需考慮進一步對其進行條款創新，在擔保、結構化、發行方式、交易方式等方面進行更多嘗試，以盡可能滿足投融資雙方的需求。

4.2.2　貨幣市場運行環境的完善

和發達國家相比，中國的貨幣市場除了要推出更多的創新型工具外，其運行機制也有待完善。首先，中國的貨幣市場應培育更多的市場主體，讓更多的交易主體能進入貨幣市場，在滿足各方交易需求的同時也增強貨幣市場的流動

性。其次，要加強社會信用體系建設，信用是貨幣關係的基礎，從世界各國貨幣市場發展規律來看，從個人信用、商業信用到銀行信用、國家信用的整個社會信用體系，不僅是貨幣市場信用的基礎，更是維護市場秩序和實現公平交易的前提。最后，加強金融法律法規建設是保證貨幣市場運行的重要基礎。在發達的貨幣市場上，在國家逐漸放松甚至完全放開對貨幣市場的直接管制之后，法制建設顯得尤為重要。為從根本上規範市場行為，維持貨幣市場經濟秩序，保障貨幣市場高效、有序、正常運轉，必須加強中國的金融立法，要從建立和完善市場法律、法規入手，制定出一套完整的法律法規體系，來全面規範市場行為。

4.3 中國貨幣市場的創新

4.3.1 貨幣市場創新的目標

利率市場化改革以及金融機構綜合化經營進程的演進要求貨幣市場的發展與創新與之緊密配合，因為成功的利率市場化改革是建立在全國統一的規範的貨幣市場的基礎上，兩者緊密聯繫，相互影響，不可偏廢；此外，金融機構綜合化經營的趨勢打破了傳統的金融市場區分界限，要求未來貨幣市場不再局限於傳統的短期市場，需要增加貨幣市場的產品和交易容量。

4.3.1.1 構建統一規範的多層次貨幣市場

貨幣市場的功能之一即為貨幣政策的實施提供操作工具和空間，而這項功能主要體現在中央銀行能夠通過相關操作影響金融市場利率，進而影響貨幣供應，從而達到宏觀調控的目的。可見，合理的靈活可變的利率體系是中央銀行實現宏觀金融調控的重要的前提條件；而靈活可變的利率體系的形成，有賴於利率的市場化。需要強調的是，利率的市場化有賴於在中國建立一個統一的規範的貨幣市場。

因為，中央銀行宏觀調控目標的實現，不能僅靠影響個別商業銀行的行為，而必須通過影響全體商業銀行和其他金融機構的信用活動，從而達到影響整個經濟運行的目的。因為中央銀行的宏觀調控是間接調控，而間接調控是通過市場機制實現的，而不是靠行政指令指揮各個商業銀行實現的。中央銀行的間接調控手段主要是公開市場操作，而貨幣市場是中央銀行開展公開市場操作最理想的場所。在貨幣市場上，由於吸引了眾多金融機構的參與，包括商業銀行、證券公司、票據公司以及保險公司等，這些機構通過融資活動形成覆蓋全

國的網絡，使社會閒置資金得到最充分最有效的運用。中央銀行借助於這一網絡，通過目的性、方向性較強的市場交易，將自己的貨幣政策意圖傳達給每一個市場參與者，只有這樣，才能實現宏觀調控作用面的最大化，從而達到牽一發而動全身的效果。

可以說，貨幣市場的發展是利率市場化改革的前提，一個以央行基準利率為基礎，以市場利率為主體的利率體系只有在統一的規範的貨幣市場中才能得以實現。

立足於中國貨幣市場現狀，為建立統一的規範的貨幣市場，我們應考慮在擴充具有傳統優勢的子市場的基礎上，著力發展若干新型的專業性子市場，從而構建以銀行間同業市場、債券市場、票據市場為基礎，若干平行的專業性市場為補充的多個貨幣子市場梯次發展的多層次市場體系。

4.3.1.2 提高資產流動性

資產的流動性是資產增值的原動力。在市場經濟中，資產的安全性、流動性和效益性「三性」中，效益性作為終極目標，是通過流動性來實現的。從某種程度上來說，流動性是效益性的源泉和保障。所以，在市場經濟中，把握住資產的流動性，就把握住了競爭優勢。關於資產流動性的定義，比較普遍的界定即為：資產在一定時間內，以合理的價格轉換為現金的能力。如果資產轉換時間越短、轉換前后價格差異越小、轉換資產量越大，則其流動性越強。

在市場經濟體制下，不論是銀行，還是企業，受效益驅使，都有內在動力去提高其資產的流動性。而區別於其他金融市場，貨幣市場有著其天然的競爭優勢：貨幣市場交易產品流動性強於其他市場產品。所以，為了提高整個社會的資金使用效率，貨幣市場應當充分發揮其產品流動性的優勢，為缺乏流動性的資產提供流動性交易的機會。

4.3.1.3 增加市場交易風險規避途徑

自改革開放以來，中國金融業經歷了綜合化經營——分業經營——綜合化經營的演變趨勢。改革開放之前，中國人民銀行兼具中央銀行與商業銀行的功能。隨著各大商業銀行從央行中分離出來，保險公司與證券公司相繼建立。為適應分業經營的格局，金融監管機構也由央行一家演變為當前的一行三會模式。然而隨著中國金融市場的深化，各金融機構的經營領域開始重疊、經營業務開始交叉。例如，商業銀行開始為券商、基金提供資金託管服務，而商業銀行也成為銷售開放式基金的主要渠道。

對於金融機構而言，綜合化經營可以帶來以下好處：一是，商業銀行、投資銀行（證券）與保險業務在很多方面具有協同效應；二是，對一家綜合化

經營的金融機構而言，它具有穩定的融資來源，具有多樣化的投資渠道，這既有利於金融機構抵禦市場波動的風險，又有利於金融機構更加高屋建瓴地配置金融資源，實現機構利益最大化；三是，對於融資者或投資者而言，與綜合化經營的金融機構開展業務，有利於前者節約交易成本，因為后者可以根據前者提出的投融資需求，制訂出量體裁衣式的個性化服務計劃，並向前者提供幾乎囊括金融市場上所有功能的一站式服務。

但是，綜合化經營是一把「雙刃劍」，在帶來收益的同時，也產生了風險。首先，綜合化經營可能導致金融機構的道德風險，引發投資者的逆向選擇。這就要求金融市場，尤其貨幣市場能夠從制度上解決由於信息不對稱導致的風險。此外，綜合化經營還可能給金融機構帶來更多的信用風險、市場風險等，同樣也對貨幣市場規避風險的能力提出了要求。

4.3.2 貨幣市場創新的維度

當前的經濟形勢發展，如前所述，利率市場化以及金融機構綜合化經營等都對貨幣市場未來發展提出了更高、更廣的要求，也為貨幣市場的創新提供了更廣闊的空間。隨著中國利率市場化改革的進行，金融市場中的各個子市場，由於利率市場化的進程不一致，勢必會存在管制利率與市場利率的差異，這些差異就為投資者提供了潛在的投資機會。因而，也就產生了對貨幣市場交易工具和組織的創新需求。在漸進式的利率市場化改革進程中，客觀上要求金融機構能夠不斷地進行業務創新。中央銀行的宏觀調控方式，正在向以間接調控為主的方式轉變，而這又需要有暢通的貨幣政策傳導機制。所以，推動貨幣市場創新符合制度創新的要求。

為了滿足不同交易主體的需求，適應利率市場化趨勢，構建統一的規範的多層次貨幣市場，以及向缺乏流動性的資產提供流動性同時提供風險規避途徑，貨幣市場勢必在金融工具、金融組織和金融制度等維度進行創新，以全面實現創新目標。

4.3.2.1 金融工具創新

美國經濟學家哥德史密斯認為，金融工具與金融機構的總和，構成一個國家的金融結構，各歷史時期各個國家在金融結構上的差別，就表現在各種金融工具、金融機構性質、經營方式及相對規模上，而更重要的表現是在金融工具總額及其占國民生產總值、資本形成總額、儲蓄總額等經濟總量的不同比重上。可以說，金融工具的創新是金融創新、市場創新中最活躍的因素，是其他創新的動因，它推動著金融制度的創新。正是由於金融工具創新的推動，使政

府不斷放鬆對金融機構的管制，形成了受市場機制和市場規律調控的利率和競爭充分的市場主體，為貨幣市場的發展奠定了基礎。

貨幣市場金融工具創新自20世紀60年代美國花旗銀行創造了第一張大額可轉讓定期存單開始至今，已經在合同性質、期限、支付要求、市場化能力、收益等方面各具特色，但是，其基本特徵未曾改變過，即高度流動性。

在金融國際化，匯率、利率波動頻繁，經濟不確定性增強的背景下，金融機構急需尋求新的途徑迅速籌集資金，通過資產負債的不同組合，增強市場競爭力，減輕「脫媒」的壓力；非金融機構與企業為保證資金使用效率，維護資金週轉正常運行，也迫切需要一個能夠為自身以及為其所在產業鏈提供流動性並且能夠避險的方法。貨幣市場金融工具因其多功能、變現能力強，具有交易、投資功能，恰好能在流動性方面有所作為，有望為金融機構資產提供流動性，以及為非金融機構產業鏈資金融通提供流動性。

受盈利模式的限制，金融機構資產期限一般以長期為主，比如商業銀行的信貸資產，信託公司的信託計劃，這嚴重地影響了金融機構的競爭力和風險控製能力。如果存在一個能夠提高這些資產的流動性的市場，那麼金融機構的效率以及風險控製能力將會得到提升。相比於資本市場產品的標準化特徵，貨幣市場交易靈活多變，流動性較強，恰恰能滿足金融機構這一需求。這就要求貨幣市場能夠對金融機構的資產進行量體裁衣式的創新。

根據以上的發展方向定位，貨幣市場可以考慮囊括更多的金融機構產品非公開交易業務，包括信貸資產、銀行理財產品、股權投資基金權益、信託產品的募集和交易、資產權益份額轉讓等金融產品交易。

（1）信貸資產交易

自從金融危機爆發以來，各國對於銀行業監管力度不斷加強，面對《巴塞爾協議Ⅲ》的出拾和銀行監管部門更加審慎的資本監管政策，以及滿足未來業務發展特別是信貸擴張的需要，銀行依然有強烈的融資需求。同時，支持實體經濟發展也帶來資本週轉的要求，銀行信貸仍是目前社會融資總量中最主要的部分，在實體經濟保持較快增長的背景下，商業銀行必然面臨融資的壓力。

此外，進入2010年，銀行面臨著信貸結構調整的問題。通過轉讓信貸資產以騰出貸款規模，以便再次放貸成為銀行的普遍選擇。而銀信合作步入規範期，剩下的另外一個出口，即信貸資產的轉讓交易，或將成為未來銀行信貸結構調整的重要選擇。

商業銀行的信貸資產如果能夠進行交易，即意味著商業銀行能將其持有的

未到期人民幣貸款資產，通過某種方式，如置於金融資產交易所平臺的方式，轉移給其他具有貸款經營權的商業銀行並獲取對價，以達到提高資產流動性的目的。作為資產負債管理工具、融資工具和風險管理工具，信貸資產交易有助於解決銀行在資本充足率和資本收益率之間的「兩難選擇」，解決銀行負債和資產在利率和期限結構上的非對稱矛盾。過去由於中國沒有公開的專業化的金融資產交易市場，導致銀行信貸資產無法進入市場進行公開轉讓交易，流動性差，即便有交易，也是地下交易或一對一談判交易，存在著巨大的風險。如果銀行信貸資產能夠進行標準化流程交易，將有效提高信貸資產流動性，防範交易中潛在的風險。

商業銀行信貸資產交易流程包括標的掛牌、信息披露、競價/議價、協議簽署、資金結算等環節。根據這一流程，商業銀行可將持有的未到期人民幣貸款通過第三方平臺掛牌，在一定範圍內徵集具備受讓資格的意向受讓方；轉、受讓雙方通過競價或議價的方式確定轉讓價格與轉讓條件，並對后續信息披露做出相應安排，然后在第三方平臺的協助下完成協議簽署和資金結算等工作。

（2）理財產品交易

近年來銀行理財產品越來越受投資者青睞，占銀行業務份額也不斷攀升。因此，盤活這一部分產品意義重大。以前，投資者在購買銀行理財產品時，往往會被告知「銀行可提前終止該產品，但投資者不能提前贖回」，投資者唯有在發行期內申購，持有到期后贖回並獲取相應收益，這是銀行理財產品的普通交易路線，某種程度上限制了投資者主動理財的權利，也限制了這一部分資金的流通效率。

而在激烈的理財市場競爭中，滿足投資者的流動性和獲利需求以爭取到更多的投資者，成為各家金融機構爭取市場份額的首要任務。在貨幣政策寬鬆預期不斷加強的環境下，銀行正在逐漸喪失產品高收益的吸引力，單純依靠產品的高收益來吸引投資者難以繼續，銀行不得不另闢蹊徑。研究數據顯示，2012年以來，銀行理財產品預期收益率區間已經下移至4%～5%，而且已有不少銀行理財產品已經將預期收益率定在3%～4%之間。此外，銀行與其他金融機構的產品之間存在著同質化競爭，特別是近期短期理財基金的異軍突起，使得短期理財產品市場的競爭不斷加劇。

如果銀行理財產品能夠突破固定期限類銀行理財產品不能提前贖回的現狀，允許投資者在到期前進行贖回，那麼對於具有強烈理財產品變現需求的客戶，這類產品將會更有吸引力。而且對於銀行來講，將理財產品掛牌交易能夠使其更好地管理流動性，實現對各類生息資產合理搭配。

銀行理財產品交易業務包括理財產品輔助發行及二級市場交易兩大類。在輔助發行業務方面，金融資產交易所可以發揮項目信息豐富、規範的特點，為投資者創造投資管理的便利；而在債權交易方面，則通過掛牌、議價/競價、組織交易等環節，為理財產品提供良好的流動性支持。

（3）信託產品交易

與銀行等其他金融同業相比，信託行業整體上尚未進入成熟發展階段，還存在諸多制約因素。如缺乏符合信託產品屬性的、專屬的營銷渠道，缺少信託產品流通市場。目前大多數信託公司沒有整體的銷售團隊去運作，主要還是依託銀行和第三方理財機構來進行銷售；此外，因為信託產品持有期限一般在一年以上，流動性比較低，不利於轉手，一旦投資者想中途轉讓受益權，只能在信託公司內部尋找交易對象，範圍比較狹窄，效率較低下。這些問題制約了信託公司自主管理能力的提升，更影響信託中長期金融功能的發揮。

信託產品流通的本質是信託受益權轉讓。建立信託產品流通市場需要將信託受益權進行標準化處理，將信託受益權在登記結算機構進行集中登記、託管，使其獲取電子化的權利載體。信託公司通過特定市場採用電子化手段，以私募的方式向合格投資人推介信託計劃、發行信託憑證。

同時，信託憑證發行與交易市場應該是全國性的、專業化的市場，由信託業的監管部門監督。特定市場應該實行會員制，由會員參與信託憑證的發行與交易。信託公司需履行註冊登記手續。進入特定市場發行與交易的信託憑證由特定市場組織信託憑證審核委員會審核是否接受其進場發行或交易。

也就是說，信託產品發行與交易業務包括以下兩類金融服務：

一是信託產品輔助發行服務。為了盡可能地促進信託產品在貨幣市場中的流通，可以利用資產交易所平臺優勢匯集地區內或地域間的信託公司的新發產品信息，通過平臺推介吸引投資者，從而降低發行成本、提高投資效率；此外，利用獨立第三方的信息發布與交易平臺，為信託公司的信託貸款業務提供后續的流動性安排，提高貸款人的誠信意識與市場效率。

二是存量信託受益權的轉讓。存量信託受益權轉讓為信託產品投資者在存續期內提供掛牌、徵集意向受讓方、議價/競價、簽訂交易協議、資金結算等全流程服務。

目前信託產品缺乏統一發行平臺與二級市場，從而使得投資人缺乏退出渠道。開展信託產品發行與交易業務，一方面將為信託新產品的發行增加有效途徑，為存續期信託受益權提供流動性支持；另一方面還將為投資者進入信託業務創造有利機會，為信託產品注入流動性。如果信託產品完全不能轉讓，那麼

信託受益權就完全沒有流動性，其在發行時一些投資者必然會放棄投資。因此，二級市場的存在對一級市場是十分重要的，這和證券市場的情況完全一樣。

截止到2013年12月份，中國信託產品存量余額已達10.91萬億元規模，存在巨大的流通轉讓市場和服務需求空間。

(4) 資產權益份額交易

這類交易業務包括為商業銀行、證券公司、保險公司、資產管理公司、信託公司等金融機構提供包括金融國有股權轉讓、不良資產處置、信貸資產交易等各類金融服務。不良資產處置主要涵蓋金融不良債權類資產轉讓、抵債類資產轉讓、債轉股項目轉讓、金融企業處置資產綜合性服務及不良資產詢價服務等業務；信貸資產交易主要通過將信貸資產包裝成同業理財產品，借助交易所的信息發布及交易平臺，將理財產品賣給合適的購買對象，為銀行進行信貸規模與存貸比管理提供便利。

由於中國銀行業實行信貸規模控製與存貸比管理，銀行、小額信貸公司等金融機構存在較大的業務創新與規模擴張衝動，銀行、小額貸款公司等機構通過將貸款資產打包成同業理財產品通過金融資產交易所等仲介機構出售給銀行等，達到業務擴張與規避監管的目的，這也給金融資產交易所帶來了巨大的業務機會。

(5) 保險產品及保險資產交易

目前，中國保險資金已形成龐大規模。據統計，至2012年末，全國保險公司資金運用余額68,542.58億元，較年初增長24.19%。全年保險公司資金運用收益共計2085.09億元，資金運用平均收益率為3.39%，這與保險業落後的資金管理方式不無關係：雖然保險資金債權投資計劃的規模逐年攀升，但受製於政策限制和流動性缺乏，保險資金為保證一定的投資標的安全性和流動性，不得不犧牲部分收益。

與此同時，中國保險市場的突出矛盾還體現在保險產品交易行為不規範，銷售誤導和侵害消費者權益的情況比較嚴重，既造成保險市場秩序較為混亂，也危害了保險業的發展。保險產品交易模式違規行為屢禁不絕是由於公司、監管、行業以及社會環境等諸多制度與機制存在問題。其中一個非常重要的原因可能還在於目前的保險產品交易模式缺乏客觀、公正的第三方保險服務和交易平臺。如果能搭建這樣的平臺，可以通過平臺的獨立運作，為被保險人和保險人提供規範交易的場所和相關服務，就能夠規範保險產品市場的交易行為，也有助於治理銷售誤導行為，促進市場秩序的規範。同時，消費者通過這個交易

平臺，也可以接受各種風險規劃服務，自主選購各種保險產品，從而改善目前消費者被動購買保險的狀況，有效防止假保單、詐欺和誤導行為。

為了克服以上問題，可以考慮開展保險產品交易業務、構建保險產品第三方流通平臺，提供保險資產交易業務，包括保險產品輔助發行及二級市場交易兩大類。在輔助發行業務方面，發揮交易所項目信息豐富、規範的特點，為保險資金合理運用創造投資管理的便利；而在債權交易方面，則通過掛牌、議價/競價、組織交易等環節，為保險資金提供良好的流動性支持。

同樣的，非金融機構企業從成立到發展都需要資金的支持，許多企業由於資金鏈斷裂而不得不葬身於激烈的市場競爭中。貨幣市場可以考慮從企業整個產業鏈的角度為其提供流動性，從而增進社會財富。如企業成立之初向PE融資所形成的股權，如果貨幣市場能夠提供平臺為其提供流動性，則提高了PE對企業發展的支持力度；此外，企業在與其他上下游多個企業進行交易時，產生了票據、應收帳款等，若能提高這些資產的變現能力，則整個產業鏈環節的運行效率將會大大提升。

（6）私募股權交易

中國私募股權行業起步較晚，2005年以來進入了快速發展階段，私募投資基金機構數量和資金總量增長迅速，私募股權行業規模快速擴大。2004年，中國新增私募股權基金21家，新增募集金額6.99億美元；而到2008年，中國新增私募股權基金已達到116家，新增募集金額超過73億美元；2009年，雖然受到國際金融危機的影響，中國新增私募股權基金仍達到108家，新增募集金額超過86億美元。

隨著中國私募股權行業的快速發展，二級市場有很大的發展機遇和發展空間，中國私募股權行業對二級市場的現實需求也日益顯現。中國私募股權一級市場對流動性的需求將直接推動二級市場發展。在一級市場總量相對較小的情況下，流動性對私募股權行業的制約尚不明顯，而隨著一級市場資金總量的快速增加，對流動性的需求會逐步顯現。目前，中國已經批准社保基金、保險基金等一些大型機構資金進入私募股權市場，中國私募股權一級市場資金總量會快速增加。考慮到目前絕大部分私募股權人民幣基金都是封閉式基金，存續期一般為6~8年，在此期間內基金的投資者無法贖回，資金流動性較低，隨著一級市場資金總量的快速增加，一級市場投資者對流動性的需求將推動二級市場發展。

二級市場是私募股權行業的重要組成部分，是私募股權行業健康發展的有益和必要補充，中國發展私募股權行業應該適應和符合市場規律，引導和建立

適合中國私募股權發展實際情況的二級市場。

私募股權二級市場交易主要包括為中國私募股權基金的投資人（LP）提供基金份額轉讓服務以及為基金管理人（GP）提供所持未上市企業股權轉讓服務的私募股權二級市場交易服務。此外，還可以為私募股權基金提供募資以及項目推薦等增值服務，並為其他投資人轉讓所持有的未上市企業股權提供服務。

選擇投資、項目管理、資本增值退出，是私募股權投資的三大環節。私募股權投資基金投資企業的目標不同於企業家，他們的目標是出售企業，收回投資獲取利潤，並進入下一個投資週期。因此，對於私募股權投資機構而言，退出是關鍵環節，這直接關係到他們的生存和發展，也關係到目標企業的資金來源。因此，為這一部分資產注入流動性，可謂意義重大。

私募股權交易業務的開展，需要以搭建完善的私募股權交易信息披露系統為基礎，充分發揮交易所匯聚資源的優勢，整合買賣雙方及仲介機構的交易信息，通過定向披露、分級披露為市場參與者提供高效率的信息交互平臺。同時，交易所將組織交易雙方和仲介機構共同議價，以協議定價或者競價等方式幫助交易雙方確定交易價格，有效促成交易。

（7）票據資產交易

中國票據市場主要工具包括本票和匯票。在現有監管法規中，本票只規定了銀行本票，對商業本票未作規定；匯票包括銀行承兌匯票和商業承兌匯票，其中銀行承兌匯票占比約為95%，商業承兌匯票占5%。

銀行承兌匯票因其面額大，風險較低、流動性較強的特徵，歷來是貿易清算的重要方式之一，具有良好的發展前景。因此，開展票據資產交易業務，為銀行間票據轉貼現和同業拆借提供交易、清算、信息和監管等服務，也具有巨大的業務空間和發展前景。

銀行間票據資產交易，是指持有票據的商業銀行為了融通資金，在票據到期前將票據權利轉讓給其他商業銀行，由其收取一定利息後，將約定金額支付給持票人的行為。

金融資產交易所作為第四方交易平臺，可以為銀行承兌匯票的貼現和轉貼現業務提供信息發布服務、資源整合以及完整的票據金融供應鏈解決方案。主要流程如下：票據資產交易包括票據持有人（轉讓方）提出發布申請、標的掛牌、議價/競價、組織成交等環節。擬轉讓票據資產的，可通過票據資產交易系統提交申請；申請經審核後，金融資產交易所在商業銀行類會員範圍內徵集受讓方，並組織雙方通過議價或競價方式確定交易價格及交易條件；最后交

易雙方據此簽署票據資產交易協議，並完成資金結算等后續工作。央行《2012年二季度中國貨幣政策執行報告》顯示，上半年社會融資中未貼現的銀行承兌匯票增加6089億元，並且具有較強的流動需求。

此外，目前非金融企業票據融資，主要是通過向商業銀行貼現的方式解決，票據貼現利率受商業銀行信貸規模的影響，波動較大，並不能真實反應實體經濟的短期融資需求變化。

如果能通過一個交易平臺實現票據收益權轉讓交易，採用商業銀行驗票、託管托收等對票據安全進行全面風險控製，使得非金融企業短期融資需求除商業銀行貼現渠道外，和合格投資者資金實現合法、低風險、低成本的對接配置，能更方便快捷地滿足中小企業短期融資需求，有利於發現實體經濟短期資金市場價格。

（8）供應鏈融資產品交易

供應鏈融資是指銀行通過審查整條供應鏈，基於對供應鏈管理程度和核心企業的信用實力的掌握，對其核心企業和上下游多個企業提供靈活運用的金融產品和服務的一種融資模式。由於供應鏈中除核心企業之外，基本上都是中小企業，因此從某種意義上說，供應鏈融資就是面向中小企業的金融服務。

供應鏈融資不僅僅讓中小企業能夠實惠，鏈條中的核心企業也可以獲得業務和資金管理方面的支持，從而提升供應鏈整體質量和穩固程度，最后形成銀行與供應鏈成員的多方共贏局面。供應鏈融資不僅有利於解決配套企業融資難的問題，還促進了金融與實業的有效互動，使銀行或金融機構跳出單個企業的局限。

其主要的運作思路是：首先，由銀行理順供應鏈成員的信息流、資金流和物流；其次，根據穩定、可監管的原則分析目標企業的應收、應付帳款信息及現金流，並將其與將銀行的資金流信息進行整合；然後，通過重點考察貿易背景和物流、資金流控製模式的辦法，運用新的信貸分析及風險控製技術進行企業狀況分析；最后，由銀行向企業提供融資、結算服務等一體化的綜合業務服務。

供應鏈融資的信用基礎是供應鏈核心企業的管理與信用實力，但由於鏈上企業生產經營密切相關，一旦某個成員出現資金問題，會影響整個供應鏈，風險也相應擴散。與其他融資產品相比，供應鏈融資涉及的風險具有一定的獨特性，首先，供應鏈涉及企業眾多，既有國內企業，也有國外企業，銀行無法完成對供應鏈所有企業相關數據的調查分析，不能準確瞭解供應鏈整體情況；其次，銀行需要密切關注國際市場變化，不斷獲取關於鏈上核心企業和附屬企業

的動態信息，以便掌控風險；再次，不同階段的供應鏈融資，需要關注的風險不同，存貨抵押和預付款抵押中，需要採取的風險控製手段完全不同，給銀行業務操作帶來了較大的挑戰。因此，需要一個獨立的專業的第三方來提供這方面的服務並間接起到監督的作用。

供應鏈融資產品交易是指利用專業資源平臺優勢，在貿易融資信息化建設的基礎上，為貿易往來的參與主體（商業銀行、製造企業和貿易商等）提供基於供應鏈的一站式金融服務，具體包括信用證收益權轉讓交易、保理收益權轉讓交易、代理同業委託付款業務等應收帳款管理和融資業務。

供應鏈融資產品交易的全流程包括提出信息發布申請、交易標的掛牌、徵集受讓方、議價/競價、組織成交等環節。首先，由標的轉讓方或具有融資需求的一方，通過交易平臺交易系統提出相關申請；其次，相關業務申請經審核后，通過交易系統予以發布，並在會員範圍內徵集資金方（即受讓方或投資人）；最后，交易雙方通過議價或競價的方式確定交易價格與交易條件後，由交易所組織交易雙方簽訂交易或融資協議，並根據雙方需要提供資金結算等后續服務。

通過供應鏈金融融資產品交易，不僅實現了應收帳款的迅速回籠，使資金流轉效率大幅提高，而且還解決了下游分銷體系的融資難問題，使分銷商能夠以充沛的現金流支持自身的建設，促進產業發展。

4.3.2.2 金融組織創新

首先，應該著力建立多層次貨幣市場體系。立足於中國貨幣市場現狀，為建立統一的規範的貨幣市場，應考慮在擴充具有傳統優勢的子市場的基礎上，著力發展若干新型的專業性子市場，從而構建以銀行間同業市場、債券市場、票據市場為基礎，若干平行的專業性市場為補充的多個貨幣子市場梯次發展的多層次市場體系。為建立一個統一的規範的多層次貨幣市場，最大程度地體現貨幣市場的流動性特徵，我們應盡快建立一個綜合性的市場仲介組織體系。這個組織體系集交易平臺、託管結算、資金清算、信息披露和行業管理功能於一體，對交易系統、託管結算系統和資金清算系統進行電子化聯網，實現貨幣市場交易的一體化。建設該組織體系的重點在於：第一，組建相關經紀公司、票據公司等貨幣市場仲介組織，盡快推行「做市商」制度，充分發揮場外交易市場的功能；第二，搭建專業化交易平臺，為資產交易、信息披露提供平臺以及提高市場運行效率；第三，建立統一、規範的信譽評估等仲介服務體系，等等。

其次，大力發展互聯網金融，加快互聯網金融與傳統金融相互整合與競

爭。互聯網作為媒介的天然優勢使得互聯網金融的飛速成長成為必然，而金融行業的深廣內涵與形式多樣的互聯網相結合也必然呈現出其多種多樣的業務模式。目前互聯網金融已在最初的第三方支付的基礎上發展起了P2P、眾籌等模式，並與貨幣市場基金、理財產品、短期借貸等產品對接，極大豐富和發展了傳統金融的產品和組織形式。未來，互聯網金融與傳統金融應該根據自身的發展特點和目標客戶，相互競爭，發展各自的特色業務，使金融服務更加有效。同時，互聯網金融的資源有效配置和傳統金融對業務風險的控製也值得相互借鑑與整合，達到風險與收益的結合，這將是中國金融市場化程度加深的體現。

最後，順應混業經營，發展金融控股公司，提升金融企業競爭力。傳統的混業經營只是簡單地提倡業務之間的相互滲透，而沒有強調多種業務之間的相互配合和相互融合。金融控股公司可以通過資本的調度和綜合發展計劃的制訂，調整集團在各個金融行業中的資本分配，形成最大的競爭力；子公司之間可以簽訂合作協議，實現客戶網絡、資信、營銷能力等方面的優勢互補，共同開發多樣化的金融產品，進而降低整體經營成本，加快金融創新；各金融行業既自成專業化發展體系，彼此之間沒有利益從屬關係，又能互相協作，凝聚競爭力，可以在一定程度上實現專業化和多樣化的有效統一。

3. 金融制度創新

實現貨幣市場的創新目標不僅需要金融工具和金融組織的創新，還需要從金融制度上給予支持。

首先，加強信用制度建設。在市場經濟條件下，市場交換關係都建立在信用基礎上，沒有信用，市場經濟活動很難維繫。一個健全的社會信用體系應該是從商業信用到銀行信用和國家信用，最后形成發展金融市場所需的社會信用體系，應該是一個從低到高的進程。這樣的體系應該對所有市場參與者開放，囊括貨幣市場和資本市場等，同時需要及時更新相關信息，使市場交易建立在更為充分的信息基礎上，把制度性風險降至最低程度。如推廣個人、商業信用聯合徵詢系統，以目前企業信貸登記諮詢系統為基礎，推而廣之，將銀行的個人信貸、商業信貸全部納入聯合徵詢系統，並結合個人、商業在社會中的全部行為記錄，借助第三方仲介服務機構的評定，建立一套個人、商業信用評價系統。

其次，政府應本著「積極、穩妥、效率」的原則，逐步完善貨幣市場的法律與監管體系，出抬一系列有關同業拆借和債券等交易管理的法規。貨幣市場的監管目標應致力於消除貨幣市場參與者的道德風險，從他律向自律，從外部干預向內部激勵上轉變，將市場系統風險減少到最小。對融資方應構建嚴格

的評級機制、信息披露制度、市場准入和退出標準，形成保護投資者的安全網；對金融機構應設計合理的約束機制與激勵機制，對其信用等級、經營狀況、資本實力、風險狀況、內部治理等進行監管與審核，使它們主動在追求利潤的同時減少對風險的過度承擔；對仲介服務機構應建立有效的競爭機制和監管機制，保證其客觀公正地履行仲介義務。

受金融機構綜合化經營趨勢的影響，未來貨幣市場的監管應由中央銀行、證監會、保監會、銀監會通力合作，同時發揮各行業協會的自律作用，形成全面系統的貨幣市場監管體系。該體系應該是一個政府與民間聯合監管的梯級式體系。最基層的監管及最輕的處罰由行業聯合會等自律性機構實施；而自律性機構的行為以及較嚴重的處罰由監管機構控製，以確保市場的有效及公平。與此同時，「一行三會」在協作監管時也能較好地保證監管信息的共享。

5 金融資產交易所在貨幣市場中的發展

5.1 產權交易所存在的理論前提

5.1.1 產權的定義

產權經濟學真正的奠基者阿爾欽（A. Alchain）給產權下過一個定義：「產權是一種通過社會強制而實現的對某種經濟物品的多種用途進行選擇的權利。」阿爾欽提出的論點是，當一個社會存在兩個或更多的人，每一個人都想得到同一種經濟物品的更多數量時，就意味著競爭。競爭的矛盾必須用某種方式解決。他認為，限制競爭的規則被稱為產權，而產權是一種選擇的權利，是一種排他性的權利。

產權與所有制之間存在密切的關係。對物的所有關係，微觀上表現為產權，即各種權利的組合狀態；宏觀上則涉及所有制，是在社會或階級高度上研究所有權類別構成及其社會經濟制度問題。產權是所有制的核心和主要內容，由所有制實現形式所決定。所有制形式是產權組織形式關係的綜合，所有制先進與否取決於其賴以成立的產權組織形式。因此，產權的不同配置形態，決定了所有制的不同形態。不同類型的產權主體，如國有、民營、集體、外資等在統一經濟體系中的融合就形成了混合所有制經濟形態。而這些融合，有賴於產權交易。

黨的十六屆三中全會明確提出，要大力發展國有資本、集體資本和非公有資本參股的混合所有制經濟，將其作為今后中國經濟發展的方向。混合所有制經濟的發展，有賴於歸屬清晰、權責明確、保護嚴格、流轉順暢的現代產權制度的建立。現代產權制度的一個基本要求，在於產權的有序流轉。發展產權交

易市場,實現有效的產權交易,是混合所有制經濟實現的重要途徑。

5.1.2 國有企業改革歷程中的產權改革

國有企業改革之初並未觸及企業產權制度,而主要是在分配制度領域內協調企業和政府的利益分配關係。其總體效果之所以不盡如人意,原因就在於產權不清的問題沒有得到解決。改革開放以來,產權改革的推進和市場經濟的推進緊密聯繫在了一起。1992年,十四大確立建立社會主義市場經濟體制目標;1993年,十四屆三中全會提出國有企業建立現代企業制度,達到產權清晰;2003年,十六屆三中全會推進完善社會主義經濟體制任務,建立了現代產權制度。經過十多年的產權制度改革,國有產權制度的改革已大大拓寬了視角,實現了在不改變公有制基礎上的多種形式的改革嘗試,改單一的國家所有制為國家控股或參股、其他經濟成分參與資本組合的混合所有制。

5.1.3 產權交易解決傳統企業產權制度弊端

與傳統計劃經濟體制聯繫在一起的傳統企業產權制度是導致資產運作僵化、效率低下的深層原因。傳統企業產權制度存在自身不可克服的三大弊端:一是財產關係封閉性,即不同投資主體不能共融於統一企業且資產存量和增量在不同企業之間不可橫向流動。二是資源配置「內部化」。三是經濟成本外部性,即勞動者個人追求效用最大化行為及企業追求自身利益最大化行為對於全民資產或國有資產所產生的外部性。在傳統企業產權制度下,勞動者工資不隨企業效益增加而增長,勞動者傾向於閒暇最大化;而企業為完成計劃指標及實現局部利益最大化,向上級爭投資、爭項目。要克服傳統產權制度下存在的三大弊端,必須積極開展產權交易。

5.1.4 產權交易與現代產權制度安排

現代產權制度的標準包括以下幾點:①產權清晰:在現代企業制度和產權制度的要求下,必須明確劃分投資者所有權、法人財產權及其歸屬。只有產權清晰,才可能進行后續的交易。②產權流動順暢:一方面,產權的流動和流轉通過在不同產權主體之間交易表現出來;另一方面,產權的順暢流動有賴於良好平臺,同時降低產權交易中的限制因素,法律法規、仲介機構、或者產權交易市場的作用就在於此。③產權的合理配置:產權交易主體進行產權交易的目的,是為了追求自身利益最大化。企業產權轉移總是由不能很好掌控該項產權的企業向能更好對其經營的企業轉移。正如商品交易一樣,產權交易的最終結

果是合理配置產權資源，使不同產權為更合適的產權主體所擁有。④產權結構多元化：社會經濟中存在幾種不同類型的產權主體，而每種主體都有自身的特點，或者說在某一領域有其獨特的優勢。由於產權的可分性，產權交易可以完全打破整體要素在空間的局限，實現諸如歸屬權、支配權在不同主體間的轉移，從而實現企業產權結構多元化的局面。因此，在現代產權制度的建立和完善過程中，必須通過產權交易活動和產權資源的優化配置，使國有資產產權關係走資本化、市場化、組成結構多元化的發展道路，從而促使所有制結構的調整和完善。

5.2　產權交易所現狀

中國產權交易市場經過 20 多年的努力，已經進入到了一個全面發展的新階段，成為國資有序流動、國企規範改制、產業調整、中國社會經濟資源配置的重要資本平臺。而作為場外交易市場的主體，借鑑美國經驗，主板掛牌企業為 2800 多家，而場外市場的規模是 3 萬～4 萬家，場外交易市場交易量占到總交易量的 62%，大大超過場內交易市場交易量。因此，中國場外交易市場發展空間比較大，而產權交易所在場外市場發展中也是不可或缺的重要一環。由此可推斷，產權交易所在未來也將有較大發展。

5.2.1　產權交易所的誕生

1988 年 5 月 27 日，武漢市政府根據改革發展的需要，在全國首創批准武漢企業產權轉讓交易所掛牌成立。這是改革開放以來中國資本市場自發成立的第一家企業產權交易市場。1988 年，四川省人民政府在《關於推進我省企業轉讓工作有關問題的通知》中規定：「需轉讓產權和接受產權的企業均可提出申請，然后報各級產權轉讓辦公室審查，向產權交易市場或類似的交易中心報名。」1989 年 2 月，原國家體改委、國家計委、財政部、原國家國有資產管理局，聯合發布了《關於企業兼併的暫行辦法》（體改經【1989】38 號文），明確規定「企業產權通過產權交易市場或直接洽談，初步確定兼併和被兼併方企業。」緊接著，原國家體改委、財政部、原國家國有資產管理局又聯合制定了《關於出售國有小型企業產權的暫行辦法》（體改經【1989】39 號）文件，明確規定：「要搞好出售企業產權的組織協調和指導工作。有條件的地方還可以組建企業拍賣市場或產權交易市場。」

自武漢市第一家產權交易市場成立不到半年時間，全國各地先後有成都、鄭州、保定、南京等地產權交易市場陸續掛牌成立。至當年底，全國各地成立的產權交易機構已達到 25 家。據不完全統計，1989 年，全國共有 2559 戶企業進行了交易，轉讓存量資產 20.15 億元，減少虧損企業 1204 戶，減虧 1.34 億元。這一時期的產權交易主要是代理政府批准處置的破產、資不抵債、嚴重虧損的企業資產為主。

5.2.2　產權交易所在實踐中不斷得到發展

5.2.2.1　「質」與「量」的不斷發展

1991 年 8 月，鄧小平同志視察南方的談話發表，特別是黨的十四大勝利召開，進一步推進了各地產權交易市場和交易活動發展，推動了產權交易制度的創新。1993 年 4 月，深圳成立產權交易所，並制定了《深圳市國營企業產權轉讓的暫行規定》；1994 年 4 月，上海市農委、體改委、工商局以及郊縣工業局共同發起創建了城鄉產權交易所；天津市也著手籌建產權交易中心，並力圖成為全國產權交易的樞紐。不過，當時各地政府對產權交易市場的認識是不盡一致的，所批准的產權交易機構大多是「各自為政、區域封閉、服務當地、按需辦事」，還沒有形成全國統一的產權交易市場。截止到 1994 年，全國各級產權交易機構已達到 200 余家，其中，省級 14 家，省會中心城市 26 家，地市級 104 家，縣級 56 家。歸納起來，主要有四種形式，一種是由政府指定的全額撥款的事業法人機構；一種是非營利性的仲介服務機構；一種是企業性質；還有一種以上海、成都、深圳為代表的少數交易機構，實行了會員制組織形式，尤其以上海在交易所場內引入仲介機構充當產權經紀人的創意，在全國乃屬首例。

1998 年，產權交易所交易量經過了其徘徊與低迷的階段后，在 2002 年下半年重新步入上升通道。短短幾年的時間，產權交易市場出現了預想不到的發展：國家明令國企產權出讓必須「進場交易」，而國有產權進場交易制度得到了較好的落實。國務院國資委會同有關部門組織了以落實進場交易制度為主要內容的大型督查行動，各級國資委通過多種形式對進場交易情況進行了督查。許多地方還採取紀檢監察部門派專人駐場做好進場交易制度的落實工作，進場交易的效果也逐步顯現。據統計，2005 年，京津滬三家產權交易機構轉讓企業國有產權 3622 宗，成交金額 1080 億元，與資產評估值相比增加 64.7 億元，平均增值 6.4%。其中，競價交易項目增值率達 24.8%，約有四分之一的競價交易項目增值率超過 40%。民營經濟、外資通過產權交易市場參與國有企業改

革尤其是在股份制改造方面的成效顯著。2004年2月至2005年5月,上海聯交所非國有企業收購各類企業國有產權交易1849宗,占全部企業國有產權轉讓交易宗數的71.13%,成交金額322.83億元,占總轉讓金額的44.47%。

國有產權流動有力地帶動了其他所有制產權的流動。據不完全統計,2004年2月至2005年5月,725.99億元的企業國有產權進場交易帶動了650.59億元的非國有資本的參與。上海電氣集團作為一家大型國有老企業,以62.61億元的優質資產在聯交所掛牌,引入民間增量投資27.5億元,發起成立了新公司,重點發展電站及輸配電產業、機電一體化產業、交通運輸產業和環境保護設備產業等四大核心產業,增強了核心競爭力。

以上海、北京、天津等城市為代表的產權交易市場獲得快速發展。綜合各類交易,2005年,天津產權交易所完成各類產權交易1128宗,成交282億元,競價率達27.6%,三項主要指標均比2004年有大幅度增長。北京產權交易所共完成產權交易項目2909項,實際總成交額408.9億。會員單位共實現收入1844萬元,比2004年增加了近400%(2004年完成各類產權交易項目1788項)。上海聯合產權交易所2005年累計成交各類產權3395宗,成交金額825.15億元,交易總量達到4002.8億元,同比增長10.81%。特別是,上海產權交易市場成交金額連續11年健康增長,達到825億元,通過該交易所渠道為各類企業直接融資達到658.97億元,超越A股主板市場當年度融資量。

產權交易市場不僅有量的增長,更體現出質的提升,實現了七大「突破」,以上海產權交易市場為例:一是央企產權交易量首次突破千億大關,位居全國第一。2005年,央企的產權交易達536宗,成交金額472.69億元,交易涉及資產額為1021.21億元,分別占總數的15.79%、28.64%和25.51%,占企業國有產權成交金額總數的52.05%,同比增長5.08倍。二是外資併購交易創歷年新高。2005年外資併購成交金額為135.02億元,外資併購交易涉及資產額207.53億元,占交易總額的5.18%,同比增長164.35%。三是異地併購繼續活躍,交易面擴展至18個省市。2005年異地併購成交金額75.81億元,交易涉及資產額為423.49億元,占交易總額的11.09%。四是混合經濟和非公經濟產權交易比重繼續上升。2005年多元混合經濟產權成交金額463.28億元,占交易總金額的28.07%,交易涉及資產額為1107.43億元,占交易量總額的27.67%;民營經濟產權成交金額為104.10億元,占交易總金額的6.31%,交易涉及資產額為344.01億元,占總額的8.59%。五是技術產權交易平穩上升。2005年技術產權成交金額為182.36億元,占成交總金額的22.19%,交易涉及資產額為707.41億元,占交易總量的18.53%,同比增長2.52%。

5.2.2.2 區域性產權交易市場的形成

隨著產權交易機構自身的發展,對跨地區協作、擴大資源整合與配置範圍的要求日益提高,區域性的市場聯盟應運而生。截止到 2007 年,產權交易市場的層次可分為三層:第一層就是北京、上海、天津三個中心市場;第二層是省一級產權交易機構;第三層是各市、縣(區)一級的產權交易機構。這些產權交易市場已經出現了一些橫向聯合。產權交易的流動地域逐漸從一地發展到全國各省市互動,這種聯合發展的方式,實現了信息共享、優勢互補,讓資本在更大範圍內合理地流動,讓資源較大範圍內優化配置,從而使產權交易市場發揮出更大的作用。

1997 年,由上海聯合產權交易所等 13 個省、直轄市的 42 家產權交易機構組成了長江流域產權交易共同市場,區域性產權交易市場由此產生。2000 年,青島產權交易中心等 8 個省、自治區的 11 家產權交易機構成立了黃河流域產權交易共同市場。2002 年,天津產權交易中心等 16 個省、市、自治區的 53 家成員組成了北方產權交易共同市場。2004 年,貴陽和西部(陝西)產權交易所等 7 家產權交易機構發起成立了西部產權交易共同市場。其中,除黃河流域產權交易共同市場走公司制的道路外,其餘 3 家共同市場均採用會員制。

以北方產權交易共同市場為例,2002 年 4 月,由天津、北京、黑龍江、河北、河南、青島、山西七省市產權交易機構共同發起,由山東、青海、內蒙古、瀋陽、長春、大連、西安、濟南、鄭州共同參加組建的北方產權交易共同市場,它代表了當時北方地區 16 個省市區、112 家產權交易機構。在第一屆理事會上一致通過了組建北方產權交易共同市場協議書、北方產權交易共同市場章程、運行規則及會員管理暫行辦法等一系列文件,選舉產生了第一屆理事會及領導機構,將秘書處設在天津產權交易中心。經過半年的試運行,2002 年 10 月 15 日舉行了隆重的掛牌儀式。2005 年,已發展成為東起天津,西至新疆,北到黑龍江,南達海南省,共有 20 個省、直轄市、自治區 61 家成員單位參加、代表 148 家產權交易機構的產權交易區域大市場。經過三年多的努力,北方產權交易共同市場已制定了規範運作的統一規則,實現了信息標準化和信息異地同步掛牌,建立了自己的網站和信息發布、競價交易系統。聯盟成員之間通過網上連結、資源共享、同步掛牌、項目交流推介、投資者引薦、設立分所、建立海外窗口等舉措,在合作中求發展,發展中求合作,自覺將本機構的利益與區域共同市場相結合,形成區域合作、互利共贏的新局面。北方產權交易共同市場網站已與各成員網站連接,開通了信息異地同步發布系統,網上遠程競價系統也已投入營運。2003 年掛牌項目信息 1960 條,動態信息 200 餘條。

2004年掛牌項目信息3590條，動態信息350多條。機構業務合作不斷深入。

目前，多數地區的產權交易機構已經在區域性組織中實現了信息資源共享，有些機構已經實現了信息同步發布；一些產權交易機構在取得當地國資委同意的基礎上，相互間建立了業務合作關係，通過統一的操作規則，發揮各自的優勢，共同組織產權交易活動，既便利了相關主體的參與，也降低了交易成本，提高了工作效率；一些新成立的產權交易機構，採取走出去、引進來等方式，加強學習交流，取得了較快的發展。產權交易共同市場既不是某一經濟區域若干個產權交易機構的松散聯合，也不是若干個產權交易機構的交易聯網，其實質在於不同產權交易機構的專業分工。通過形成各具特色的產權交易板塊，為投資者提供方便並吸納源源不斷的資金，從而使產權交易市場產生活力，信息共享、客戶共享，降低交易機構的營運成本。

事實上，在中國產權交易市場體系的三個層次中，產權交易共同市場發揮著承上啓下的關鍵作用。區域產權交易平臺存在的一個重要價值，就是把過去不同區域之間主要依靠政府部門來推動的協作關係，逐漸改變為主要依靠市場來推動的資產紐帶關係。資本流動的本性要求產權在全國乃至全球範圍內流動，在流動中體現價值，實現其最優配置。區域市場的形成，體現了各地產權交易所統一市場的願望。近幾年來，產權交易機構整合的腳步一直沒有停止過，同城合併、擴大異地交易，產權交易市場的資源流動正由地方性向全國性流動轉變。區域合作、互利共贏成為各產權交易機構健康發展的主要方式。各產權交易機構一改以往相互隔離、惡性競爭的狀況，結成區域共同體，自覺將本機構的利益與區域共同市場相結合，緊密聯動，形成區域合作、互利共贏的新局面。幾年來，共同市場取得了優異的成績。資料顯示，以上海為龍頭的長江流域產權交易共同市場2004年總成交12,230宗，成交金額1058.55億元，在全國所占比重分別為53%和55%。北方產權交易共同市場同樣出現了很好的發展趨勢，2004年總計成交10,236宗，成交金額689.01億元，在全國所占比重為44%和36%。僅兩大產權共同市場已經占據了當年全國產權交易90%以上的份額。

產權區域市場的建立，不僅整合了市場資源，實現了資源的有效配置，同時也推動了產權交易市場的信息交流、共享階段性的進展。通過雙邊或多邊合作，有力地推動了異地重組和跨地區併購，實現了跨越式的發展。以長江流域產權共同市場的龍頭上海聯合產權交易所為例，其1996年成立時異地併購成交額僅有800多萬元，而2005年共成交530宗，成交金額達75.81億元，交易總額達423.49億元。其中，外地企業併購上海企業278宗，成交金額38.49

億元，同比增加了33.47%，併購呈現淨流入趨勢。長三角地區企業收購上海企業的成交金額同比上升30.1%；上海企業併購東北和西部地區的成交金額同比增長了97.31%和34.06%。2005年，上海產權交易市場通過集聚人氣、廣泛的信息網絡、專業的推介及規範的交易流程，使異地項目平均增值率達31%。為了實現自己的全國戰略，2006年年初，上海聯合產權交易所在北京設立了自己的分店。此外，上海聯交所還南下、西進合縱連橫，向全國各地交易所免費提供技術，無償培訓人才。迄今，全國已有50多家交易所採用了上海聯交所的交易軟件，長三角地區已形成以上海聯交所為核心的大交易平臺，外地項目只要在當地掛牌，就能到上海交易。至此，北至牡丹江，南到海南，上海產權交易市場交易已覆蓋18個省市區，大半個中國都有上海聯交所的業務。

突破異地交易瓶頸，一是要讓交易項目得實惠，二是要讓當地的交易所得實惠。上海產權交易市場逐漸探索出一條在服務全國的同時發展自己的新路。廣西柳州煤氣公司改制出讓50%產權，在一張全國性的媒體上連登數月的公告，依然找不到合意的買家。上海聯合產權交易所將這一項目掛牌後，很快受到4個實力雄厚的買家追捧，成交價比掛牌價高了2500萬元，溢價超過21%。這一項目的后續反應是：柳州國資委又把近10個產權項目送到了上海市場。此外，上海聯合產權交易所為與其他地方產權交易機構合作，還適時推出了合理的利益分享機制，為建成一個統一的全國市場提供了新思路：地方交易所身分不變，同時又成為上海聯交所的經紀單位，共享佣金利益，形成一個較大範圍的共同市場，讓產權項目在這個共同市場中流動範圍最大化，資源配置最優化。無錫國聯產權交易所率先成為利益分享機制的試點。無錫國聯將無錫的產權項目送到上海掛牌，如果項目成交，聯交所與無錫國聯二八分成佣金。即使買家是聯交所或入網的其他交易所覓到的，只要成交，它就能獲得出讓方的佣金。上海聯交所還建立了一個遍及全球的產權投資網絡。目前，上交所與全球500多個產權交易機構、投資機構、仲介機構等都建立了緊密的合作關係。

5.2.2.3 產權交易所的業務種類

目前，各產權交易所（中心）擁有的交易品種多達十幾種，包括物權、債權、股權、知識產權等。產權交易所的業務主要分為三個層次：第一是職能性業務；第二是增值性業務；第三是開拓性業務。職能性業務包括提供產權交易平臺，行使國資委委託的對國有資產產權轉讓的管理職能；依法審查產權交易主體的資格和交易條件，對符合交易規定的出具產權交易憑證。產權交易所可以針對各管理環節收取一定的管理費用。增值性業務包括對企業改制、企業重組併購、上市、項目融資等諮詢服務，收取諮詢費用。開拓性業務如開展股

權託管業務、股份的拆細和連續交易業務，以希望突破現有產權交易所的運作模式。在這些業務中，第一類是基礎性，是產權交易所存在的意義之所在；第二類業務在某種程度上會受到限制；第三類業務應該鼓勵但不應盲目發展，成都、樂山、武漢等產權交易市場都因為擅自開展股份的拆細和連續交易業務被查處。近年來，由於各地各種類型的交易場所發展迅速，有些已暴露出較大的風險隱患，國務院出抬了相關文件（【2011】國發38號文、【2012】國辦發37號文）進行規範，對交易所下一步開展業務進行了指導和規範。

5.2.2.4 產權交易所交易方法及技術的創新

產權交易所（中心）還創造了十幾種交易方法，其中包括評審競價、一次報價、電子競價等新方法，尤其是電子競價成為產權交易領域裡重要的也是最為先進的交易方式之一。各產權交易所（中心）的產權交易信息系統是一個集信息採集、篩選、歸類、推介、掛牌、舉牌、詢價、報價、競價、統計、分析及預警機制為一體的信息網絡體系，並且擁有公眾網站和相對獨立的子系統、專業數據庫。其中，子系統是由信息處理、項目掛牌、項目舉牌、電子競價、合同成交、分析統計及項目預警構成。交易信息系統在做到信息全、輻射廣的同時，強調流程規範、內控嚴格。

5.2.2.5 規範的產權交易市場初步建立

新《中華人民共和國公司法》《企業國有產權轉讓管理暫行辦法》《關於規範國有企業改制工作的意見》等一系列法律、法規、政策性文件的出抬，從原則框架、具體操作等多方面給產權交易規範運作提供了指導，同時也給地方性法規、規章的制定提供了依據，統一的企業國有產權交易監管制度初步形成。《企業國有產權轉讓管理暫行辦法》及其配套文件陸續發布後，各地通過政府令、政府辦公廳轉發、相關部門聯發等多種方式明確了企業國有產權交易監管的制度要求，並對操作規則和政策要求進行了規範銜接與修訂完善，逐步形成了全國統一的企業國有產權交易監管制度。

2005年，國務院國資委對京津滬三家試點機構建立了年度評審制度和季度重大事項協調制度；有的地方國資委設立了專職監管機構，專司產權交易市場日常監管；多數地方政府授權國資委負責日常業務監管；許多地方國資委會同有關部門對所選擇的產權交易機構建立了月度抽查評審和市場爭端協調解決機制，企業國有產權交易日常監管機制逐步完善。與此同時，各產權交易機構也不斷完善交易信息系統，加強對交易過程的規範與監測。同時，社會監督作用日益加強。各級國資委在加強與有關部門協調，實施有效監督的同時，結合貫徹落實中央紀委實施綱要和國務院信訪條例精神，抓源頭、治腐敗，充分發

揮群眾監督和輿論監督的作用，爭取社會各界的積極參與和支持，形成全社會監督的氛圍，逐步構成了企業國有產權轉讓的社會監督體系。另外，產權交易所的風險防範意識逐步增強。隨著產權交易操作規則的不斷完善，許多產權交易機構已經採取多種措施，從進一步完善監管機制、加強制度建設、抓好基礎管理等多方面入手防範產權交易中的風險。同時，產權交易所涉及的相關政府部門、企業（單位）、社會仲介機構以及意向受讓方等各個方面的規範操作意識和風險防範意識也有了較大提高。

5.2.3 產權交易市場存在的問題剖析

5.2.3.1 市場功能有待重新定位

中國創立產權交易市場的初衷是地方政府為滿足國有企業改革和國有產權重組的需要，為提高國有資產的營運效率，防止國有資產流失並確保國有資產保值增值的目的而組建的一種具有中國特色的初級資本市場形式。中國產權市場發展過程中始終存在著大量的行政干預現象。產權市場交易量不斷增大與大量國有企業產權強制進場掛牌有直接關係。但國有產權的大規模轉讓只是階段性的歷史任務，隨著大量具備進場交易條件的國企改制重組的完成，在現行制度安排下，產權交易市場主要依靠行政力量強制國有產權進場交易的市場功能已經逐步退化。《中國產權市場年鑒》數據顯示，中國產權交易市場國有產權交易成交額所占的比例從2005年的80.04%下降到2008年的60%左右。

如表5-1，數據顯示，近幾年來，雖然中國產權交易市場的主體仍然是國有企業，但非國有產權的成交額和占比在逐年上升。主要原因在於中國民營中小企業發展迅速，在目前中國銀行體系對民營中小企業信貸支持有限且現有信用擔保機構遠遠不能滿足其貸款擔保需求，且證券市場對民營中小企業開放度低、入門門檻高、市場容量有限的情況下，許多民營企業開始轉向產權交易市場尋求解決融資難問題。因此，如果中國產權交易市場的職能定位不及時進行調整，仍然固守在僅為國企改革和國有產權流動服務的職能模式上，其未來發展將會受到很大限制。

表 5-1　　　　2005—2008年國有和非國有產權交易情況

年份	國有產權交易 成交額（億元）	占比（%）	非國有產權交易 成交額（億元）	占比（%）
2005	2314.97	80.04	584.03	19.96
2006	2435.69	76.26	758.24	23.74

表5-1(續)

年份	國有產權交易		非國有產權交易	
	成交額（億元）	占比（%）	成交額（億元）	占比（%）
2007	2075.41	59.08	1437.47	40.92
2008	2750.55	62.26	1667.3	37.74

數據來源：中國產權市場年鑒

5.2.3.2 交易機構組織形式不合理

作為產權交易市場組織營運主體，目前中國的產權交易機構主要有兩種組織形式：事業法人性質產權交易機構和公司法人性質產權交易機構，另有極少量的其他性質的產權交易機構。據《中國產權市場年鑒2008》統計的79家產權交易機構的單位性質資料顯示，其中有44家屬於事業法人單位，有35家屬於公司法人單位，其中有限公司26家、股份有限公司4家、國有獨資公司5家；兼具事業制和公司制組織形式的有1家。產權交易機構除了代政府部門監督國有產權規範轉讓的部分行政職能，還要為國企改制重組與產權交易提供市場化服務的職能。而現行的法律法規對產權交易機構性質的定位是在服務機構還是盈利機構也缺乏明確的規定。

在市場經濟中，產權交易機構作為組織資本、信息交換流動的市場仲介組織，定位在政府機構的性質，一方面否認其作為市場仲介組織的根本屬性和利益動機，難以建立有效的激勵約束機制，會造成產權交易機構市場行為目標的偏離和缺乏內在發展的動力；另一方面這種定位實際上使產權交易機構在市場運作中即充當「裁判員」又充當「運動員」，會造成交易行為的不規範和市場監管體系的有效性大打折扣，最后產權交易機構事業制形式所有權和控製權過於集中，存在著嚴重的委託代理問題，而且容易形成行政性分割的現象。

5.2.3.3 交易方式不適應資本市場發展形勢

為規範金融秩序和防範金融風險，1998年國務院針對各地產權交易市場混亂現狀，發布了《國務院辦公廳轉發證監會關於〈清理整頓場外非法股票交易方案〉的通知》的10號文，其中明確強調「不搞櫃臺交易、不搞拆細交易、不搞連續交易」。「三不」規定是在1997年股市受到產權市場衝擊和防範亞洲金融危機的國內外背景下出抬的，當時確實是對穩定資本市場、規範產權交易發揮了積極作用。但是隨著越來越多的非上市公司選擇產權市場進行股權融資，「三不」規定已經不適應產權市場發展的形勢。目前，中國產權交易市場的交易方式主要有協議轉讓、公開拍賣、競價轉讓和招投標等方式。據相關

年份《中國產權市場年鑒》，2005—2008年，協議轉讓占比60%左右，拍賣占比10%左右，招標占比在5%左右，而競價從2005年和2006年占比在10%以上下降到2007年和2008年的6%左右。產權交易的目的是為了獲得更好的資本溢價，目前產權交易方式中占比最大的協議轉讓由於大多是一對一的談判，談判時間較長導致簽約成本較高，在實踐中，這種場外交易方式存在著不透明、不公開的弊端，缺乏有效的監管，容易產生不規範、不公正現象，難以避免暗箱操作、低估賤賣的現象。

5.2.3.4　交易品種存在結構缺陷

由於中國產權交易市場目前還處於探索階段，市場發育水平較低以及與資本市場發展有關的法律法規和政策等方面的制約，市場在交易品種方面存在著很多缺陷。雖然近年來價值型產權交易得到極大關注，但是產權交易市場的很多交易品種以非證券化的實物形態出現。

實物型產權是指以具體的、非證券化的實物形態存在，難以通過資本的流動性來實現資源配置的產權。實物型產權交易最根本的缺陷在於無法解決生產要素的不可分性和企業存量資產要求可流動性之間的矛盾，使得產權市場在實現資源配置和產權流動的效率受到較大影響。

首先，產權交易品種以實物資產為主，嚴重影響產權市場的市場化程度，導致企業產權的流動性大大降低，使其通過產權市場進行資產重組和結構調整面臨重重阻礙。其次，實物資產的評估程序複雜，交易雙方存在著嚴重的信息不對稱現象，買賣雙方的數量和參與意願受到影響致使很難實現資產的公平交易。第三，實物資產交易對資本的要求程度較高，參與者多是實力雄厚的法人資本，無法形成對單個資本的吸引力，使社會資本的積聚程度受到影響。

5.2.3.5　市場結構處於人為分割、各自為政的狀態

目前，中國各地的產權交易機構已達270多家，數量眾多造成了大部分產權交易機構市場規模普遍偏小，服務的對象一般僅限於本地區內部的各類企業產權的轉讓，輻射範圍狹窄。據相關年份《中國產權市場年鑒》，從2005—2008年中國產權交易按地域分佈情況來看，本地交易總體占比在79%左右，區域內產權交易占據了最主要位置。

各地產權交易所一般是根據各地方政府的需要和對產權交易市場的理解，從上到下，以中心城市為基礎自發組建起來的，從管理體制上來說具有鮮明的屬地特性，實際上處於人為分割、各自為政的狀態，具有明顯的非統一市場體系結構特點。

這主要表現在：第一，從主管部門來說，各地產權交易機構的主管部門共

分為國資委、發改委、財政局、科技廳、工商局以及投資管理公司等幾種部門，市場封閉現象嚴重。第二，從信息交流來說，各地產權市場封閉的特性造成信息溝通渠道不暢，並且各地信息披露的形式、範圍、標準不同等現象也造成各地產權市場信息共享困難、信息反饋失靈以及資源難以有效配置。第三，從交易制度來說，各地產權市場都根據本身的實際情況制訂了不同產權交易規則、制度，使得跨區域的產權交易較難實現。即使是在共同市場內部，如以天津產權交易中心組建的北方產權共同市場，實際上也由於上述原因而處於一種內部分割狀態。

5.2.3.6 缺乏統一監管

雖然各有關省市相繼出抬了一些有關產權交易的法規、政策，明確了產權交易市場的範圍、原則，以及市場的法律地位、設立條件等，但不夠全面。至今還沒有一部全國性的產權交易法律、法規。2004年2月1日開始實施的《企業國有產權轉讓管理暫行辦法》雖對國有產權轉讓進行了規範；但產權交易市場不僅有國有產權，也有民營產權；既有監管機構，也有仲介機構。因此，對整體產權交易市場而言，此辦法仍無法涵蓋。產權交易過程中的所涉及的關於資產、債務、稅收處理以及人員安置等方面的問題還沒有明確的法律規定，造成產權交易更多需要還要依賴政府主管機關的行政力量和審批制度，不符合規範的市場經濟要求，變相增加了產權交易雙方不可預知的交易成本。

目前各地產權交易所基本是由地方金融管理辦公室進行管理，中央政府並未像監管證券市場那樣設立全國性產權交易監管機構。政府權力及利益的「條塊分割」直接決定了產權交易市場的相對割據和封閉性。然而由於產權交易自身的開放性，交易業務可能跨地區、跨國家，一旦涉及跨區域性交易，地方性法規的效力無法溯及，因此造成產權交易方必須付出更多的交易成本來克服這種差異性。中央缺乏統一全國性產權交易監管機構，使各地的產權交易市場發育很不平衡，致使各地的產權交易活動缺乏統一的規範和約束，在地方發展經濟的衝動下，交易市場的高風險行為時有發生。這可以說是產權交易市場未能健康順利發展的一個關鍵性缺陷。

5.2.4 產權交易所與金融資產交易所的聯繫與區別

產權交易所的業務主要分為三個層次：第一是職能性業務；第二是增值性業務；第三是開拓性業務。職能性業務包括提供產權交易平臺，行使國資委委託的對國有資產產權轉讓的管理職能；依法審查產權交易主體的資格和交易條件，對符合交易規定的出具產權交易憑證。產權交易所可以針對各管理環節收

取一定的管理費用。增值性業務包括對企業改制、企業重組併購、上市、項目融資等諮詢服務，收取諮詢費用。開拓性業務如開展股權託管業務、股份的拆細和連續交易業務，以希望突破現有產權交易所的運作模式。

1991年8月，鄧小平同志視察南方的談話發表，特別是黨的十四大勝利召開，進一步推進了各地產權交易市場和交易活動發展，推動了產權交易制度的創新。1993年4月，深圳成立產權交易所，並制定了《深圳市國營企業產權轉讓的暫行規定》；1994年4月，上海市農委、體改委、工商局以及郊縣工業局共同發起創建了城鄉產權交易所；天津市也著手籌建產權交易中心，並力圖成為全國產權交易的樞紐。截止到1994年，全國各級產權交易機構已達到200餘家，其中，省級14家，省會中心城市26家，地市級104家，縣級56家。以上海、北京、天津等城市為代表的產權交易市場獲得快速發展。以上海、北京、天津等城市為代表的產權交易市場獲得快速發展。

金融資產交易所，主要從事金融資產的營銷、公告和交易，提供從登記、交易到結算的全程服務，為持有各類金融資產的客戶及需求客戶創造互利融通價值。金融資產交易所的主要交易對象有股權、債權、物權等，具體包括金融企業股權、信貸資產、信託產品、債權產品、私募股權等產品。

自從2009年金融資產交易所的概念和形態推出以來，各地都開始積極推動當地金融資產交易所的建設，並以此作為建設金融中心城市的重要舉措。截止到2013年年底，全國各地相繼成立了十多家金融資產交易所，如天津、北京、深圳前海、大連、武漢、重慶、河北、安徽、四川等。其中以北京、天津、深圳前海和重慶金融資產交易所最具典型特色。金融交易所是金融資產交易市場的重要基礎建設，是金融基礎資產的流轉平臺，真正的金融創新應該集中在提高資產的流動性上，而交易所的核心目標就是為資產的流動性提供一個公開市場平臺。

產權交易所、金融資產交易所並列為場外交易市場的基礎市場，都是多層次資本市場建設中場外市場的重要組成部分。不過，雖然產權交易所與金融資產交易所都是資金融通的平臺，但其交易載體各不相同，進而交易方式也有所不同。產權交易所的交易載體主要包括物權、債權、股權、知識產權等；金融資產交易所交易載體為金融機構股權、金融產品以及金融類衍生服務。產權交易所的交易方式更為低成本高效率；金融資產交易所的交易方式由於受法律限制而更為傳統，不過，由於金融資產交易所的產品種類更為豐富，其交易方式也更具可變性。

總體看來，產權交易所的交易方式及制度設計更貼近市場需求，而金融資

產交易所的產品種類及融資方式更為豐富，能在更廣的範圍內滿足市場需求。因此，長遠看來，產權交易所與金融資產交易所存在相互補充、相互融合的趨勢。

5.3 金融資產交易所存在的理論前提

5.3.1 金融資產交易所的定義

金融資產交易所，即金融資產交易的專業平臺，主要從事金融資產的營銷、公告和交易，提供從登記、交易到結算的全程式服務，為持有各類金融資產的客戶及需求客戶創造互利融通價值。金融資產交易所的主要交易對象有股權、債權、物權等，具體包括金融企業股權、信貸資產、信託產品、債權產品、私募股權等產品。

5.3.2 金融資產交易所的作用

5.3.2.1　有助於完善中國多層次金融市場結構

改革開放以來，中國在經濟體制轉型的道路上不斷摸索前行。十六屆三中全會《關於完善社會主義市場經濟體制若干問題的決定》中首次提出「建立多層次的資本市場體系」。2004 年，國務院發布《關於推進資本市場改革開放和穩定發展的若干意見》，多層次資本市場體系建設成為關注焦點。截止到目前，中國多層次資本市場體系建設已經初見成效，如圖 5-1：

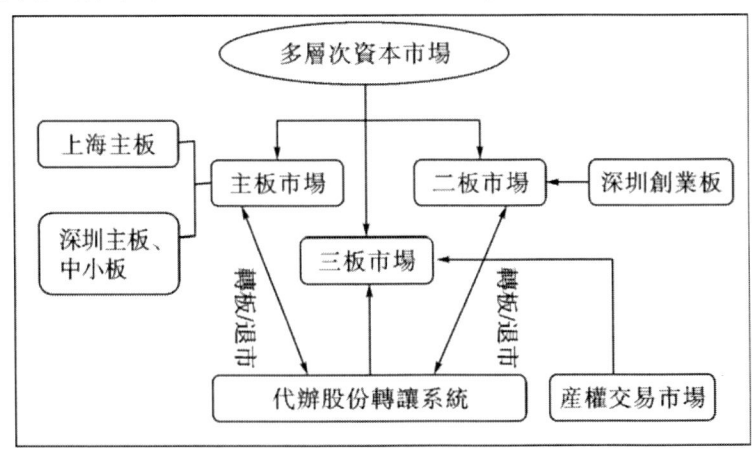

圖 5-1　中國多層次資本市場示意圖

其中主板市場是證券交易所市場，主要為大型、成熟企業的融資和轉讓提供服務；二板市場又稱為創業板市場，為在主板之外的處於幼稚階段中后期和產業化階段初期的中小企業及高科技企業提供資金融通的股票市場；三板市場又稱為場外市場、櫃臺交易市場或 OTC 市場，主要解決企業發展過程中處於初創階段中后期和幼稚階段初期的中小企業在籌集資本性資金方面的問題，以及這些企業的資產價值（包括知識產權）評價、風險分散和風險投資的股權交易問題。而現存的場外交易市場雛形主要包括兩個部分：代辦股份轉讓系統（包含老三板和新三板）以及分佈在全國各地的產權交易市場。

但是目前中國的金融資產中仍還有很大部分是具有交易屬性但沒有公開平臺支持的。這一部分包括應收帳款、應收票據、貸款墊款和其他應收款項等。據不完全統計，中國除滬深兩個證券交易所和債券市場之外，僅有百分之一的金融資產實現了公開市場交易，還有百分之七十三的潛在金融資產交易需求。對於這種巨額的金融資產交易需求，北京、天津、重慶已經成立了金融資產交易所，上海、深圳分別成立了信貸資產交易中心、信貸資產交易轉讓平臺，全國部分省市的產權交易所亦有一定數額的金融資產交易。這些交易所屬於場外交易市場。從國外經驗來看，場外市場是整個金融市場中發展空間最大的市場層次，也是整個金融市場的基礎。其建立和發展有利於補充和完善中國多層次金融市場結構。

5.3.2.2 提高金融資產的流動性

金融交易所是金融資產交易市場的重要基礎建設，是金融基礎資產的流轉平臺，真正的金融創新應該集中在提高資產的流動性上，而交易所的核心目標就是為資產的流動性提供一個公開市場平臺。

20 世紀 60 年代至今，西方發達國家金融業在金融機構、金融產品等各個方面進行了大量創新，最具有代表性的是在產品創新上，創造了歐洲美元、銀行商業票據、可轉讓提款通知書帳單（NOW）等上千種形式的金融創新產品，最大限度地刺激了資本的流動性。反觀中國，金融創新還處在起步階段，金融創新主體缺位，創新的內在動力不足；金融工具傳統、單一，國際上已被大量應用的債券類、資產管理類、表外業務創新工具在國內尚未得到合理應用。金融創新程度的不同導致了金融機構、企業融資方式的不同。例如，外資金融機構通過促進資產的流動性，進而提高整個公司資產的收益率，獲取企業的利潤。而中國的金融機構主要依靠不斷擴大規模來實現利潤的增長。因此，對於中國經濟、金融來說，真正的金融創新應該集中在提高資產的流動性上，而交易所的核心目標就是為資產的流動性提供一個公開市場平臺。讓國內金融資產

正式進入「交易所時代」，讓金融資產交易更加透明、陽光，一定程度上防止了過去因私下協議帶來的暗箱操作、利益輸送現象。

就中國的金融基礎資產流轉市場而言，金融資產交易所的出現也給這個流轉市場帶來了變化，即將分散的市場轉變為集中的市場；將區域性的市場轉變成全國性統一市場；將非公開的市場轉變為公開市場；將線下市場轉化為線上網絡電子市場。在區域、產品、交易方式以及投資者範圍等方面挖掘拓展了提高金融資產流動性的可能。

3. 有助構建區域金融共同市場

從地區發展構想以及區域經濟發展的角度，除了定位於全國性金融中心的北京、上海以及香港之外，各個區域之中也有城市提出了區域金融中心的設想，即東北地區金融中心的沈陽、大連；西北地區金融中心的西安；西南地區金融中心的重慶和成都；中部金融中心的長沙、鄭州和武漢；華南地區金融中心的深圳和廣州；長江三角洲地區金融中心的杭州、南京。各個城市之間的競爭比較激烈，各地區都湧現出了一股建設金融中心的熱潮。但是，金融中心的形成不是一蹴而就的，而是由當地金融機構的發展促進而成。

金融資產交易所通過提供專業化交易和金融產品創新服務，促進區域金融市場的發展；通過有形市場，引領信貸、信託、保險、租賃、私募基金等金融創新服務區域經濟發展；靈活高效、綜合運用各種金融工具，為政府重大項目提供融資安排與招商服務。

4. 有助於金融資產的規範交易

金融資產交易所作為金融資產交易的公共平臺，在交易流程、交易規則、信息披露方面都有較為系統的規定，能在很大程度上規避金融風險。並且，鑒於金融資產存量龐大、交易需求旺盛，如果不存在金融資產交易所等類似公開交易平臺，市場也會自發形成一些地下交易平臺，這對監管部門開展風險監控活動並無益處。因此，交易所的良好運行與集中監管能夠有效防範金融風險。

2011年11月11日，《國務院關於清理整頓各類交易場所，切實防範金融風險的決定》（38號文）明確表示，除依法設立的證券交易所或國務院批准的從事金融產品交易的交易場所外，任何交易場所均不得將任何權益拆分為均等份額公開發行，不得採取集中競價、做市商等集中交易方式進行交易，從事保險、信貸、黃金等金融產品交易的交易場所，必須經國務院相關金融管理部門批准設立。短期看來，數十家交易所將面臨清牌的命運，但從長遠來看，國務院對交易所的清理整頓能夠讓整個市場更規範、更安全，符合規定的交易所在一個逐漸完善的法規環境中也能得到更好的發展。由此也可看出，金融資產交

易所的存在，能夠為金融資產交易提供有效的途徑和規範的服務。

5.3.3 金融資產交易所的產品

歸納起來，金融資產交易所主要經營五類產品。一是不良金融資產營銷、公告、交易；二是金融企業國有資產營銷、公告、交易；三是信貸資產（含普通信貸及銀團貸款、票據、信託產品、租賃產品等）的營銷、公告、交易；四是在基礎資產上開發的標準化金融產品和金融衍生產品交易；五是其他標準化金融創新產品的諮詢、開發、設計、交易和服務。下面對金融資產交易所的部分產品進行市場需求分析。

5.3.3.1 票據交易

票據收益權轉讓交易，是指非金融企業持有的票據資產通過貼現或以票據收益權轉讓為形式進行的融資行為。目前非金融企業票據融資，主要是通過向商業銀行貼現的方式解決，票據貼現利率受商業銀行信貸規模的影響，波動較大，並不能真實反應實體經濟的短期融資需求變化。

票據收益權轉讓交易，採用商業銀行驗票、託管托收等對票據安全進行全面風險控製，使得非金融企業短期融資需求除商業銀行貼現渠道外，和合格投資者資金實現合法、低風險、低成本的對接配置，能更方便快捷地滿足中小企業短期融資需求，有利於發現實體經濟短期資金市場價格。

5.3.3.2 前置委託交易

擔保資產處置前置委託交易（簡稱「前置委託交易」）是指對於提供了擔保資產的貸款，有關擔保資產的處置，從貸款逾期違約後的司法訴訟方式，前置為貸款發放之前的擔保財產所有人、貸款人三方委託交易方式。約定擔保財產所有人在貸款逾期時，全權委託貸款人作為委託交易的授權代表，通過交易所公開轉讓擔保資產，並按照委託交易協議的約定優先取得轉讓價款用於償還貸款本息，如有剩餘價款，由交易所退還給財產所有人。

現有的擔保資產主要通過司法處置方式變現，再將處置價款用於償還貸款本息。這種處置方式存在處置週期長、成本高、收益低、參與各方當事人利益均受損的現實困局。

通過將擔保資產處置前置為貸前委託交易方式，能夠在公平、公正、公開的交易制度保障下，以最少的費用、最友好的方式，快速、有效滿足債權人的現金回籠需求，滿足擔保資產所有權人保護和實現資產商業價值需求，公允地實現融資各方的商業利益。

5.3.3.3 股權交易

股權交易包括金融國有資產交易和私募股權交易兩大業務模塊。金融國有

資產交易為各大商業銀行、證券公司、保險公司、資產管理公司、信託公司等金融機構提供包括金融國有股權轉讓、不良資產處置以及併購貸款等各類金融服務。

私募股權交易主要包括為中國私募股權基金的投資人（LP）提供基金份額轉讓服務以及為基金管理人（GP）提供所持有未上市企業股權轉讓服務的私募股權二級市場交易服務。此外，還可以為私募股權基金提供募資以及項目推薦等增值服務，並為其他投資人轉讓所持有的未上市企業股權提供服務。

股權交易業務的開展，將以搭建完善的股權交易信息披露系統為基礎，充分發揮交易所匯聚資源的優勢，整合買賣雙方和仲介機構的交易信息，通過定向披露、分級披露為市場參與者提供了高效率的信息交互平臺。同時，交易所將組織交易雙方和仲介機構共同議價，以協議定價或者競價等方式幫助交易雙方確定交易價格，有效促成交易。

5.3.3.4 供應鏈金融交易

供應鏈金融交易是指以產業鏈金融服務為核心的投融資交易服務產品。即在貿易基礎上提供基於供應鏈的金融服務，具體包括信用證收益權轉讓、保理收益權轉讓、代理同業委託付款業務等應收帳款管理和融資業務。通過供應鏈金融融資產品交易，不僅實現了應收帳款的迅速回籠，使資金流轉效率大幅提高，而且還解決了下游分銷體系的融資難問題，使分銷商能夠以充沛的現金流支持自身的建設，促進產業發展。

5.3.3.5 融資租賃收益權轉讓

融資租賃收益權轉讓，是指融資租賃公司之間通過金交所對已形成的租賃債權的收益權進行轉讓的行為。融資租賃資產證券化是指將融資租賃公司已形成的租賃債權，通過打包、分層、拆細等方式進行機構化和證券化，引入包括私募基金、投資公司、資產管理公司等在內的各類合格投資人後，金融資產交易所作為投資人提供二級市場交易安排的行為。

融資租賃資產證券化業務相對於融資租賃收益權轉讓業務更為複雜，但同時由於交易標的的標準化，其二級市場也更為活躍。開展融資租賃收益轉讓業務及資產證券化業務，有助於解決目前融資租賃公司資金來源不足的問題，進而可發揮融資租賃公司支持實體經濟、服務中小企業的特點，加強兩岸地區經濟合作，強化金融服務實體經濟的能力。

5.4 國內現有金融資產交易所概述及發展現狀

5.4.1 嚴格監管下的金融資產交易所

2011年11月,國務院發文《國務院關於清理整頓各類交易場所,切實防範金融風險的決定》(國發〔2011〕38號),並要求成立以中國證監會為牽頭單位的「清理整頓各類交易場所部際聯席會議」,領導組織清理整頓工作。2012年7月,國務院辦公廳再次下發《國務院辦公廳關於清理整頓各類交易場所的實施意見》(國辦發〔2012〕37號),進一步明確政策界限、措施和工作要求,對清理整頓範圍、清理整頓政策界限、清理整頓工作安排、審批政策及清理整頓工作要求做了更為細緻的規定和說明。

文件規定,除依法設立的證券交易所或國務院批准的從事金融產品交易的交易場所外,任何交易場所均不得將任何權益拆分為均等份額公開發行,不得採取集中競價、做市商等集中交易方式進行交易;不得將權益按照標準化交易單位持續掛牌交易,任何投資者買入后賣出或賣出后買入同一交易品種的時間間隔不得少於5個交易日;除法律、行政法規另有規定外,權益持有人累計不得超過200人。除依法經國務院或國務院期貨監管機構批准設立從事期貨交易的交易場所外,任何單位一律不得以集中競價、電子撮合、匿名交易、做市商等集中交易方式進行標準化合約交易。從事保險、信貸、黃金等金融產品交易的交易場所,必須經國務院相關金融管理部門批准設立。為規範交易場所名稱,凡使用「交易所」字樣的交易場所,除經國務院或國務院金融管理部門批准的外,必須報省級人民政府批准;省級人民政府批准前,應徵求聯席會議意見。未按上述規定批准設立或違反上述規定在名稱中使用「交易所」字樣的交易場所,工商部門不得為其辦理工商登記。

隨著清理各類交易所工作的結束,各類要素交易市場將進入快速規範的發展階段。金融資產交易所的建立也能夠在現有框架下有條不紊地進行。

5.4.2 金融資產交易所的發展

金融資產交易所(以下簡稱「金交所」)的誕生不僅是自上而下的經濟體制轉變以及金融體系改革發展的產物,更是由下而上的金融資產交易市場需求的體現。因此,金交所的設立通常有兩種途徑,一是地方政府主導,以達到為金融資產提供流動性、促進當地金融體系改革等目的而專門設立;二是從現

有產權交易所的金融資產交易業務衍生獨立出來，成立專業的金融資產交易機構。自從 2009 年金融資產交易所的概念和形態推出以來，各地都開始積極推動當地金融資產交易所的建設，並以此作為建設金融中心城市的重要舉措。截止到 2013 年底，全國各地相繼成立了十多家金融資產交易所，如天津、北京、深圳前海、大連、武漢、重慶、河北、安徽、四川等，具體情況見表 5-2 和表 5-3。其中以北京、天津、深圳前海和重慶金融資產交易所最具典型特色。

表 5-2　　　金融資產交易所及成立時間（截止到 2013 年底）

成立時間	交易所名稱
2010 年 5 月 21 日	天津金融資產交易所
2010 年 5 月 30 日	北京金融資產交易所
2010 年 12 月 29 日	重慶金融資產交易所
2011 年 4 月 07 日	深圳前海金融資產交易所
2011 年 6 月 02 日	大連金融資產交易所
2011 年 6 月 30 日	河北金融資產交易所
2011 年 9 月 30 日	武漢金融資產交易所
2011 年 9 月	陸家嘴金融資產交易所
2011 年 11 月	海峽（漳州）金融資產交易所
2011 年 8 月	中國平安西雙版納金融資產商品交易所
2011 年 10 月	四川金融資產交易所

表 5-3　　　　　　　　主要金融資產交易所情況

	建立時間	註冊資本	股東	主要產品	服務範圍
天津金融資產交易所	2010-5-21	1568 萬元	中國長城資產管理公司和天津產權交易中心	不良金融資產、金融企業國有資產、信貸資產、金融衍生產品交易等	全國
北京金融資產交易所	2010-5-30	3 億元	北京產權交易所、信達投資有限公司、北京華融綜合投資公司等	不良金融資產、金融企業國有資產、信託產品、債券產品、私募股權、黃金交易等	全國

表5-3(續)

	建立時間	註冊資本	股東	主要產品	服務範圍
安徽金融資產交易所	2010-7-27	-	安徽產權交易中心	各類金融資產政策諮詢、項目策劃全過程服務、信貸資產、金融衍生產品及創新產品的開發、設計、交易和服務	安徽
重慶金融資產交易所	2010-12-29	3500萬元	重慶股份轉讓中心等	信貸、信託資產登記轉讓、企業應收帳款流轉、小額信貸資產收益權產品等	重慶
深圳前海金融資產交易所	2011-4-7	-	深圳聯合產權交易所	不良金融資產、金融企業國有資產以及其他金融產權轉讓交易、金融投資品種、資產支持類產品、投資銀行服務業務等	深圳
河北金融資產交易所	2011-6-30	-	-	金融企業資產轉讓、債權轉讓、股權轉讓、地方金融機構改制、增資擴股服務	河北
陸家嘴國際金融資產交易市場	2011-9	4-2億元	中國平安集團	中小企業貿易融資交易、創新類的金融產品	上海
武漢金融資產交易所	2011-9-30	1-2億元	武漢經濟發展投資（集團）有限公司等	不良金融資產、金融企業國有資產、信貸資產、金融衍生產品、中小企業集合票據等	湖北及中部
四川金融資產交易所	2011-10-19	1億元	成都投資控股集團有限公司、西南聯合產權交易所有限公司	為債務融資提供融資信息掛牌披露服務；非金融企業的票據、信用證融資提供信息披露、PE及控股	四川及西部

表5-3(續)

	建立時間	註冊資本	股東	主要產品	服務範圍
海峽(漳州)金融產權交易中心有限公司	2011-11-16	1.25億元	福建漳龍實業有限公司、西安投資控股有限公司、北大PE投資聯盟等	債權、股權融資轉讓、資產管理業務、投資銀行業務等	兩岸四地

數據來源：各交易所官方網站

5.4.2.1 天津金融資產交易所

(1) 交易所簡介

2008年3月，國務院批復《天津濱海新區綜合配套改革實驗總方案》，要求把金融改革創新作為首要任務，提出在濱海新區進行金融企業、金融業務、金融市場和金融開發等方面的「先行先試」，將天津推到了金融創新的前沿。在此背景下，天津金融資產交易所有限責任公司（以下簡稱天津金交所）經財政部和天津市人民政府共同批准，由中國長城資產管理公司和天津產權交易中心共同出資組建的中國第一家全國性金融資產交易平臺，雙方出資比例分別為51%和49%。於2010年5月21日註冊設立於天津濱海新區於家堡中心商務區，6月11日正式揭牌營運。

天津金交所建設和發展的目標是建設一個統一的、專業化的、獨立公開的金融資產流轉市場。天津金交所定位為「立足天津、覆蓋全國、服務全球」的中國最大的金融資產交易市場。其經營範圍多樣化，包括不良金融資產、金融企業國有資產、信貸資產、標準化金融產品和金融衍生產品，以及其他標準化金融創新產品的諮詢、開發、設計、交易和服務。

作為中國第一家覆蓋全國的金融資產交易平臺，天津金交所全力打造具有天津金融資產交易所特色的「三鏈、四化、五覆蓋」的經營理念：「三鏈」指逐步建立並完善產品鏈、業務鏈、價值鏈；「四化」指管理要實現制度化、規範化、專業化、標準化；「五覆蓋」指要在全國範圍內形成服務機構、交易系統、結算系統、交易信息、會員客戶的全面覆蓋。

作為中國四大金融資產管理公司之一，長城資產管理公司成立之初的主要任務是收購、管理和處置國有銀行剝離的不良資產。現今作為天津金交所控股股東，其全國性覆蓋優勢必為天津金交所共享。而且天津所於2012年與中國農業銀行簽署戰略合作協議，並共同推介了2013年的11宗抵債資產及99宗金融資產，總額約69億元。借助長城公司和農業銀行，天津金交所目前已初

步形成了獨有的五大競爭優勢。

第一，在全國範圍內建立了直屬金融交易所的 3 個地區總部、28 個交易服務部（包含香港地區），涉及除西藏以外的全部省市區，實現了服務機構全國覆蓋；

第二，在全國範圍匯集了一批國內外頂級的專家、學者、高級管理人員及金融、法律、財務的專業人才，有超過 100 名經過嚴格培訓的交易業務員為客戶提供服務；

第三，在全國範圍內擁有了包括 1.1 萬餘家金融機構以及拍賣、評估、法律、財務等仲介機構在內的投資者會員，實現了客戶全國覆蓋；

第四，創造性地制訂並發布了獨立的十大交易規則，內容涉及不良金融資產交易、金融企業國有資產交易、信貸資產交易、會員等；開發建設了包括項目營銷系統、交易掛牌系統、受讓登記系統、競價系統、會員服務系統在內的五大交易系統，確保了金融交易所各項業務的有章可循和平穩運行；

第五，依託金融不良資產和金融企業國有資產等基礎產品，致力於創新產品的研究開發和市場建設。已建成了包括不良金融資產、金融企業國有資產、司法資產、信貸資產、信託資產等在內的十大類全國性基礎金融資產市場和金融產品市場。

（2）交易規則

交易所與一般市場區別在於更為重視規則的作用與應用，可以通過統一的「規則」來約束交易行為，從而統一市場，擴大市場邊界，讓交易在更為廣泛的範圍內進行，讓交易更具有公信力。世界上各大交易所從一開始就為市場的參與方制定了詳細的規則，用於約束信息披露、交易、結算、會員管理、風險控製等行為。比如：紐約證券交易所的上市規則，對上市企業的公司治理結構、公眾持股情況、淨利潤、現金流等進行了嚴格的規定；位居世界第二的東京證券交易所最基本交易規則是市場集中交易原則和現貨買賣的原則，把盡可能多的有價證券買賣集中於證券交易所交易（部分債券例外），旨在達到形成公正價格，且只進行現貨交易，不準進行期貨交易。各大交易所的規則都在發展過程中不斷修正和完善，彌補自身存在的漏洞，使規則更具有公正性，能夠為市場參與者創造更好的交易環境。

天津金交所成立以來，收集和研究國際和國內各大交易所的交易規則及相關法律文件，獨立研發並公布了公司製的交易所規則體系，主要包括十大交易規則，內容涉及不良金融資產交易、金融企業國有資產交易、信貸資產交易、會員服務等方面。

天津金交所是全國性的交易所，分支機構覆蓋全國，因此，其所制定並發布的交易規則體系也是面向全國的，適用於全國的分支機構。每類金融資產的交易都必須遵守對應的、統一的交易規則，不因地域不同而不同，不因買賣參與方的不同而不同，做到了在全國範圍內統一市場、統一交易規則。天津金交所通過交易規則的統一，為全國的投資者建立了更加公平、透明的交易環境，促進了全國金融資產交易市場環境的改善。

（3）交易模式

①開創了遠程網絡電子競價交易模式

天津金交所依託覆蓋全國的專線網絡，開發並成功運作了遠程網絡電子競價交易模式，打破了地域限制，顯著降低了跨地域交易的成本，為競買方創造一個更加公平、透明的競爭環境，有效避免了尋租行為，最大程度地發現資產的真實價值。

相比拍賣、招投標這兩種傳統的競價模式，遠程網絡電子競價具有非常突出的優勢，如下表5-4所示：

表5-4　　　　　　　　　　三種競價模式的優劣勢比較

比較因素	拍賣	招投標	遠程網絡電子競價
地域性限制	無法突破地域性限制，只能在固定的場所進行	無法突破地域性限制，只能在固定的場所進行	突破了地域限制，競買方可以通過專線網絡異地競價
人為因素干擾	現場人為因素影響較大： 1. 拍賣師語言及行為的引導性； 2. 拍賣現場氣氛的影響競價者的判斷力； 3. 競爭對手同處一室，在情緒上相互影響； 4. 競爭對手相互知情，可能會有意串標、壓價	現場人為因素影響較大： 1. 容易出現尋租現象，招標方與競買方可能合謀； 2. 競買方相互知曉，可能圍標串標； 3. 招投標現場打分，評分的結果人為參與因素較大	人為因素降至最低： 1. 多個競買方相互不見面，不會互相影響，也不會相互串標； 2. 每個競買方占據一個單獨的競價室，不受現場氣氛的影響； 3. 競價過程完全實現電子化操作，科學可信
競價方式多樣性	多數採用多輪報價的方式	多數採用一次性報價的方式	擁有一次報價、多次報價、多輪次報價、權重報價等多種方式

表5-4(續)

比較因素	拍賣	招投標	遠程網絡電子競價
交易安全性	現場交易，基本不存在技術上的風險	現場交易，基本不存在技術上的風險	1. 通過專網專線進行操作，安全性較高，技術風險很小；2. 如出現網絡或系統故障，可以迅速啟用應急方案，保證競價過程的有效；3. 如交易的安全性的確出現問題，由金融交易所承擔造成的經濟責任
交易成本	1. 拍賣行提取一定比例的手續費，相對較高；2. 必須現場參與，競買人需承擔較高的差旅成本	1. 轉讓方需要組織招標會，要承擔租用場地、聘請專家等費用；2. 必須現場參與，競買人需承擔較高的差旅成本	1. 通過遠程網絡競價，突破了地域限制，相比而言交易成本最低；2. 不須現場參與，競買人不需承擔任何差旅成本

　　2010年6月26日，通過天津金交所遠程網絡交易平臺，福州金龍地產有限責任公司掛牌項目經過30輪次的遠程競價正式成交，最終項目增資率高達27%。這標誌著中國第一筆不良金融資產遠程網絡電子競價項目成功交易。此后，在半年時間裡，天津金交所又先后成功運作了20多筆遠程網絡電子競價項目，平均增值率達到16%以上。2012年3月28日，位於山東省濟南市的一筆製造工業企業不良金融資產通過天津金融資產交易所遠程網絡電子競價交易，最終增值率達220%，不僅刷新了山東省地區不良資產的增值記錄，也創下了天津金交所2012年開年以來最大的資產增值記錄。

　　遠程網絡電子競價交易模式徹底打破了中國金融資產交易傳統方式的局限性，為真正實現中國金融資產公開、公平、公正交易創造了條件，為實現中國金融資產競價交易的遠程網絡電子化開闢了一條新路。

　　②獨立研發了權重電子競價交易系統

　　天津金交所吸收了先進的權重報價理念，開發完成了權重電子競價交易系統，開創了中國權重報價交易模式的先例。權重式電子競價是指在產權轉讓過程中，針對價格不作為唯一因素的特殊項目，採用權重評分的方式來決定購買人的電子競價交易形式。

　　採用權重電子競價交易模式，競價過程中，除了價格因素外，引入更多綜合性的「非價格」指標，比如：競買人基本情況、綜合能力、職工安置意見、環境保護方案、對項目特殊約束的實施意見、發展規劃等要素，其中發展規劃

包含有新企業組織結構、產品開發、資金投入、中長期發展計劃等內容。一要根據上述不同指標的重要程度，對徵集到的競買人的「非價格」實力進行評定評分，得出各個競買人的「非價格」權重分；二要由計算機競價系統根據各個競買人的出價得出「價格」權重分；最后，電子競價系統結合「非價格」權重分與「價格」權重分計算出「綜合權重分」，高分值者即勝出。

選擇權重式電子競價一方面能為投資者提供更多的便利和更為周到的服務，一方面能夠為特殊項目交易提供更綜合、更有意義的評價方式，選擇最佳買受方。權重報價交易系統的應用，成為交易模式的又一次重大創新。

（3）業務開拓創新

天津金交所依託金融不良資產、金融企業國有資產和信貸資產（票據、保理、信託資產和租賃資產）等基礎資產，致力於產品創新的研究開發以及交易市場建設，已經在產品開發與業務拓展方面取得了重大突破。2012年6月20日，天津金融資產交易所面向全國31個省市發布了司法資產交易、信貸資產交易和信託產品全國性交易市場3個全新交易板塊，截止到2013年6月，已建成了包括不良金融資產、金融企業國有資產、司法資產、信貸資產、信託資產等在內的十大類全國性基礎金融資產市場和金融產品市場，累計成功轉讓項目5700多宗，累計成交額超過9572億元，其中形成競價交易400多宗，競價溢價率平均達25%。這已經成為全國金融資產最集中的金融交易平臺。

①信貸資產

據統計，截止到2012年年末，中國金融資產總量約160萬億元，其中銀行的金融資產有133萬億元，占了金融資產的80%以上。國內的信貸資產證券化由於規模小、制度不健全等原因，流動性不高，這些巨額的存量金融資產會產生巨大的市場交易需求。金融交易所信貸資產二級市場公開轉讓交易平臺的建立，將有效推動解決中國信貸資產市場存在的交易渠道不暢等問題。2010年7月，天津金交所陸續實現三單信貸資產掛單，成為全國第一個在公開市場掛單轉讓信貸資產的交易平臺；8月30日，有兩筆資產、總金額為2.5億元的信貸資產在天津金交所成功轉讓，使得天津金交所成為全國第一家實現公開二級市場交易信貸資產的交易平臺。

2013年銀監會發布8號文件《關於規範商業銀行理財業務投資運作有關問題的通知》，劍指銀行理財產品投資非標準化債權資產的行為，要求做到資金來源運用「一一對應」，並提出了限額管理原則，以資產規模約束銀行理財業務的擴張風險。8號文的出抬，不僅對銀行業產生巨大影響，也制約著金融資產交易所相關業務的擴張。去資產化成為金融發展的必需之路。目前已有多

家銀行委託天津金交所設計金融產品，尋求實現真正的表外業務。

②基金與投融資項目對接

天津金交所於 2011 年 6 月 10 日正式發布了「基金與投融資項目對接」板塊，目前在金融交易所掛牌的基金共 410 只，投資規模達 2000 億元；掛牌的融資項目共 1027 個，融資規模約 310 億元。金融交易所掛牌的基金和融資項目均來自於全國範圍，涉及的投融資規模也處於全國領先地位。

當前中國的私募股權投資、創業投資面臨著前所未有的發展機遇，一方面，企業融資難問題突出，中小企業和民營經濟面臨發展的資金瓶頸；另一方面，全球的 PE、VC 和投資管理公司聚焦中國，帶來了急需的資金支持。但由於信息不對稱，一直處於項目找資金難、資金找項目難的困局。而天津是中國的 PE 中心，全國共 1200 多家 PE、VC 及基金公司，其中有近 1000 家註冊在天津，因此天津金交所建立全國最大的基金與投融資項目對接平臺具有天時地利的優勢並極具戰略意義。

③融資租賃資產

天津金交所於 2011 年 6 月 10 日正式發布了「融資租賃資產全國性市場」版塊，隨著租賃資產交易全國性市場的打開，在天津金交所掛牌交易的租賃資產已經達到 1015 個，涉及金額達 1000 億元。

建立融資租賃資產交易平臺市場是金融服務體系的需要，中國的租賃資產流通一直缺乏一個統一、公開的全國性市場，金融交易所致力於打造客戶最集中、資產最豐富、交易最活躍的融資租賃資產交易全國性市場，促進全國租賃資產的流通，提高租賃資產的流動性，拓寬租賃行業融資渠道，完善金融市場融資功能。

截止到 2010 年年底，全國各類融資租賃公司近 200 家，註冊資金合計超 800 億元人民幣，其中金融租賃公司註冊資金 455 億元，潛在租賃資產承載能力高達 1 萬億人民幣以上。到今年 3 月末，天津市註冊租賃公司 31 家，註冊資本金 263 億元，融資租賃合同余額超過 1700 億元，約占全國的四分之一，隨著租賃業的迅速發展，其有望成為金融貸款后的第二大融資渠道。

(4) 發展特點

相比於其他金融資產交易所，天津金融資產交易所的註冊資本僅為 1568 萬元人民幣，有可能成為發展瓶頸，但天津金融資產交易所仍然存在區位優勢。依據國家發展和改革委員會批復的《天津濱海新區綜合配套改革試驗金融創新專項方案》成立，該文件明確提出支持天津產權交易中心和北方產權交易共同市場充分發揮作用，爭取設立國家金融資產轉讓和知識產權轉讓市

場。因此可以充分利用濱海新區先行先試的政策優勢及扶持措施，圍繞北方國際金融中心開展業務。

根據其主頁2014年8月的公布的交易掛牌即時行情，值得注意的是，之前仍然在交易業務範疇的金融企業國有資產交易並沒有任何掛單，各項業務比例如圖5.2所示：

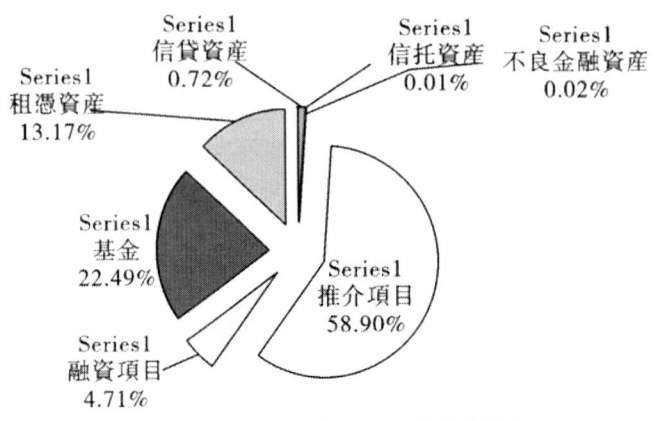

圖5-2 天津金融資產交易所業務構成

天津金融資產交易所最初的不良金融資產及金融企業國有資產交易等傳統業務基本不再成為主流產品，而新產生的信貸、信託、基金、租賃等創新型業務，並已初具規模，推介項目類業務則占據著大部分比重。從其公司發展戰略中得知，天津金融資產交易所的創新業務不限於此，還包括中小企業貸款及保險產品，戰略計劃試圖將天津金融資產交易所的業務繼續拓展，使其成為一家在綜合性上有明顯優勢的金融資產交易所。實際在天津金融資產交易所掛牌的交易品種共3855.89億元，而價格、交易具體形式仍待具體確定，具有較大靈活性的推介類業務佔有5520.64億元，在所有金融資產交易所中明顯具有發展較早，發展速度快的特點。

5.4.2.2 北京金融資產交易所

(1) 交易所簡介

北京金融資產交易所（簡稱北金所）是經北京市人民政府批准設立的專業化金融資產交易機構。北金所採用有限責任公司的組織形式，於2010年5月30日正式揭牌營運。由中國銀行間市場交易商協會、北京產權交易所、信達投資有限公司、中國光大投資公司、北京華融綜合投資公司、華能資本服務有限公司、中債資信評估有限公司共同出資組建，註冊資金2.1億元人民幣。2013年12月，中國銀行間市場交易商協會正式入股北京金融資產交易所，成

為后者的控股股東。

作為中國金融市場化改革的「試驗田」和市場基礎設施，北京金融資產交易所「立足北京、輻射全國、走向世界」，致力打造一個國內一流並具有一定國際影響力的專業化金融資產交易平臺，成為推動中國金融資產有效流動和金融資源合理配置的積極力量。北金所不僅是中國銀行間市場交易商協會指定交易平臺，也是財政部指定的金融類國有資產交易平臺。財政部第54號令《金融企業國有資產轉讓管理辦法》規定，非上市金融企業國有產權的轉讓應當在依法設立的省級以上產權交易機構公開進行，不受地區、行業、出資或者隸屬關係的限制。北金所是目前國內最大的金融國有資產交易平臺，截止到2010年年底，已累計交易各類金融資產3700億元，為金融國有資產的有效流動與保值增值做出積極貢獻。

業務範圍：北金所在籌建之初採用「一個市場、四個板塊」的戰略佈局，下設信貸資產板塊、金融國資板塊、私募股權資產板塊和信託資產板塊四大業務板塊，在北京產權交易所原有金融企業國有資產交易和不良資產交易業務基礎上，積極探索信貸資產交易、信託資產交易、私募股權資產交易等創新業務。2010年底開始，由於國家貨幣政策的變化，北京金融資產交易所的重點業務——信貸資產轉讓業務幾乎停滯。同時，金融國資業務不屬於嚴格意義上的金融業務，偶發性強，波動性大。因此，2011年以來，北京金融資產交易所在信貸資產轉讓業務和金融國資業務這兩大基礎業務尚無形成可觀交易量。

有鑒於此，北京金融資產交易所以金融產品創新抵禦政策變化等因素帶來的風險，2011年上半年推出了委託債權投資計劃產品，創造了巨大的交易量。北京金融資產交易所通過產品的不斷創新，豐富交易所各類金融產品，逐漸擺脫金融國資業務的瓶頸。目前其業務範圍已涵蓋債務融資工具產品發行與交易、金融企業國有資產交易、債權資產交易、信託產品交易、保險資產交易、黃金交易等，並為各類金融資產提供從登記、交易到結算的全程式服務。

截止到2012年9月，每種業務占比大致如圖5-3所示（由於部分項目採取協商定價的方式，並且無估價，故無法確定各個項目成交額比例，只能從近期項目個數略窺端倪）：

圖5-3顯示，目前北金所業務主要由信貸資產項目、金融資產項目（即債權交易）、中小企業收益權項目構成。在業務資質上，北金所是中國銀行間市場交易商協會指定交易平臺；雙方就地方融資平臺資產證券化、私募可轉債、CRM、信託受益權憑證交易、未上市股權詢價系統項目達成正式合作；交易商協會支持北金所參與金融市場產品創新研發，並利用北金所平臺進行創新

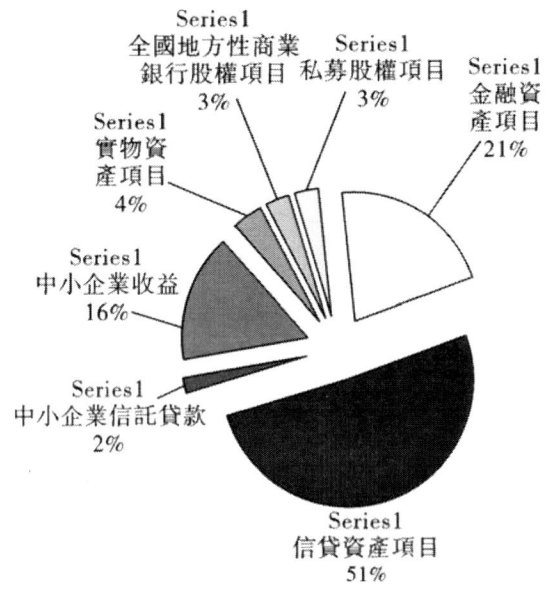

圖中各項目占比：
- Series1 全國地方性商業銀行股權項目 3%
- Series1 私募股權項目 3%
- Series1 金融資產項目 21%
- Series1 實物資產項目 4%
- Series1 中小企業收益 16%
- Series1 中小企業信託貸款 2%
- Series1 信貸資產項目 51%

圖5-3 北京金融資產交易所業務構成

產品與融資工具的發行交易；同時積極引導、鼓勵協會相關會員進入北金所開展相關金融資產交易業務。在2012年6月28日，北京金融資產交易所還與北京產權交易所、北京股權投資基金協會、北京股權登記管理中心共同發起設立了「中國PE二級市場發展聯盟」，力圖在「募、投、管、退」等各環節為PE提供服務。但實質上，目前北金所的相關創新業務卻並沒有很好地開展起來。

（2）打造金融資產超市，助推金融資產高效流動

北金所成立以來，北京農商行120億元不良資產、華夏基金51%股權、信達置業100%股權、國壽債權資產包等重點項目在北金所交易平臺上完成了交易。

委託債權投資交易為北金所根據市場需求開發的一個直接融資創新業務模式，自2011年5月正式上線以來，累計成交額超過9000億元，包括工、農、中、交等國內十多家商業銀行參與了業務交易，為來自製造、採礦、建築、交通運輸、城市公用設施等多個行業的上千家實體企業項目提供了資金對接，且自第一筆委託債權投資項目成交至今，未有一筆到期項目出現風險。

為順應互聯網金融的大數據時代，北金所正在加速打造一個覆蓋各類金融機構和金融資產種類的網上中國金融資產超市——即通過互聯網門戶和互聯網交易手段，將北金所綜合系統平臺上的海量金融產品，與市場上的海量投資人相連接，形成的一個滿足各類投資人對不同金融權益產品及非標、類標金融產

品需求的網上金融市場平臺。金融權益業務包括各類金融股權交易、不良資產交易以及PE產品交易；非標金融產品業務是以委託債權交易為代表，圍繞銀行間非標債權產品進行業務創新與拓展；類標金融產品業務是北金所今后的重要拓展領域，目前正在積極規劃籌備。

①中國金融資產超市功能與定位

中國金融資產超市可追溯到2003年8月，中關村技術產權交易所聯合四大資產管理公司，共同搭建了國內第一家利用產權市場集中處置金融不良資產的專業化平臺——中國金融資產超市。北京產權交易所組建后，成立金融資產交易中心，專業負責中國金融資產超市的營運，為各大商業銀行、證券公司、保險公司、資產管理公司、信託公司等金融機構提供包括金融國有股權轉讓、不良資產處置以及併購貸款等各類金融服務。截至2010年年底，已累計交易各類金融資產3700億元人民幣。2010年5月，北京產權交易所拆分金融資產交易業務，組建成立北京金融資產交易所。具體演變過程如圖5-4所示：

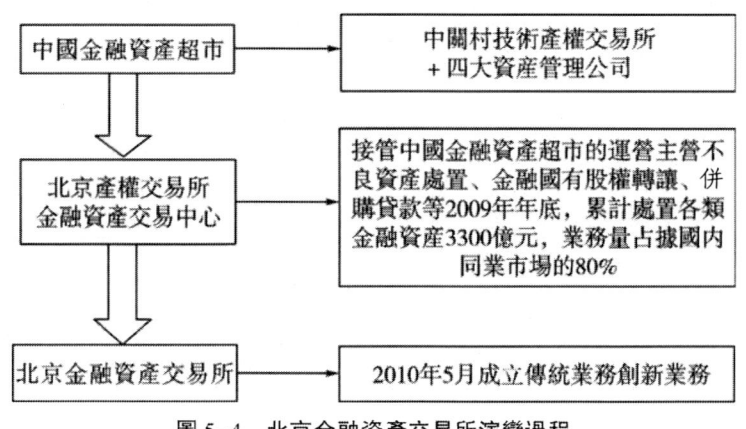

圖5-4　北京金融資產交易所演變過程

中國金融資產超市能夠海量吸納、匯集和處理全國各類金融資產供給和需求資源信息，既體現了以經紀商制度為核心營運模式產生的流動性強、價格形成機制合理的特點，又結合了經常性專門市場處置、集市專場處置和投資銀行處置等多種方式的複合優勢；它是以實現全國各地產權交易市場和銀證交易方式聯網共享為手段，以公平、公開、合理的市場價值發現，實現市場化定價為目的，以合作各方之間激勵約束共擔風險的戰略協作關係為基礎的市場化電子交易系統，具有面對不同類型客戶進行信息優化群發、交易記錄連續持久、項目多點掛牌展示、價格配對撮合、權益關係服務遞轉等功能，是全國第一個利用專業交易機構進行金融資產市場化規範化轉讓的信息平臺、金融資產的股權

債權託管平臺、信託信貸轉讓平臺、金融資產交易平臺和金融資產服務平臺。

北金所對其的定位是私募、非標準化的互聯網金融交易平臺。其未來的作業結構主要分為三層：第一層是基礎資產業務。基礎資產就是原始狀態的、未經包裝的金融類資產，包括信貸、票據、PE股權等原始狀態的金融資產，還有金融不良資產。交易特徵為：基本是一對一交易，不用登記託管，線上信息披露，線下談判成交，場外結算。第二層為結構性金融產品。由金融機構對基礎資產進行選擇、分類、包裝，加一些法律關係，比如破產隔離制度等，就形成了包括信託、保險（放心保）資產管理計劃、券商資管計劃、基金資管計劃等結構性金融產品。第三層為衍生品、資產證券化產品。通過對第一層中的部分基礎資產或部分結構性產品中的某些特徵進行抽象和再次隔離包裝，就形成了資產證券化和金融衍生品。

②金融資產超市的定價原則及方式

在金融資產超市內交易的標的物，通過北金所的交易平臺，以「公平、公正、公開」作為原則，向投資者進行信息披露，通過市場的不同投資者的決策，從而使標的物的市場價值真正地體現出來。這種處理方式不但體現了市場機制的公平原則，通過交易所的監督，避免了資產處理中的資產流失問題，而且，大量的同類資產的聚集，有利於投資者的比較，從而能夠迅速做出正確的決策，最終提高的是資產處置的效益。

北金所在研究國內外金融資產處置經驗的基礎上，結合自身的交易系統特點、資源優勢，採用多種切合實際的定價方式，最大程度地挖掘交易標的物的價值。

目前主要的定價方法包括：

案例定價法，即通過北金所的資源、信息優勢，將國內外已處理標的物的價值作為金融資產超市中同類型的標的物的基本參考價；

專業機構評估定價法，即通過國內外最專業的評估機構的評估，對資產超市內的大量同類型的標的物作出評估，從而得到標的物的市場認同價值；

經紀商集合定價法，即由交易所的經紀商代表投資者對標的物共同競價，並結合以上兩種價格，最終得到標的物真正的價格。

交易處置形式主要有兩種處置形式：

交易所一般交易模式。按照申請登記—掛牌上市—查詢洽談—成交簽約—結算交割—變更登記的程序進行。這是產權易所的一般交易方式。

投資銀行方式。充分發揮交易所「大投資銀行」的功能，由交易所、資產管理公司、投資銀行機構、投資者等聯合有針對性地對一些重大項目開展併

購重組工作。

③金融資產超市不良資產掛牌交易情況

具體情況見表 5-5：

表 5-5　　　　　　　金融資產超市不良資產掛牌交易情況

時間	累計掛牌項目（項）（含資產包）	處置資產（億元）	累計處置資產（億元）（從 2003 年開始）
2005 年度	428	319.11	507.45
2006 年度	568	535.05	1042.50
2007 年度	648	752.23	1794.73
2008 年度	683	1181.92	2976.65
2009 年度	807	323.35	3300

註：2009 年以後，北京產權交易所拆分金融資產超市金融資產交易業務，組建成立北京金融資產交易所。

④金融資產超市業務品種

金融資產超市現有金融資產業務品種包括金融企業國有資產交易、金融企業不良資產交易和併購貸款及企業融資服務。在監管部門政策支持下，北金所在多個領域開展各類創新性金融服務業務，包括：金融資產證券化產品交易、存量信貸資產轉讓、信託財產權、受益權轉讓、商業銀行理財產品轉讓、涉訴金融資產轉讓、保險類金融資產轉讓、其他創新性金融資產交易。

（3）整合各方資源

北金所獨特的交易平臺優勢，吸引了一大批機構投資者參與金融資產交易，為促進各類金融資產的合理定價和高效流動提供了巨大的支撐。自成立以來，北金所先後與工商銀行、中國華融、農業銀行、寧波銀行、建設銀行、中國銀行、交通銀行、北京銀行等金融機構締結了戰略合作夥伴關係，並在諸多領域開展了實質業務合作。

北金所始終堅持會員制、私募性的平臺定位，吸納各類會員，完善和活躍交易平臺，2012 年新發展會員 269 家。北金所還充分利用自身的信息優勢和平臺優勢，先後牽頭組建了全國地方商業銀行北京俱樂部、中國 PE 二級市場發展聯盟和中國財富管理 50 人論壇等行業組織，為促進金融行業內部的溝通合作和共贏發展提供平臺。截至 2012 年末，全國地方商業銀行北京俱樂部成員機構接近 60 家，中國 PE 二級市場發展聯盟盟員達到 71 家。中國財富管理 50 人論壇作為一個非官方、非營利性質的行業交流組織，先後舉辦了多次論

壇活動，為促進財富管理領域理論和實踐的創新提供了巨大的支持。

2012年以來，隨著監管新政的實施，泛財富管理市場各行業之間的藩籬正在逐漸打開，銀行、證券、保險、信託、基金等金融子行業的金融產品跨業投資和金融機構跨渠道交易的趨勢日益明顯。在金融市場渠道交叉和混業發展的形勢下，亟須建立一個能夠打通行業壁壘、實現無障礙交易的平臺。

在大財富管理市場高速發展的背景下，北金所正在積極搭建橫跨各個市場的交易平臺和交易系統，為廣義的金融機構和金融產品提供從登記、交易到結算的全程式服務，為實現各類金融資產的有效流動創造條件。

(4) 不斷創新產品服務市場

北金所積極探索創新各類金融資產的市場化配置和交易組織模式，旨在通過市場化手段化解金融資產流動環節中的各種障礙，實現交易雙方的有效對接，並最大程度提升金融資產價值。北金所與金融機構聯手開發了委託債權投資交易、商業銀行前置委託交易、信託受益權二級市場交易、融資租賃收益權轉讓等廣受市場歡迎的交易品種，並就保險資產管理產品交易、票據資產交易、銀團貸款交易、私募結構化產品交易等一大批市場創新產品進行了前瞻性的開發和籌備，填補了金融市場空白。目前，北金所平臺交易產品種類已日益豐富、業務發展結構不斷優化、服務實體經濟能力進一步增強。

在業務快速發展的同時，北金所高度重視夯實業務基礎，著力完善風控體系、加強信息系統等基礎設施的建設。對於交易風險的防控，北金所堅持構建全面風控管理體系，通過不斷完善內部管理制度、定期進行內控自查、嚴格貫徹風險管理規定、形成了風控約束的長效機制。對於每一項創新業務，通過組織內外部專家反覆論證，梳理交易全過程的每個風險點，保障了創新業務合規、合法，降低了市場風險。

為了適應交易額快速增長以及交易品種日漸增多的趨勢，北金所持續加大信息化投入力度，不斷完善交易系統的軟硬件基礎設施，力求為金融資產交易提供更為高效、便捷、穩定的交易服務。目前，北金所正在加快高規格的信息化系統建設進程，全面提升信息技術水平及信息管理水平，設計符合現代金融市場發展趨勢的資產交易系統，實現信息披露、交易流程、風險控製、登記結算的統一管理，推動信息化成為北金所的核心競爭能力。

5.4.2.3 深圳前海金融資產交易所

(1) 交易所簡介

深圳前海金融資產交易所（簡稱前海金交所）是為貫徹落實國務院批復同意《前海深港現代服務業合作區總體發展規劃》的文件精神，進一步完善

深圳金融市場融資結構，推動深圳區域金融市場體系的發展創新，在深圳市委市政府的大力支持和指導下由深圳聯合產權交易所發起設立的綜合性金融資產及相關產品專業交易機構。前海金交所於 2011 年 4 月 7 日正式掛牌營運，成為國內唯一進入前海現代服務合作區的金融領域國有專業交易機構。前海金交所是深圳市國資局下屬深圳聯合產權交易所的全資子公司，是在國務院批復同意《前海深港現代服務業合作區總體發展規劃》，明確把深圳前海建設成為粵港現代服務業創新合作示範區，重點發展創新金融等領域的大背景下，依託深圳聯合產權交易所在區域資本市場形成的業務創新體系，在原金融資產交易業務基礎上籌建成立的，其交易機制和交易模式等是產權市場的重大創新。

前海金交所致力於探索多層次金融市場間的融通渠道，為金融市場體系中包括信貸產品、理財產品以及股權投資基金等相關內容的產品和權益的交易流轉提供中間市場支持，並構建服務於融資機構、金融機構、合格投資者間的市場平臺服務體系，以優化金融市場投資結構，進一步防範市場風險，推動資本的多渠道引入和合規流動。

（2）業務範圍與資源整合

前海金交所主要業務領域分三部分，一是金融資產公開交易業務，包括金融企業國有產權轉讓、不良金融資產轉讓以及其他金融產權轉讓交易；二是金融產品非公開交易業務，包括信貸資產、銀行理財產品、股權投資基金權益、信託產品的募集和憑證、資產權益份額轉讓等金融產品交易；三是投資銀行服務業務，包括併購服務、重組和併購顧問服務、投資管理和諮詢服務等。

前海金交所已經與四大國有銀行、四大資產管理公司，以及華潤金控、深圳投控、創新投、高新投等多家機構簽訂了戰略合作協議，並在各方面開始合作。而前海金交所所處之地——深圳，將與香港合作，共同發展人民幣離岸中心，將前海建成「深港現代化服務合作區」、「貨幣自由港」；並將模擬香港旅遊發展局、金融管理局，建立自己的架構，各部門一把手差額選舉，該做法在前海實踐後未來應用至深圳，在稅收、幣值、司法等政策方面進行探索；未來三年深圳將向 15 平方公里的前海投入 400 億，科學估算 10 年后區域產值將高達 3000 億元人民幣。這將為前海金交所的發展提供巨大機遇。

（3）機制創新

前海金交所積極開展對金融資產、金融產品等交易品種和交易機制的創新，建立市場投資風險分級推薦機制和合格投資者制度，致力於構建國內領先的綜合金融資產交易產權市場體系。

市場投資風險分級推薦機制的本質是建立健全投資者適當性制度，是對中

小投資者實施保護的有效措施。根據國際清算銀行、國際證監會組織、國際保險監管協會 2008 年聯合發布的《金融產品和服務零售領域的客戶適當性》報告的定義，投資者適當性是指「金融機構所提供的金融產品或服務與客戶的財務狀況、投資目標、風險承受水平、財務需求、知識和經驗之間的契合程度」。簡言之，投資者適當性要求「適合的投資者購買適合的產品」。前海金交所將根據風險程度、複雜程度等因素對金融市場產品進行分類，推薦產品的風險等級和客戶的風險承受能力進行匹配，真正做到將合適的產品匹配推薦給合適的投資者。

而合資格投資人制度即設立適當的投資者門檻。前海金交所建立合格投資人制度，將以機構投資者為主，個人投資者也可參與，但參與交易品種會有限制。個人投資者參與的門檻目前還在商議中，大致包括資金門檻和風險承受能力及投資背景要求。深圳聯合產權交易所場內合資格的個人投資者的資金門檻是 50 萬元，而深圳金交所個人投資者應高於這一門檻。

（4）新進展

為進一步拓寬深圳市小額貸款公司融資渠道，充分發揮交易所要素資源配置功能，更好地推動深圳市小額貸款公司健康發展，深圳市金融辦於 2014 年 2 月 20 日發布了《關於同意前海股權交易中心和前海金融資產交易所開展小額貸款資產證券化創新業務的函》，批准前海金交所開展小額貸款同業拆借、短期融資憑證和收益權憑證等資產證券化創新業務試點。並將小額貸款公司的融資比例由此前註冊資本的 50%，提高到淨資產的 200%。

2014 年 2 月 27 日，深圳聯合產權交易所、前海金融資產交易所與廣東太平洋資產管理集團有限公司攜手，宣布推出「安穩盈小額信貸資產收益權產品」，助力小貸公司紓解當前融資困境，服務中小微企業。該小貸資產權益轉讓融資產品的融資期限分 3 類：3 個月、6 個月與 12 個月，其單筆融資規模不低於 1000 萬元，年化融資綜合成本為 13% 至 18%，該產品定位於私募市場的債權類融資工具，個人投資起步門檻約為 5 萬元，起步金額與銀行理財產品一致。這次針對小貸公司的回購式融資產品，在深圳聯交所登記、託管，一方面可解決小貸公司的資金困境，另一方面並不會加重小貸公司及企業的融資負擔，同時也使社會閒散資金尋找到既安穩又高收益的出路。此舉被認為是地方政府給小貸公司「補血」的最新嘗試。

統計顯示，截至 2013 年年底，深圳全市已開業小貸公司共計 88 家，註冊資本 180 多億元。通過這一回購式融資業務，小貸公司將有效解決當前融資困境，同時參與交易的社會存量資金也將得以有效盤活。

5.4.2.4 重慶金融資產交易所

（1）交易所簡介

2009年初，國務院頒發了《國務院關於推進重慶市統籌城鄉改革和發展的若干意見》（國發【2009】3號文件），提出將重慶建設成為「長江上游地區金融中心」的戰略要求，重慶市政府2010年12月以渝府【2010】119號文件批准設立重慶金融資產交易所（簡稱重慶金交所）。

重慶金交所是繼天津、上海、北京之后的第四個金融資產交易所，也是重慶市第七要素市場，西部地區唯一的綜合性金融資產交易市場。2012年11月，重慶金交所成為全國首批經清理整頓各類交易場所部際聯席會議同意通過備案的交易所之一。由此，重慶市已建立了涵蓋要素市場類的7家金融機構，包括重慶聯合產權交易所、重慶金融資產交易所、重慶股份轉讓中心、畜產品遠期交易市場、重慶農村土地交易所、重慶藥品交易所、重慶土地與礦業權交易中心。

（2）交易模式

重慶金交所是重慶市政府設立的國有控股公司，按照穩健發展，風險可控的原則開展多種金融資產交易服務和組合金融工具創新。重慶金交所提供信貸資產登記、交易、託管、結算服務，應收帳款、債權債務產品；資產證券化產品等服務。作為重慶七大金融要素市場之一，交易所採用多層次嚴密的風險防控體系，充分保障投資者利益。

由此，重慶金交所制定了6條風控機制。一是嚴格市場准入。發行人上市發行須得到行政主管機關市場准入許可；二是專家發行註冊審查。資深金融專家委員會審查產品結構；三是產品內部增信。選取的小貸資產打折，保證現金流的充分覆蓋；四是產品外部信用保證。全國大型擔保公司和保險公司提供償付履約保障；五是承銷商協議交易，保證交易流動性；六是投資者保護基金。提取交易佣金對交易各方適度風險補償，防範系統風險。

同時，重慶金交所在廣泛吸取國內外交易所交易系統建設經驗的基礎上，邀請多個國家級交易所的業務專家和技術專家參與交易系統的設計、論證和測試，與具有豐富交易系統開發經驗的軟件服務商合作，建立了安全、穩定、高效運行的交易系統。

（3）投資者管理

重慶金交所對交易參與人實行會員制。會員類別包括綜合類會員、經紀類會員、服務類會員和特約會員等四類會員。

相比較而言，天津金交所與重慶金交所會員制大體相同，但是也存在一些

差異。比如，天津金交所將會員分為五類，其中一類會員是交易類會員，可在天津金交所從事金融資產的轉讓、受讓業務。而且兩個交易所對會員年費的設置也存在一些差異。重慶金交所在營運初期，暫不考慮收取交易費用和會員管理費用，將以政府財政支出為主，著重培育金融資產轉讓市場。而現今制定的會員年費如表5-6所示。可以看出，天津金交所對服務類會員浮動收費比重慶金交所的固定年費較為靈活。

表5-6　　　　　　　　　　會員年費比較

會員費用種類	天津金交所（萬元/年）	重慶金交所（萬元/年）
綜合類會員	5	5
經紀類會員	1	1
服務類會員	按專業服務費的20%計收	1
交易類會員（只限天金所）	3	
特約會員	暫未制定	1

（4）業務範圍

重慶金交所目前交易的品種包括小貸資產收益權產品、應收帳款收益權產品、租賃資產收益權及其他經批准的金融資產交易產品。其中小額貸款收益權是目前重慶市金交所的主要業務。「小貸資產收益權產品」是以小額貸款未來還款現金流為支持，出讓其收益權的一種資產轉讓方式。對於「小貸資產收益權產品」，交易所要對小額貸款公司的客戶數、管理層和股東以及其是否注重商業品牌而非追求短期利益等進行審核考量。見圖5-5：

這是重慶金交所對中小企業融資新模式的探索，也是其與天津金融資產交易業務的重要區別。重慶金交所鎖定服務中小企業融資這一主題，通過金融產品和金融組織方式創新，探索利用直接債務融資工具，直接服務中小企業或服務中小企業專營信貸機構。一是利用直接債務融資工具服務中小企業，補充銀行融資主渠道的不足。切入中小企業正常化生產經營，適應其資金需求的「短、小、頻、急」的特徵，通過「點對點、面對面」的交易系統直接轉讓部分風險可控的資產，從而實現中小企業的資金融通。二是通過市場發展形成聚合效應，吸引全國多余資金促進中小企業發展，實現直接融資市場繁榮和促進中小企業發展兩個目標同時實現。這既符合中國經濟結構調整、提升中小企業發展水平、解決就業的大局要求，也是通過金融創新具體服務實體經濟。

2011年7月，在重慶金交所首批上線的首批產品，由瀚華、博達、隆攜

三家小貸公司發行的小額貸款收益權產品，發行總規模為 1.17 億元。此項產品交易非常活躍，當天下午 1 時 30 分開盤，在 7 分鐘內大約 9700 萬元的額度被搶購一空。

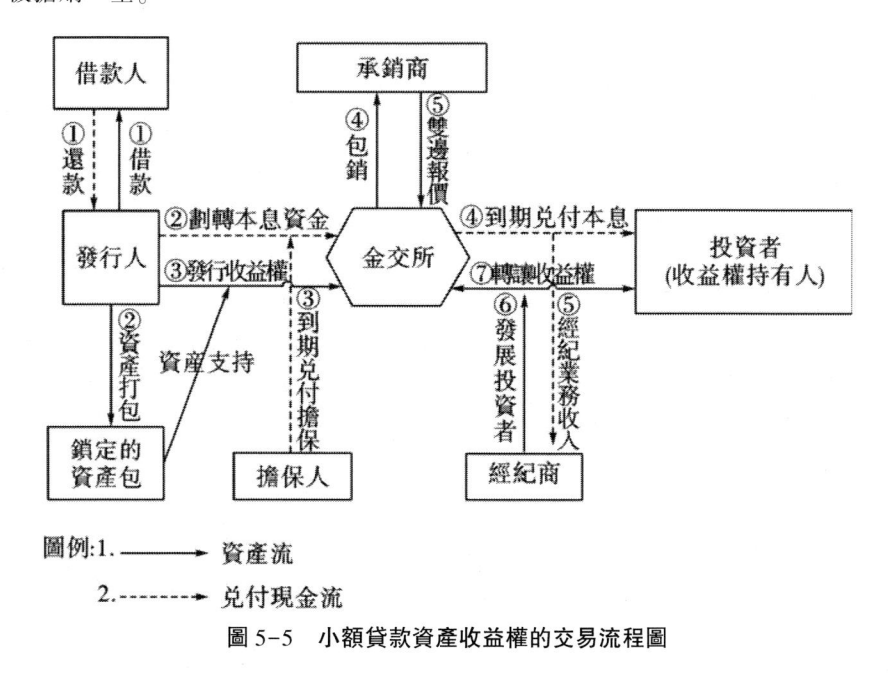

圖 5-5　小額貸款資產收益權的交易流程圖

截至 2014 年 9 月 30 日，重慶金交所已經累計發行產品 485 個，其中小貸收益權產品發行 378 個，融資金額達 69.93 億元。重慶金交所整體為中小微企業融資金額達 85.57 億元。截至 2014 年 9 月底，重慶金交所已向 8000 多家中小微企業和 6 萬多戶個體工商戶提供了資金支持。四年來，依靠獨創的「小貸資產收益權產品」，破解小貸公司融資難，進而服務小微企業。

除小貸資產收益權產品外，重慶金交所於 2013 年 4 月基本完成了應收帳款產品的設計和研發，有望得到進一步推廣。而且重慶金交所也將把租賃、信託資產收益等產品推向市場。

5. 中國平安西雙版納金融資產商品交易所

中國平安保險（集團）股份有限公司作為一家集保險、銀行、投資等金融業務為一體的綜合金融服務集團，為進一步拓展公司在金融業務的領域，給客戶提供更為全面的金融服務，並落實國務院關於《支持雲南建設橋頭堡指導意見》的文件精神，經雲南省政府批准，由平安集團出資在西雙版納註冊成立了金融資產商品交易所有限公司（以下簡稱「交易所」）。交易所註冊資

本金為2億元人民幣，獲批的業務範圍包括各類大宗商品交易等。

交易所遵循公平、公開、公正和誠實信用的原則組織交易，由雲南省政府設立的市場監督管理委員會監管。交易時間靈活，國家法定節假日除外的每週一至周五均可交易，每交易日交易時間段分為日盤（9：00-15：30）和夜盤（20：00-次日02：00）兩個時間段，以滿足企業各時間段的交易需求。

交易所依託平安集團強大的綜合金融服務平臺，作為內部各種優勢資源整合的紐帶，為企業客戶提供安全透明的交易平臺並滿足其他各類服務需要。同時交易所享有平安集團強大的品牌、管理以及資本金等全方位支持，這些支持都是交易所特有的市場優勢和充分的成功保障。

交易所擁有良好的公司治理架構、健全的風險管控體系、優秀的專業管理團隊和一流的后臺管理系統。交易所擁有先進且完善的業務流程，涵蓋了包括交易、交割、結算、風險監控、信息發布和會員服務等在內各個關鍵環節。交易所發展的目標為建成安全可靠，流動性充分，服務全方位，產品多樣化的國內領先商品交易所。

6. 其他金融資產交易所

目前中國各地金融資產交易所的業務不盡相同，國家也沒有出抬相關的法規限定其業務範圍。與北京金融資產交易所和天津金融資產交易所類似，目前國內金融資產交易所的業務都是各有側重，在傳統股權交易的基礎業務上，也有個別業務上的創新。例如，武漢金融資產交易所設立了商業匯票、應收帳款交易項目；四川金融資產交易所設立了票據與貿易融資服務中心，為非金融企業的票據、信用證融資提供信息披露、尋找投資者，以及票據委託保管及查詢、票據貼現及質押融資、信用證應收帳款質押融資、企業供應鏈融資等各類服務。

7. 各交易所的異同

目前全國有多個省市設立了金融資產交易所，在交易形式以及最初的交易產品上比較一致，但不同設立地區本身的發展路徑和特點不盡相同，同時股權結構以及主營業務也均有不同，使得發展路徑和結果均有所區別。

金融資產交易所在設立之初，主要的目的是實現金融企業的國有資產流轉以及不良資產的流通。而這兩者也被視為金融資產交易所的傳統產品，在早期開設的交易所包括北京和天津金融交易所中這兩者的身影十分常見。但隨著各交易所的發展，如今這兩種交易品種已經逐漸讓位給其他各類金融產品，在各個交易所業務中所占的比重逐漸下降。各個交易所紛紛進行創新，在符合政策規定的情況下，進行金融產品的創新，樹立自身業務品牌。

起步最早、發展最快的北京、天津金融資產交易所，本身擁有京津地區發展資源優勢，同時以建立全國性的綜合金融資產交易所為目標，因而兩者的業務類型較為綜合全面，股權、債權、信貸、信託、租賃、基金、保險等產品較為齊全，對於規模追求傾向性明顯，天津金融資產交易所同時仍在向小額信貸等領域嘗試突破，2013 年 12 月，天津金融資產交易所獲得試點開展小額貸款公司資產收益權轉讓業務交易資質。而司法資產業務則是其一大亮點。一般來說，涉訟資產主要是進入各地的產權交易所，而天津在這方面做了有利的嘗試。而北京金融資產交易所無疑依託於中國金融資產超市為前身，加上北京的優勢地理位置，因而成為當前規模最大的交易所，其與銀行之間聯繫密切，在 2011 年 3 月 25 日與中國銀行間市場交易商協會在京簽署合作備忘錄，協會授予了「中國銀行間市場交易商協會指定交易平臺」牌匾。北京金融資產交易所的一大特點即是中小銀行股權轉讓業務，2011 年 3 月 10 日「全國地方商業銀行股權交易平臺」啟動，北京金融資產交易所致力於為全國中小金融機構打造一個公開、公正、公平並且高效的股權交易平臺，通過規範的交易流程，優質的交易服務，幫助中小金融機構優化股東結構、克服上市障礙、實現股東價值最大化、防範交易過程中可能出現的道德及法律風險。

相較於兩家規模較大，且活躍度更高的交易所，其他地方金融資產交易所在規模發展上存在天生的劣勢，因而選擇了結合當地情況，突出集中發展自身優勢產品，典型則是重慶金融資產交易所。重慶金交所當前主要擁有兩個交易品種，小貸資產收益權產品和應收帳款產品，而前者則為重慶金交所自創辦之後長期以來的優勢品種，一方面擁有自身特色產品，另一方面為小貸公司提供流動性，加上為中小企業融資難提供一個可行的解決思路，具有較大的正外部性，因此擁有政策上的明顯扶持優勢。雖然品種相對缺少，但專注於一到兩種產品，使得重慶金交所在小貸資產收益權產品的風險控製上有著明顯優勢。同為西部重要的交易所，四川金融資產交易所最具規模的產品則為應收帳款收益權產品，並且同時主要開展了票據轉貼現、租賃收益權轉讓的業務。值得注意的是四川金融資產交易所對產品進行了打包處理形成了自身的理財產品，當前在售的產品有 E 投寶和蕓金-A 計劃。

5.4.3 區域股權交易所

區域股權交易所與產權交易所、金融資產交易所並列為場外交易市場的基礎市場，主要為高科技、高成長，非上市、非公眾持股的「兩高兩非」企業提供股權流轉的公共平臺。由於區域股權交易所業務在某種程度上與金融資產

交易所的業務有所重疊，故在此僅以天津股權交易所（以下簡稱天交所）為例對此類機構做簡要介紹。

5.4.3.1 天交所成立的政策背景

黨的十七大指出，要「更好發揮經濟特區、上海浦東新區、天津濱海新區在改革開放和自主創新中的重要作用」。可見，黨中央對濱海新區的肯定，已經將濱海新區放到了與經濟特區、浦東新區並列的位置上。2006年5月，天津濱海新區被國務院批准為「綜合配套改革試驗區」，這是中國繼上海浦東之后第二個國家級「綜改區」。

2006年6月，國務院《推進濱海新區開發開放有關問題的意見》明確了在金融企業、金融業務、金融市場和金融開放等方面的重大改革，原則上可安排天津濱海新區先行先試。2008年3月國務院在《天津濱海新區綜改方案的批復》中明確「為在天津濱海新區設立全國性非上市公眾公司股權交易市場創造條件」。

在此政策背景下，天津市政府於2008年5月4日以經政辦函【2008】19號文形式，正式批准天交所「兩高兩非」公司股權和私募股權投資基金交易試點市場，並將其作為天津金融改革創新的十項工程的重中之重。2008年10月，天交所又成為《濱海新區綜合配套改革試驗總體方案三年實施計劃（2008—2010年）》「建立金融交易平臺，開展私募基金和債券交易試點」的實施機構。2009年7月，天津市政府向國務院提交了《天津濱海新區綜合配套改革試驗金融創新專項方案》，其中，支持天交所創新發展，不斷完善運作機制，健全市場網絡，拓展業務範圍，擴大市場規模，充分發揮市場功能，為中小企業和成長型企業提供高效便捷的股權投融資服務。經過國務院16個部門6輪徵求意見，9月4日獲國務院正式批復。由此，天交所已經正式獲國務院明確認可與支持。

截止到2012年10月，天交所通過創新私募股權發行模式，已經成功掛牌企業192家，掛牌企業覆蓋省市22個，註冊做市商92家，註冊投資人15249，總市值接近20億元。

5.4.3.2 天交所創新市場制度

天交所從「兩非」公司股權交易出發，對場外交易市場的一系列制度安排進行了創新性的探索，目前已初步形成全國統一股權交易市場的框架結構與制度體系。

(1) 統一制度下的雙層次遞進式市場結構

在結構上，天交所的目標是著力打造一個雙層次遞進式市場結構（如圖5

-6)。雙層次即市場分全國市場和區域市場兩層次：全國市場面向全國範圍內的企業和投資人；區域市場主要面向本地企業和投資者。全國市場企業掛牌標準相對較高，而區域市場企業掛牌標準相對較低。

雙層次遞進式的市場結構，一方面在於應對多樣化的市場需求，滿足不同地區、不同企業借助資本市場，推動自身發展的需要；另一方面，通過細分市場，提升了資本市場的有效性，豐富了資本市場層次，有利於多層次資本市場體系的形成和完善。

服務於建立雙層次市場體系的構想，天交所正與各省市以合資合作的方式在各地建立分支機構，統一業務模式、統一市場准入、統一交易規則、統一交易系統、統一信息披露、統一自律監管，以形成覆蓋全國的統一市場網絡體系。目前，天交所已在內蒙古、山東、浙江、安徽等多個省市共同出資建立了分支機構，與上海、大連、廣東、深圳等 10 多個省市合作平臺的建立正在加緊推進，各地對天交所市場都非常重視，積極制定政策推動企業進入天交所市場掛牌融資。山東、河北、大連、廣東等省市已經明確，本地企業到天交所掛牌融資，將享受到中小板、創業板上市同等或相近的資金獎勵和相關政策扶持，表明天交所與外地之間的戰略合作已經初顯成效。

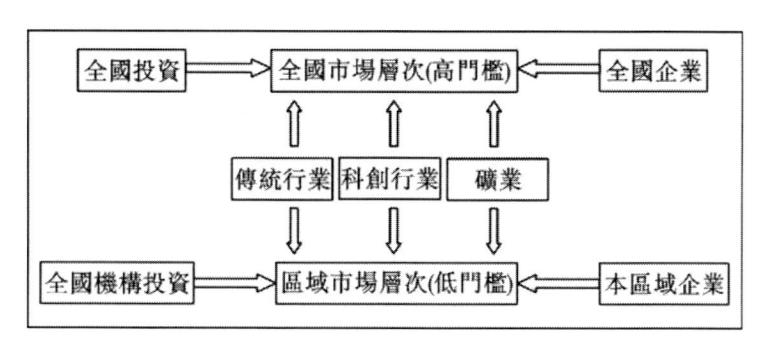

圖 5-6　天津股權交易所的市場結構

（2）做市商雙向報價為主的混合型交易制度

在交易制度方面，天交所實行以做市商雙向報價為主，集合競價和協商定價相結合的混合型交易制度。

做市商制度是各國場外交易市場普遍採用的交易制度，尤其是對於低流動性、高風險的市場，採用做市商制度是一種必然的選擇。隨著場外交易市場的發展與演變，做市商制度也呈現出由單一的做市商制度向做市商為主的混合型交易制度轉變的趨勢。做市商制度具有強大的定價功能，可以提高股票的流動性，促進市場平穩運行，有利於建立企業與投資者的穩定關係。但是，傳統做

市商制度有其不足之處，做市商更容易憑藉其信息優勢、專業化優勢與定價優勢，壟斷市場、操縱價格。因此，適當引入競價、議價等交易制度，能較好克服傳統做市商制度的缺陷，對做市商報價進行制衡，有效地防止做市商對市場價格的操縱，使做市商的報價更為合理。表 5-7 為天交所每日交易時間。

表 5-7　　　　　　　　天交所每日交易時間安排

定價方式	交易時間
開盤前集合競價	9：15-9：25
做市商做市前報價	9：25-9：30
做市商雙邊報價	9：30-11：30 \ 13：00-14：00
第二次集合競價	14：00-14：15
投資人協商定價	14：15-15：00

（3）小額、多次、快速、低成本融資模式

目前天交所市場功能不斷完善，其中，最為重要的便是融資功能實現了突破。天交所針對中小企業、創新型企業特點，創新性提出了以商業信用為基礎，「小額（每次融資 1000 萬元到 2000 萬元左右）、多次（一年多次發行）、快速（3-4 個月完成）、低成本（僅為上市成本的 1/3-1/5）」的創新融資模式，受到了廣大企業和各地政府的歡迎。

5.4.3.3　區域股權交易市場與金融資產交易所的區別與聯繫

區域股權交易市場是中國構建多層次資本市場的重要一環，是中小企業融資渠道的又一創新。繼天交所之後，廣州股權交易中心於 2012 年 8 月 9 日正式揭牌。2012 年 10 月 19 日，浙江股權交易中心成立，其中上海證券交易所持股 20%。中心設立成長板和創新板，為該省企業特別是中小企業提供股權、債權轉讓和融資服務，逐步把區域性股權交易市場建設成滬深交易所和「新三板」的「預科班」，鼓勵擬上市公司先在區域性市場掛牌培育。

區域股權交易市場與金融資產交易所都是多層次資本市場建設中場外市場的重要組成部分，並且，由於金融資產交易所產品也包括金融機構股權交易，因此在某種程度上，金融資產交易所也被認為是區域股權交易市場。不過，雖然區域股權交易市場與金融資產交易所都是資金融通的平臺，但其交易載體各不相同，進而交易方式也有所不同。區域股權交易市場的交易載體為「兩高兩非」公司股權，金融資產交易所交易載體為金融機構股權、金融產品以及金融類衍生服務。區域股權交易市場的交易方式是以主板市場交易方式為藍

本，並創新設計雙層市場、低成本高效率運作機制、做市商等制度；金融資產交易所的交易方式由於受法律限制而更為傳統，不過，由於金融資產交易所的產品種類更為豐富，其交易方式也更具可變性。

總體來看，區域股權交易市場的交易方式及制度設計更貼近市場需求，而金融資產交易所的產品種類及融資方式更為豐富，能在更廣的範圍內滿足市場需求。因此，長遠來看，股權交易市場與金融資產交易所存在相互補充、相互融合的趨勢。

5.4.4 信託公司

5.4.4.1 信託公司的誕生

1979年10月4日，中國第一家信託投資公司——中國國際信託投資公司經國務院批准成立。在那個年代，中國沒有財富階層，沒有要素市場，沒有私有財產，是改革開放的需要催生了中國信託業。當時成立信託投資公司的主要目的為：一是探索在銀行之外開拓引進外資及國內融通資金的新渠道；二是在高度集權的計劃經濟、傳統的金融體制之外，引入具有一定市場調節功能的新型組織機構，進一步推動經濟體制、金融體制的改革。此時的信託投資公司有些像今天的地方融資平臺，承擔著為地方經濟建設籌集資金的重任。改革開放初期，整個中國的金融體系基本還只有人民銀行一家，可以說，金融體系的改革是從設立信託投資公司開始的。

5.4.4.2 信託業在整頓中發展

信託業先後於1982年、1985年、1988年、1993年、1999年進行過大規模整頓。在此過程中，210多家信託機構退出市場。2002年7月18日，信託業形成了「一法兩規」的架構，即《信託法》《信託投資公司集合資金信託業務暫行管理辦法》《信託投資公司集合資金信託業務暫行管理辦法》。構架的初步形成在一定程度上促進了信託業的發展。2003年，信託產品層出不窮，其中便包括了房地產信託、MBO信託、外匯信託以及法人股投資信託等。2004年，《信託投資公司信息披露管理暫行辦法（徵求意見稿）》出拾，2007年，銀監會對《信託公司管理辦法》《信託公司集合資金信託計劃管理辦法》進行了系統修訂（新兩規），進一步明確了信託公司「受人之托、代人理財」的定位。同年，銀監會非銀部牽頭組織擬定了信託公司未來發展規劃：力爭在3-5年時間內使信託公司盈利模式發生較大轉變，成為真正體現信託原理、充分發揮信託功能、面向合格投資者。主要提供資產管理、投資銀行業務等金融服務的專業理財機構。

2008 年以來，中國信託業的信託資產規模幾乎以每年一億萬元的增量增長。信託業管理的資產規模已經遠遠超過公募基金行業（2011 年年底證券投資基金資產淨值 2.19 萬億元）、券商行業（2011 年年底資產總額僅為 2818.68 億元），直追保險業資產規模（2011 年年底保險資產總額 6.01 萬億元）。其資產規模發展數據如下表 5-8 所示：

表 5-8　　　　　　　　　　中國信託業資產規模

年份	2008 年	2009 年	2010 年	2011 年	2012 年	2013 年
資產規模（萬億元）	1.22	2.01	3.04	4.81	7.47	10.91

數據來源：中國人民銀行

信託公司持續高速發展主要得益於中國經濟在過去 20 年保持高增長，由於國民財富迅速累積，居民對投資理財的需求迅速增加。在分業經營、分業監管的金融體制下，信託公司相比其他金融機構，投資範圍更為廣泛，投資方式更為靈活。持續的銀行信貸規模管控下，信託公司也較好地滿足了企業的融資需求。

5.4.4.3　信託業發展的契機與局限

（1）銀信合作

銀信合作包括銀行代理推介信託計劃、託管信託計劃資金、銀信理財合作（指商業銀行將客戶理財資金委託給信託公司，由信託公司擔任受受託人並按照信託文件的約定進行管理、運用和處分的行為）等方式。截至到 2013 年 12 月，銀信合作余額超過了 2 萬億，對國家的信貸規模管控造成一定干擾。銀監會曾一度暫停銀信合作業務，隨后出抬一系列監管政策，限制「通道類」融資類銀信合作業務。但是銀信合作有其存在的客觀必然性。

銀行、信託優勢互補，催生了銀信合作。中國銀行業的理財業務萌芽於 2004 年前後。2005 年，銀監會頒布《商業銀行個人理財業務管理暫行辦法》，銀行理財業務在中國從無到有，快速發展，截至 2011 年年底，銀行理財產品余額達到 4.57 萬億元。但是，銀行理財計劃一直缺乏明確的法律地位，加之分業經營，使客戶無法得到銀行真正意義的資產管理服務。與信託公司合作實際是「雙層信託模式」，銀行會首先以理財產品為載體，與投資者建立委託代理關係，在獲得投資者委託的基礎上，以委託人的角色與信託公司簽訂資金信託合同，在信託合同中以單一委託人的身分設立信託計劃，並最終將投資者的資金投資於各類資產。

由於信託公司可以跨貨幣市場、資本市場、實業領域投資，且投資方式靈

活多樣，銀行理財資金通過信託，全面打開了投資範圍。同時，對銀行而言，也實現了理財資金的獨立管理，與銀行自營業務實現風險隔離，從而提高了理財業務的投資管理能力與風險管理水平，為銀行發展資產管理業務，做大中間業務提供了基礎。

在銀信合作業務中，信託公司僅僅提供「受託人」服務，信託資金按委託人的要求運行，並不提供主動管理，信託公司收取的手續費非常低廉，通常只有千分之幾甚至萬分之幾。但是，銀行理財資金量龐大，且信託公司不承擔實質性風險，因而銀信合作業務受到信託公司的歡迎。

信託業管理的資產規模開始「爆發式」增長是在 2007 年。當年信託業管理的資產規模從 2006 年年底的 3600 多億元增長到 9621 億元，重要的原因正是銀信合產品的盛行。2007 年前後，融資類銀信合作的交易結構被開發出來，即銀行將理財資金委託給信託公司，然後信託公司按銀行的要求購買信貸資產，或者對客戶發放信託貸款。2009 下半年，銀行信貸規模開始受到較為嚴格的控制，銀信合作呈現持續增長的態勢，2010 年 7 月達到峰值 2.08 萬億元（其中，融資類業務為 1.4 萬億元，占比 67.3%）。此后，銀監會出於管控信貸規模，防範銀行「資產表外化」潛藏風險的目的，實施了一系列監管政策，銀信合作業務規模開始回落，2012 年 6 月末，銀信合作余額為 1.77 萬億元，占信託業受託管理資產規模的 31.95%。

融資類銀信合作的本質是「曲線」信貸資產證券化。中國的信貸資產證券化始於 2005 年，2007 年國務院批復擴大試點，2008 年美國次貸危機引發全球金融危機后，信貸資產證券化實際陷入停滯，但是，商業銀行對信貸資產證券化始終有巨大的需求：一方面，在規模管控的背景下，銀行希望將信貸資產賣出，為新的貸款發放騰出額度；另一方面，銀行希望賣出部分信貸資產，管理流動性，減少資本占用，滿足監管指標。銀行理財以固定收益產品為主，偏好投資於貨幣市場工具、債券和信貸資產。銀行借用信託平臺，「曲線」進行信貸資產證券化，並將這種「產品」賣給自己的理財客戶。

銀信理財業務是中國利率市場化、資產證券化發展進程緩慢，企業直接融資市場欠發達和投資者投資渠道匱乏的背景下，銀行、信託合作創新的產物。在銀監會出抬種種政策限制融資類銀信合作業務之後，銀行很快轉向證券公司、資產管理公司、金融資產交易所等其它機構，這些機構以銀行理財計劃名義直接購買信貸資產，或者銀行理財計劃委託銀行的分支機構發放委託貸款。2012 年上半年，一些銀行開始變銀信合作為「銀證合作」或「銀證信」合作，即將銀行理財資金委託給證券公司，對接其資產管理計劃，投資於信貸資產和

票據資產。

2010 年 7 月，銀監會叫停銀信合作后，出抬了《信託公司淨資本管理辦法》，在配套的淨資本計算標準中，通過對融資類銀信合作業務設定高達 10.5% 的風險資本系數，達到限制此類業務的目的。銀行主導的銀信合作，手續費率低，若規模過大影響到宏觀調控必受打壓，故難成信託主業。

但是，投資類銀信合作仍有很大空間。比如，部分中小銀行資產管理能力較弱，可以將理財資金委託給信託公司，由信託公司投資於貨幣市場工具、債券、各種具有穩定現金流的權益類資產等。即，銀信合作需要「去信貸化」，信託公司未來要靠自己的資金管理能力，吸引銀行理財資金。

（2）實業投行

中國的投資銀行通常是指證券公司，但是證券公司整體實力尚不夠強大，其投資銀行業務局限於股票發行、公司債券承銷、財務顧問等，能夠創設的多元化投融資工具明顯不足。截止到 2011 年 11 月底，中國證券行業全行業總資產不到高盛公司的三分之一，淨利潤與摩根士丹利一家公司相當。通過將國內各類金融機構的功能與國外的投資銀行對比，可以發現，證券公司目前還僅僅是「證券投行」，而信託公司是中國的「實業投行」，是能夠整合運用幾乎所有的金融工具，滿足企業一攬子金融需求的投資銀行。

信託公司提供直接債務融資工具，總量達到上萬億元——從某種意義上說，融資類信託計劃是一個基於特定項目的高收益私募債券，彌補了中國債券市場功能的不足。

信託公司是中國最大的非標準資產證券化服務提供商——中國標準的資產證券化產品，主要是信貸資產證券化，其交易結構為銀行業金融機構作為發起人，將信貸資產信託給受託機構，由受託機構以資產支持證券的形式，在銀行間市場向投資機構發行收益證券。受託機構就是信託公司。由於信託產品是私募產品，還沒有統一的二級市場，且在證券化的過程中，流程還不夠標準化，信託公司利用資產證券化理念設計的產品，還只能稱為非標準資產證券化產品或類資產證券化產品。2012 年以來，信託公司開展的業務中大量採用了資產證券化的產品設計思路。已經退出銀監會地方融資平臺名單的城投公司，將其對當地政府的應收帳款委託給信託公司，設立財產權信託，信託公司再將此財產權信託份額化，賣給投資者。

信託公司能夠整合運用幾乎所有的金融工具——信託資金的運用範圍橫跨貨幣市場、資本市場、實業領域，投資方式涵蓋債權、股權和二者之間的「夾層」投資，以及各類資產的收益權，信託產品設計的靈活性獨一無二。這

是其他金融機構難以企及的。

當然，信託業也存在不少「硬傷」。信託業被定義為私募機構，目前不能設立分支機構，且在異地產品推介上受到多重限制。信託公司普遍缺乏自己的產品直銷渠道，主要靠銀行、第三方理財公司代銷產品。隨著金融市場上創新產品的湧現，信託公司非標準化產品及資產證券化的優勢也在逐漸受到挑戰。滬深交易所推出的中小企業私募債和銀行間債券市場推出的非公開定向債券融資工具對融資類信託計劃都有一定的替代效應；銀行間債券市場即將推出的非金融企業資產證券化產品——資產支持票據，也將與信託公司從事的類資產證券化服務構成競爭。重要的是，證券公司在證監會的支持下，開始在走向真正的投資銀行，這一切變化都在消減信託公司作為「實業投行」的絕對優勢。

5.4.4.4 信託公司與金融資產交易所

從融資途徑方面來講，信託與金融資產交易所都與實體經濟有較為緊密的聯繫，彼此之間存在一定程度上的競爭。但是，從長遠發展來看，中國金融體量很大，各類金融機構各有特色。金融資產交易所與信託公司可實現競爭與合作並存，且形成合作大於競爭的態勢。

與主板市場類似，二級市場的活躍有助於一級市場的成交量擴大，也有助於金融資產的價格發現。作為金融資產的二級交易市場，金融資產交易所可以助力信託行業形成其二級市場。另外，金融資產交易所與企業、個人投資者關係緊密，可以作為信託公司募集產品的第三方銷售渠道。最後，隨著信託行業規模的擴大，其對於資產流動性管理的需求也會與日俱增，而從目前金融資產交易所的產品創新趨勢來看，資產證券化將是金交所主要發展方向，在很大程度上，雙方可相互合作、實現共贏。

5.4.5 新三板

加快發展高新技術產業，是提升國家競爭力，推動中國經濟社會持續健康發展的重要國家戰略。然而，中國大多數高新技術企業由於自身規模小、項目風險高等因素難以獲得充分的融資支持。而現有中小板、創業板和集合債等融資手段，也由於門檻高、覆蓋面小等因素，難以滿足數百萬高新技術企業的融資需求。融資難仍然是制約中國高新技術企業發展的瓶頸問題。「新三板」市場是指科技產業園區內非上市企業的股權交易和融資市場，它服務於國家級高新技術園區企業，定位於「高科技」和「創新型」企業。

5.4.5.1 新三板的發展現狀

新三板最初是業界對「中關村科技園區非上市股份有限公司代辦股份報

價轉讓系統」的通俗稱謂。為解決初創期高新技術企業股份轉讓及融資問題，規範證券公司從事中關村科技園區非上市股份有限公司股份代理報價轉讓業務，2006年1月，經國務院批准，中國證券業協會在證監會的統一部署下推出了股份報價轉讓系統。因為掛牌企業均為高科技企業而不同於原轉讓系統內的退市企業及原STAQ、NET系統掛牌公司，故形象地稱為「新三板」。

從2006年初新股份轉讓系統的建立至如今，新三板市場已經經歷了8年多的成長。2011年以前，掛牌數量不足百家，市場參與熱情並不高。自從2012年4月證監會明確提出「將加快推進新三板建設」以後，新三板才逐漸走上資本市場的大舞臺，不僅掛牌數量迅速提升，來自政府部門、金融機構、中小企業的多方力量也開始積極參與推動新三板的建設。在新三板結束試點正式揭牌運行的2013年，共有156家企業亮相新三板。2013年12月國務院決定將中小企業股份轉讓試點擴大至全國。截至2014年2月底，全國中小企業股份轉讓系統（「新三板」）的掛牌公司數量達到649家，總股本達到219.6億股，總市值達1250億元。2014年是新三板發展的元年，從擴容至全國後的首批285家規模來看，新三板掛牌將逐步常態化，預計2014年突破1000家已經沒有懸念。見圖5-7。

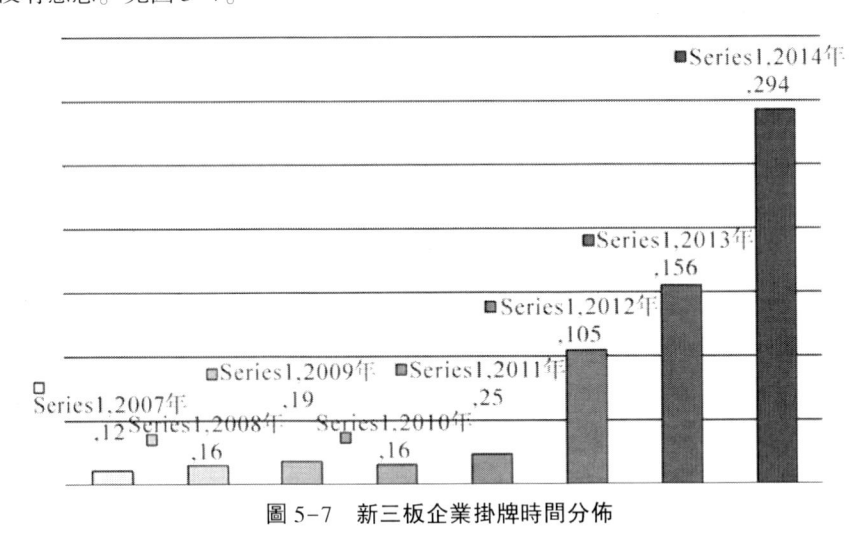

圖5-7 新三板企業掛牌時間分佈

從新三板的設立初衷來看，新三板服務於創新、創業、成長型中小企業，是未來資本市場的基石。無疑，這裡將誕生一大批優秀的、偉大的公司。除了掛牌數量上的劇增，可以預計的是，2014年，新三板的掛牌企業質量、交易制度、融資方式、市場角色均將給整個資本體系建設帶來新的期待。截止到

2014年2月，相繼有9家新三板掛牌公司成功轉板至主板或創業板，包括世紀瑞爾、北陸藥業、久其軟件、博暉創新、華宇軟件、佳訊飛鴻、東土科技、粵傳媒，它們通過IPO合計募集資金44.17億元（如圖5-8所示）。未來必將還會有一大批的新三板企業走出來。

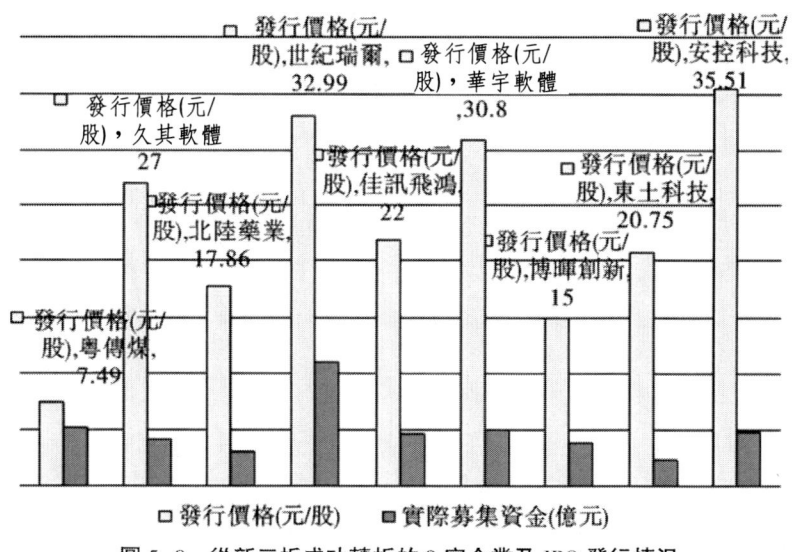

圖5-8　從新三板成功轉板的9家企業及IPO發行情況

5.4.5.2　新三板的發展特點

新三板在發展的過程當中形成了一些自己特點，和其他板的具體的不同之處我們在一下章節的分類比較中會詳細介紹，下面先就新三板發展的一些總括性的特點進行簡單的總結：

第一，掛牌門檻低。新三板主要是針對創新型的成長初期的企業，對於財務指標沒有過高的要求。比如，主板市場要求最近3個會計年度淨利潤均為正且累計超過3000萬人民幣，這對於大中型企業是可以的，但是對於新三板的企業顯然是不合適的。新三板的掛牌條件要求存續期滿兩年，具有持續經營能力即可，幾乎都是定性條件。這樣能夠促進科技型成長企業的發展。

第二，掛牌時間短。新三板掛牌實行備案制，由主辦推薦券商負責盡職調查以及內核，經推薦後由證券業協會備案即可掛牌。掛牌企業結構簡單，改制相對容易，最快4個月即可完成新三板的全部掛牌工作。例如，國學時代進入新三板。2008年11月18日召開股東大會，向中關村管委會遞交掛牌申請，2009年3月17日中國證券業協議會便確認備案。

第三，掛牌成本低。園區企業在新三板掛牌，管委會及當地政府將提供財

政補貼，極大降低了企業的改制成本和掛牌成本，園區企業幾乎可以實現「零成本」改制和掛牌。以上海張江高科技園區為例，企業改制上市資助為30萬元，股份報價轉讓系統掛牌資助為50萬元。

第四，掛牌企業股本規模偏小，成長性好，流動性差。這當然與新三板主要行業集中分佈在高新產業有關。高新產業具有前期投資大，面臨的市場風險大等特點，很多資本在選擇項目的時候非常挑剔，而創業者自身的資本往往又不足以支撐創業企業的發展，以此類企業的流動性往往都很差。但是，高新企業一旦成長起來，所帶來的利潤也是非常可觀的。

5.4.5.3 新三板與老三板的區別

談到新三板的由來，肯定要先談原有三板市場。三板市場對主板退市企業的接納，造成了退市後的公司在落入三板後交易十分不活躍，不但沒有達到證券業協會的初衷即利用上市公司的公眾性活躍三板市場，反而使得三板變成了資本市場的「垃圾桶」。進入「十一五」時期，中國科技部發布了《國家中長期科學和技術發展規劃綱要（2006—2010年）》，明確提出將「實施促進創新創業的金融政策」和「加速高新技術產業化」納入重要政策和措施。隨後，國務院發布了《關於實施「國家中長期科學和技術發展規劃綱要（2006-2020年）」若干配套政策的通知》，其中第十九條明確指出：「推進高新技術企業股份轉讓工作。啓動中關村科技園區未上市高新技術企業進入證券公司代辦系統進行股份轉讓試點工作。在總結試點經驗的基礎上，逐步允許具備條件的國家高新技術產業開發區內未上市高新技術企業進入代辦系統進行股份轉讓。」根據國務院和國家科技部發布的政策綱要，2006年1月，經國務院批准，中國證券業協會在證監會的統一部署下推出了股份報價轉讓系統，在股份報價轉讓系統掛牌交易的公司均為非公開發行股份的企業。為了與之前滬深交易所退市下來的上市公司進行區分，故稱作「新三板」。同年1月23日，隨著世紀瑞爾、中科軟成為首批掛牌公司，宣告中關村科技園區非上市股份有限公司股份報價平臺正式拉開序幕，隨著更多的全國性高科技園區被批准加入新三板，新三板企業範圍也不再局限於中關村了。

5.4.5.4 新三板與創業板的區別

新三板與創業板同是面向科技型創新型企業的資本市場，但兩者在制度體系和功能定位方面存在諸多的區別。首先，新三板與創業板在制度體系方面有以下不同（見表5-9）：

表 5-9　　　　　　　　新三板與創業板在制度層面的不同

	新三板	創業板
市場屬性	場外交易市場	場內交易市場
掛牌與發行條件	硬性指標：股份制企業存續滿兩年，取得試點資格，無其他量化指標	在股本、銷售收入及淨利潤等方面均有量化硬性指標
掛牌與發行制度	主辦券商推薦、證券業協會備案制	保薦人推薦，證監會核准制
信息披露制度	標準較低，掛牌后僅對半年報、年報及重大信息等要求進行公告	凡是對投資人作出投資決策有重大影響的信息，均應當予以披露
交易制度	協商議價的委託報價制度	集合競價和連續競價的系統撮合制度
投資者准入制度	機構投資人及限定自然人	無限制
股份限售制度	對原始股東、董事、監事及高管團隊均有限定	對原始股東、董事、監事及高管團隊均有限定

其次，「新三板」與「創業板」在功能定位方面存在區別：

從企業規模看，創業板規模相對偏大，企業已經進入成長初期，在細分行業裡居於領先的位置。新三板服務對象則是處於初創后期、有技術、有產品、有一定盈利模式的高新技術企業，雖然這些企業有一定的技術基礎，有一定的市場基礎，但是還未形成規模發展。

從行業分佈角度看，創業板對擬上市企業的行業屬性有相對明確的要求，重點選擇「兩高六新」（高成長、高科技與新經濟、新服務、新農業、新能源、新材料、新商業模式）企業。從已上市的創業板公司分析，其行業分佈顯現出明顯的「五新三高」（新經濟、新技術、新材料、新能源、新服務與高技術、高成長、高增值）的特徵。新三板的行業定位是高新園區中處於初創期的企業，這些企業行業分佈廣泛，行業分佈方面主要集中於信息技術、製造業、生物醫藥、新能源、新經濟、新材料、新農業、節能環保、文化傳媒、諮詢服務等，在行業分佈上更具有包容性。

從財務指標角度看，創業板實際的發行上市財務門檻較高，許多中小高科技企業達不到要求。創業板和新三板之間的層次分明。放眼諸多高新園區內，滿足創業板條件的企業是其中的佼佼者，通過掛牌新三板進入資本市場是更多企業的現實選擇。新三板是創業板的蓄水池和孵化器，企業需要與資本市場銜接，首先應當認清自己的發展階段，選擇與發展階段相適應的板塊。從掛牌與

發行制度角度看，創業板採用的是與主板和中小板相同的公開發行制度；而新三板則是非公開發行股份的掛牌制度。這是最本質的區別，使得二者在融資方式和融資能力上存在根本差異。

5.4.5.5　新三板與金融資產交易所

新三板與金融資產交易所均是場外市場的一部分，且兩者之間存在場外市場主體之爭的趨勢。2012年之前，新三板擴容計劃一度成為熱點，即通過把中關村科技園區的代辦股份轉讓推廣到全國其他50多個科技園區；同時，在北京新建一個專門服務新三板的交易所。這種模式顯然是建立全國性場外市場的較為簡便和直接的方式，但卻把全國各地其他同樣開展股份流轉服務的櫃臺市場排除在外。現在各地發展了200多個產權交易中心，這些產權中心有相當一部分已經在進行股權轉讓業務，不應該一棍子都打死，而應該借著新三板的開通結束中國產權交易中心無序發展的現狀，以此進行整合，把中央和地方的力量匯集起來。建議證監會因勢利導，幫助各地的櫃臺市場走上正軌，同時體現統一監管的戰略目標。還應該在各地的櫃臺市場中選擇規則完善、運作規範的，辦成若干個「中關村」。證監會主席郭樹清在例行年度工作會議上，不再提「新三板」，而是表示將「以櫃臺交易為基礎，加快建立統一監管的場外交易市場，為非上市股份公司提供陽光化、規範化的股份轉讓平臺」。2012年初，原先的新三板擴容計劃逐漸淡出，而以各地櫃臺市場為基礎發展統一監管的場外市場則提上日程。新的發展路徑將不再局限於科技園區，各地已經具備一定發展程度的股權交易中心和產權交易所都有望被納入場外市場的體系中，為更多的非上市股份公司提供股份轉讓平臺。

新三板與地方交易所二者好比美國的OTCBB和粉單市場的關係。OTCBB的掛牌條件比納斯達克主板市場低，但是高於無需信息披露的粉單市場。這種粗略的比較可能未必準確，但至少代表了當前新三板與櫃臺市場的主要區別。新三板相對於主板而言，不需要審批，只需要備案，手續簡便。但是比起不需要向協會統一備案，也無需聘請券商的地方櫃臺市場，新三板的門檻還是要高一些。對於兩個市場的未來定位，中關村代辦股份轉讓系統會發展成一個中央集中的場外市場，它與地方櫃臺市場發展起來的場外市場會是兩個平行的市場，彼此之間不互聯，但是都可以通過券商現有的技術平臺進行交易。

雖然近年來新三板積極擴容，並採取了取消股東人數上限、引入個人投資者、引入做市商制度等措施，一度成為市場熱議的話題，但從融資功能的角度而言，「新三板」市場的融資功能屬於小額定向融資，擴大試點後，融資額也很有限，對市場擴容影響很小。另外，從中關村公司股份轉讓試點情況看，6

年來掛牌公司102家，定向增資總額只有17.29億元，公司單次融資規模也只有幾千萬元。同時，其二級市場流動性並不高，2011年平均換手率只有2.93%，涉及的資金量較為有限。並且，新三板主要針對園區高科技企業，其容量仍然不能滿足非上市企業關於資產流動的龐大需求。相較而言，產權交易所立足於國有產權交易項目，已經累積了較為豐富的交易經驗、形成了較為完善的交易流程與規則，發展與創新的實力更為強勁。

5.5 金融資產交易所在貨幣市場發展中的機遇與挑戰

5.5.1 金融資產交易所的發展機遇

中國金融業經過三十多年的改革，已經取得了長足發展，對中國國民經濟增長作出了巨大貢獻。但也必須看到，與經濟相對發達的國家和地區相比，中國金融市場的發展水平還有很大差距，市場體系還有待進一步完善。其中一個突出的表現，就是金融資產流動性欠缺。目前，中國金融資產存量已超過100萬億元規模，其中信貸資產存量超過50萬億元，但如此規模的資產絕大多數不能流動。中國商業銀行對貸款採取持有到期模式，存貸款利差成為銀行的主要收入來源，對利潤的追求迫使銀行不得不以總資產規模無限膨脹的方式擴張；而基於監管層對資本充足率的要求，銀行資本必須要與資產擴張速度保持同步，進而自有資本也隨之不斷膨脹。在這種「水多了加面、面多了再加水」的發展模式下，由於缺乏一個促進信貸資產流動的市場存在，整個信貸市場的風險就如同「堰塞湖」水位一樣被逐步抬高，而信貸市場在中國金融市場體系中又占據絕對主導地位，意味著中國金融市場體系的系統風險也在不斷聚積，所以建立一個疏導風險的信貸二級市場已成為必然趨勢。

西方發達國家金融業在金融機構、金融產品等各個方面進行了大量創新，最具有代表性的是在產品創新上，創造了歐洲美元、銀行商業票據、可轉讓提款通知書帳單（NOW）等上千種形式的金融創新產品，最大限度地刺激了資本的流動性。金融創新也使金融機構具有了不同的盈利模式。外資金融機構通過促進資產的流動性，進而提高整個公司資產的收益率，獲取企業的利潤。反觀中國，金融創新還處在起步階段：金融創新主體缺位，創新的內在動力不足；金融工具傳統、單一，國際上已被大量應用的債券類、資產管理類、表外業務創新工具在國內尚未得到合理應用，而中國的金融機構只能依靠不斷擴大規模來實現利潤的增長。

對於中國經濟、金融來說,真正的金融創新應該集中在提高資產的流動性上,而金融資產交易所的核心目標就是為增強資產的流動性提供一個公開市場平臺。因此,從這個角度講,金融資產交易所發展有一個燦爛的前景。具體來講,金融資產交易所面臨的發展機遇具體有以下幾個方面:

5.5.1.1 利率市場化改革帶來的機遇

在利率市場化條件下,中國商業銀行過度依賴存貸利差的發展盈利模式將不可持續,必須加快調整和轉變。利率市場化強調由市場來決定金融資產的價格,金融資產交易所無疑擁有天然的優勢。

首先,利率市場化將使銀行獲得自主的定價權,可以實施主動的負債管理,優化負債結構,降低經營成本。從客戶的結構角度來看,銀行需要建立良好的甄別機制,對不同客戶和業務給予不同的定價水平。而金融資產交易所可以為銀行信貸資產提供公開、公平、公正的市場平臺,通過評估或市場自身的價格發現功能為每項信貸資產進行市場定價。長期來看,金融資產交易所可以逐步建立信貸客戶資產信用等級評價體系,對銀行信貸風險防控實施雙保險。

其次,利率市場化使得銀行更加注重產品的創新。借鑑美國等發達資本市場中銀行的創新,很大程度上是對流動性的創新。即,利率市場化使得銀行傾向於增強產品流動性。金融資產交易所能夠為銀行提供增加金融資產流動性的專業平臺,例如信貸資產(包括小額信貸)、商業票據、抵債資產、不良貸款、貿易融資等資產的流轉以及為閒置資金的短期運用。

5.5.1.2 資產流動性需求帶來的機遇

不論是經營何種業務的企業,都離不開對現金流的管理。資產的流動性貫穿了企業的初創、成長,直至退出的全過程。如果企業融資的渠道僅僅依靠銀行貸款,則中小企業的資信可能不符合銀行的信貸標準,交易費率、交易時間等因素也不利於市場資源的有效配置。事實上,在企業成長的不同階段,都有不同的融資模式與其對應(如圖5-9)。在初創期,企業可能更多借助風險投資、兼併收購等方式融資;在成長期,企業融資和現金管理的需求開始多樣化,可能涉及貿易融資、應收帳款管理、債券融資、票據融資等多種方式;在退出期,企業也可能涉及股權交易、資產置換、併購重組等交易行為。

金融資產交易所可以從兩個角度為企業服務,一是直接為企業設計發行融資性工具,二是為市場上的融資性工具提供流動性交易的場所。具體來講,金融資產交易所可以通過提供應收帳款、商業票據、股權等資產的流轉平臺,增強企業資產的流動性,並由此提高企業現金流的管理能力。另外,對於市場上已經存在的信託與基金等產品,金融交易所可以提供其二次流通的場所,幫助

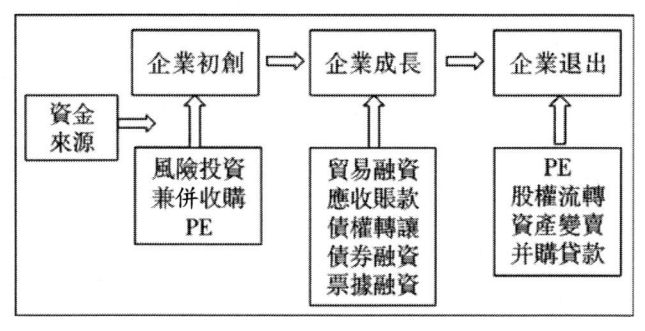

圖 5-9　企業發展資金來源圖

實現其價格發現、信息披露等相關功能。目前，已經有金融資產交易所開始嘗試信託資產與基金產品的交易項目，天津金融資產交易所的基金產品的交易額更是占到所有產品交易的 50% 以上。

5.5.1.3　多層次資本市場帶來的機遇

近年來，中國一直提倡建立多層次資本市場。而多層次資本市場不僅僅指主板市場、二板市場以及場外交易市場的劃分，還可以理解為區域性市場與全國性市場的並行。

場外交易市場的主要服務對象與主板市場有著明確的劃分，並且從美國經驗可以看出，場外交易市場的存量遠遠大於場內交易市場；另外，相對於主板市場和二板市場而言，場外交易市場的上市門檻及監管標準也較為寬鬆，有利於該市場規模的擴大。目前，中國場外市場建設仍然遠遠不能滿足廣大的市場交易的需求。作為場外市場的重要一員，金融資產交易所正處在一個有需求、有政策導向的背景環境下，其發展可謂是擁有了天時。

另外，多層次資本市場強調區域性市場的重要性。而金融資產交易所的成立能夠促進地方金融體系改革，為地方金融資產的流轉提供服務。另外通過網絡電子競價系統和全國會員制度的設計，使得區域性機構可以完成全國性業務，全國性投資者也可以參與到區域經濟建設之中。區域市場與全國市場之間既有區別又有所聯繫，實現了並行的可能，補充了主板市場在促進區域經濟中的不足。而金融資產交易所由地方政府主導的事實也進一步使其擁有了地利與人和。

5.5.1.4　中國經濟改革走向深化

中國在改革開放以後，經濟取得了飛速的發展。現在，改革紅利基本已經釋放完畢，經濟各個領域在經歷了快速發展后都出現了放緩的跡象。一些改革初期被快速增長的事實所掩蓋的制度性的根本性的問題開始凸顯。這些都充分

說明了中國的改革正在走向深化。進一步的改革必然涉及經濟體制的根本方面，要讓市場在資源配置中起決定性作用。這必然會催生金融資產交易的需求，從而促進資產交易所的發展。比如，國有企業的進一步改革，必然會導致國有產權的交易，而如何讓國有產權更透明且更有效率的交易，便是金融資產交易所面臨的機遇。同樣的道理，國有商業銀行為了提升自己的經營管理水平，必然會實行主動負債管理，積極靈活地管理自己的流動性。而積極管理流動性就涉及金融資產的交易。商業銀行可以通過出售不良信貸資產來讓自己更好地發展，以便更好地迎接外資銀行的挑戰。再比如，商業銀行可以將自己龐大的固定資產，通過資產證券化的方式，從而獲得流動性。這些都可以通過金融資產交易所來實行。進一步深化改革後而產生的龐大的金融資產的交易需求，是金融資產交易所發展的基礎。

5.5.2　金融資產交易所面臨的挑戰

金融資產交易所雖然有著諸多發展的有利條件，但是現在國內的各大金融資產交易所大多成立時間都較短，並且都是積極回應國家調控政策，往往都是秉承先成立，後發展的思路，而不是在市場發展和成熟之後形成的。所以，在成立初期，往往對於金融資產交易所的目標定位並不是非常明確，金融資產交易所的特色也不明顯，如果金融資產交易所不進行差異化服務，是很難在激勵的金融市場競爭中確立自己獨特的優勢，從而實現較大發展的。隨著傳統業務的日趨完善，發展創新業務是金融資產交易所必然的戰略選擇。而創新業務的開展在為金融資產交易所帶來發展機遇的同時，也帶來了諸如管理和風險等方面的問題。下面，我們就金融資產交易所發展面臨的一些挑戰進行分析，並提出相應的建議。

5.5.2.1　外部挑戰

（1）政策層面的不確定性

國家雖然明確了大力發展金融資產交易所，促進金融資產流動性的大方向，但是對於發展的具體方向，則往往是先由各地自身發展，出現問題進行指導。所以，往往出現「一放就亂，一亂就收，一收就死」的事後治理的局面。例如，針對各種類型交易場所設立和交易活動中違法違規問題日益突出的問題，2011年11月24日，國務院下發《關於清理整頓各類交易場所切實防範金融風險的決定》。隨著該決定的出抬，國內數十家交易所應聲關閉。雖然長期來看，這是國家為交易所的發展肅清環境，是有利於交易所的長期發展的。但該事件也說明了目前交易所發展所面臨的政策上的不確定性。在監管相對滯

后的情况下，交易所在發展新業務時需要謹慎小心，要把控新業務所帶來的風險，避免法律的事後追究。另外，由於中國採取立項建設的方式發展場外交易市場，因此部分業務的開展、交易制度的選擇需要獲得相應的政策許可。這增加了創新業務的不確定性，在一定程度上會降低效率、增加成本。

(2) 市場環境的不完善性

在前面章節已經闡述了類似問題。金融資產交易所面臨的市場環境的問題比較類似。比如，徵信系統的不完善，使得市場約束機會沒有。交易者的信用狀況無法得知，從而使得交易成本高，交易效率低。而且缺乏信用約束，會使得金融資產交易的違約成本下降，不利於金融資產交易市場的發展。再比如，信息披露機制的不健全，相關監管部門並未就金融資產交易所的信息披露有明確的管理。甚至有部分交易所連自己的網站建設都沒有，更談不上利用網絡這一最為快速和透明的工具進行信息披露。

(3) 其他金融機構的競爭壓力

隨著中國多層次資本市場建設的推進、利率市場化以及混業經營改革的深入，金融資產交易所與信託公司、私募證券投資基金公司、證券公司、私人銀行等金融機構之間存在業務的重疊，相互的競爭會不斷加劇。

信託公司是目前國內比較全面的融資平臺，許多債權、股權、資產管理類產品都可以通過信託公司平臺創造出來。尤其是金融資產交易所看好的資產證券化業務，這也是信託公司發展的重點。2005年開始的借貸資產證券化試點也是借助信託公司這個平臺發行的。

目前證券公司的創新趨勢也在不斷加強。在2012年5月召開的券商創新大會上，對證券公司的資產管理業務進行了一次大松綁。券商理財產品的投資範圍擴大，並允許產品分級、降低投資門檻、減少相關限制。對券商「大集合」產品，投資範圍放寬到短融、中票、本金保證型理財產品以及正回購等；對「小集合」產品，投資範圍放鬆到證券期貨交易所的產品、銀行間市場交易的產品、經金融監管機構審批或備案的金融產品等。對定向和專項理財，允許投資者與證券公司自願協商，合同約定投資範圍。2012年8月，證監會發布了《證券公司代銷金融產品管理規定（草案）》，擬對證券公司代銷經國家有關部門或者授權機構批准、備案發行的各類金融產品進一步放開。

2007年，證監會啓動基金管理公司「特定客戶資產管理業務」，2012年5月底，72家基金公司中，71家獲得了特定資產管理業務資格，其中40家開展了特定資產管理業務，管理帳戶527個，管理資產1018億元。2012年6月，證監會擬允許基金公司通過設立專業子公司開展專項資產管理業務，並允許專

項資產管理計劃除投資股票、債券、證券投資基金、央行票據、短期融資券、資產支持證券、金融衍生品、商品期貨外，還可以投資非上市公司股權、債權類資產、收益權類資產（即專業子公司可進軍實業投資領域），即基金公司在傳統的資產管理業務之外，增加了投融資平臺的功能。另外，基金公司還放寬了「一對多」限制，即將委託人數不超過200人，放寬為委託人數不超過200人、單筆委託金額在300萬元以上的投資者數量不受限制。

另外是銀行的私人銀行部，利用其獨有的客戶優勢和項目優勢，也正積極介入高端客戶的財富管理。銀行可以利用資產管理的形式，一方面對接高端客戶掌握資金來源，另一方面利用銀行的儲備項目，設計不同產品滿足不同層次的客戶需求。加上銀行獨有的銷售渠道，使銀行在專項理財上也具有較強競爭力。

在產品上，2012年6月8日，上交所開始推出中小企業私募債。截止到7月6日，滬深交易所共發行了19只中小企業私募債、融資規模18.5億元。中小企業私募債單只規模在1000萬元到2.5萬億元之間，期限在1-3年之間，票面利率在7.3%~13.5%之間。其試點地區涵蓋了北京、上海、天津、廣東、江蘇、浙江、重慶、湖北和山東等地區。私募債券融資也一直是金融資產交易所的業務拓展方向，但從實踐看，券商掌握了先發優勢，由於券商發展資產管理業務的強烈動機，加上其對承銷的中小企業私募債擁有信息優勢，券商集合資產管理計劃對中小企業私募債的有力承接，使得券商成為中小企業私募債的主力承銷者。

從目前金融機構間的相互合作看，銀行、證券、信託的合作較為緊密，銀行的渠道優勢、證券的管理優勢、信託的全能優勢使其相互間存在互補的空間。金融資產交易面對激烈的競爭環境，必須首先找準自身定位。

（4）監管的缺失和法律法規的滯后

監管缺失可能帶來增加經營風險。目前金融資產交易所從成立到營運主要是由地方政府進行監管，而地方政府對風險的監管存在明顯經驗不足，加上地方政府發展經濟的衝動，使得地方政府可能疏於防範風險，增加風險隱患。地方政府往往存在保護主義傾向，這和當前中國的地方政治經濟體制分開。例如，各地政府都要紛紛要求建立金融中心，成立金融資產交易所的行為本身就是非理性。地方政府在建立金融資產交易所的時候，往往並不是從自身的實際需求出發，並沒有考慮自己的區位優勢和經濟實況，一味地追求全國化，甚至是全球化。這顯然是沒有遵循一切從實際出發的原則。所以，當地方政府苦心發展金融資產交易所的同時，怎麼能夠期望他們還能去合理地監管呢？

其次，法律法規的缺失，主要是針對金融資產流轉方面的。我們的信貸本質上，或者是基礎管理條件上是不支持流動的。我們的基礎文件——貸款通則，還是16年前形成的貸款通則。國際上的金融大國的銀行實際一直保持著相當高的信貸流動性，他們通過組合資產管理，使得金融資產特別是信貸保持一定的流動性。一般有50%以上會流動，而我們幾乎是一點點。中國銀行業淨息差約為2.8%，明顯低於美韓等國。中國銀行業淨息差水平確實不算高，但利息收入占總收入比重達70%甚至更高，而發達國家銀行同類業務收入僅占約30%，其更多是要靠中間業務的貢獻。中國龐大的金融資產沒有幾乎沒怎麼獲得流動性的一個主要原因就是法律法規的缺失。

5.5.2.2 內部挑戰

（1）自身風控能力有待提高

金融資產交易所發展歷史短，經驗不足，在產品開發和風險控製上稍有不慎，可能帶來經營上的風險。就目前來看，中國金融資產交易所的交易規模還不是十分巨大，許多大型項目依然在其他市場進行交易。同時在運作上，也是一個平臺模式，主要為交易方向提供一個成交的平臺。但是，實際上，金融資產交易所也應當承擔起控製系統風向的責任。一旦金融資產交易所的交易量增長以后，其在金融市場的地位確立以后，將會對市場的信心和預期產生極大的影響。同時，由於流動性的關聯性，一旦金融資產交易所出現問題而影響到其他金融機構的流動性，那麼將引發一系列的連鎖反應。比如，如果一個交易所的產品兌付出現問題，可能會很快蔓延全國各地的交易所，投資者的信心受到打擊，繼而影響到商業銀行對流動性的管理，引發擠兌危機，形成系統性的風險波動。

（2）自身資金實力薄弱、未能得到企業認可

雖然中國註冊資本在億元以上的金融資產交易占半數以上，但個別交易所仍面臨資金瓶頸問題。以天金所為例，該公司業務發展能力全國領先，但註冊資本僅為1500萬元，從資金實力來講在國內排名靠后。隨著市場競爭日益激烈，市場對交易系統、人才素質、產品研發不斷提出更高要求，加之天金所從長遠的戰略角度出發，採取放水養魚的市場培育戰略，對大部分交易服務進行費用減免，天金所資金不足問題將逐步顯現。

金融資產交易所在盤活金融資產、便利企業融資方面具有重要作用，但是個別地區對金融資產交易所認可度和參與積極性有待提高。以天金所為例，理論上天津是天金所成長壯大的基地，眾多本地企業可為天金所提供廣闊的業務空間，同時企業也可以借助天金所的金融資產交易平臺迅速籌集發展所需資

金。但現實情況不盡如人意，2012年在天金所掛牌的天津本地項目成交僅占全年累計成交總數的2.36%，涉及金額僅占全年累計成交項目總額的4.15%。

(3) 定位模糊，產品和業務模式單一

2010—2011年中國各地密集成立了眾多金融資產交易所，存在定位不明、產品同質化問題。地理位置相鄰的重慶、武漢、四川三省市均成立了金融資產交易所，其服務對象均為中西部，存在區域重疊和資源浪費問題。同時北京、天津兩家全國性的金融資產交易所業務也覆蓋以上三省市，使得有些地區存在「三重疊」。北京金融資產交易所和天津金融資產交易所的目標定位都是面對全國，走向世界。這樣不利於各個金融資產所找準自身定位，同時也可能使得金融資產交易所的優勢分散。此外，國內金融資產交易所產品種類均以信貸資產、金融企業國有資產、不良資產保險、基金、信託、債券等基礎產品為主，產品缺乏差異性的問題比較突出。

5.5.3　金融資產交易所的應對之策

為了應對金融該資產交易所面臨的問題和挑戰，我們可以從以下幾個方面入手：

(1) 目標定位特色化，產品服務差異化

在金融資產交易所的發展過程當中，各個交易所應當明確自身的區位優勢和實際的市場需求，從而對自己的目標進行特色化定位，堅決避免類似「大而全」、「小而全」的局面出現，造成人力物力資源的浪費。從產品和業務來看，也應該積極創新，從而應對其他金融機構和其他金融資產交易所的競爭壓力。例如，從服務範圍來看，除北京、天津金融資產交易所服務於全國外，大部分其他金融資產交易所以服務所在地或區域金融資產交易為主。從產品結構來看，不僅包括股權、債權等傳統金融資產的交易，部分金融資產交易所也包含了私募、PE等衍生品交易和相關投資諮詢業務。北京是中國的金融決策中心、金融信息中心、金融服務中心和資產管理中心，銀行業務占據了全國銀行業務總量的60%以上，集中了全國銀行業資金的80%左右，各類金融機構、資產管理公司以及中央企業的總部大部分都在北京，發展金融業的條件得天獨厚，金融資產流轉市場巨大。所以北京發展成為全國性的金融資產交易中心具有天然的優勢。對於天津金融資產交易所而言，可以充分利用濱海新區先行先試的政策優勢及扶持措施，圍繞北方國際金融中心開展業務。四川省金融資產交易的定位服務於西部大開發，服務於災後重建，解決中小微企業融資難，促進經濟建設，為實體經濟服務致力於打造打造一個「私募方式的泛金融資

交易平臺」。並由此引申出三個功能：投融資服務、金融資產交易服務和金融資產配置服務。投融資服務重點解決企業的融資問題，特別是中小企業融資難問題。而重慶市金融資產交易所則應當利用自己重慶市直轄市的地域優勢，抓緊完善相關的金融法律法規和金融基礎設施的建設，為金融發展奠定長線基礎。同時應當進一步完善和改進治理結構、交易規則和產品流程，為下一步的發展奠定了良好的基礎。重慶金融資產交易所在發展上，應當避免和四川金融資產交易所同質化，服務和產品上應當更加特色化。通過大力拓展增值服務而獲得競爭優勢。如果金融資產交易所僅僅定位於一個交易平臺，其競爭力將大打折扣。從金融資產交易所開展業務看，要麼具有客戶的優勢，要麼具有產品設計的優勢，要麼具有信息的優勢。交易所不要局限於簡單的找項目、拉客戶，要提升自己在仲介市場的地位和話語權，提升自己的競爭力。如建立項目信息庫、項目評價機制、發起學術論壇、撰寫研究報告、發布產品指數、設計會員制度等，都是值得嘗試的舉措。

(2) 完善交易制度，加強信息披露

金融資產交易所要有先進的交易制度。金融資產交易所是區域性市場，但長期看來，區域性市場必然會通過項目聯網、全國電子競價、資金結算等形式形成全國性市場，交易效率必然會成為交易所之間競爭的有力武器。因此，金融資產交易所應當未雨綢繆，增強對類似於「做市商」交易制度的準備以及IT系統的儲備。而信息披露的完善將直接影響金融資產交易的繁榮程度。金融資產交易所應當將非公開的市場轉變為公開市場，將線下市場轉變為線上網絡電子市場，通過網絡披露交易信息，增加交易的透明程度，從而降低交易的成本。

(3) 增強與相關利益機構的合作，實現共贏

增強與信託、證券、銀行等金融機構的合作，這些金融機構有著對於流動性的巨大需求，而金融資產交易所能夠為他們提供這種需求，而且金融資產交易的交易效率比這些金融機構要高。例如，天津金融資產交易所就與農行簽署了戰略合作協議，雙方將在信貸資產、信託資產、租賃資產交易、委託債權投資、處置不良資產等方面展開深度合作。還可以引入大型金融機構等戰略機構投資者，增強資本實力。目前除北金所和陸家嘴國際金融資產交易市場註冊資本分別為 3 億和 4 億元，絕大多數其他金融資產交易所註冊資本都在 1 億元左右，個別金融資產交易所註冊資本僅為數千萬元。金融資產交易所是資本密集行業，交易系統等投入需要大量資金，資金實力不足將制約其發展。因此，金融資產交易所應根據業務發展需要，積極壯大資本規模，引入外部機構投資

者，尤其可積極爭取大型金融機構入股。大型金融機構擁有全國性網絡系統和龐大的客戶資源，可以有力推進金融資產交易所的發展。

增強與非金融類企業的合作。要加強宣傳，擴散金融資產交易所在這些企業中的影響力，讓這些企業認識到將金融資產拿到金融資產交易中心比單純地拿到銀行貼現更有價值，從而吸引企業的參與度，從而擴大市場，形成良性循環。

最後，還應加強與行業協會、科研院所等進行合作，共同研究創新型金融產品，積極探索信貸、信託、保險、租賃、基金等金融資產流通轉讓的新形式，提高金融資產交易所競爭能力。

（4）增強風控能力，實現穩健發展

金融資產交易所要始終把控製風險擺在第一位。金融風險具有突發性、系統性等特點，金融資產交易所應當結合評估定價、市場定價等多種定價方式為產品定價，並建立資源豐富的項目庫、投資者庫，逐步設立信用級別評估體系以甄別、防控風險。而且金融資產交易所由於涵蓋的領域特別廣泛，幾乎和金融的各個方面都有聯繫，一旦出現問題很容易造成整個金融系統的波動。

（5）政府加強引導，整合區域資源

充分發揮地方政府的作用，通過政策引導、市場宣傳、財稅優惠等方式，鼓勵地區內的企業和金融機構通過金融資產交易所平臺進行金融資產交易，提高金融資產融資能力和效率，更好地發揮價格發現作用。同時，地方政府可以牽頭，合理整合區域金融資產交易所資源，形成規模優勢。從金融資產交易所長遠發展出發，地理位置相鄰、產品功能相近、競爭力不強的金融資產交易所可通過相互換股、參股等形式進行整合，優化資源配置，提高金融資產交易所服務質量，做大做強金融資產流轉市場，形成若干具有全國競爭力和較強創新能力的大型金融資產交易所。

6 互聯網金融的發展及監管

6.1 互聯網金融的概念、特徵及種類

6.1.1 互聯網金融的概念

現在各界對互聯網金融仍然沒有一個準確的定義，國內學者眾說紛紜，其中比較典型的定義有：謝平、鄒傳偉（2012）認為，互聯網金融模式是既不同於商業銀行間接融資，也不同於資本市場直接融資的第三種金融融資模式。從融資模式角度看，互聯網金融模式本質上是一種直接融資模式。但與傳統直接融資模式相比，互聯網融資模式具有信息量大、交易成本低、效率高等特點。

互聯網金融可以從兩個層面進行定義：①金融企業通過互聯網平臺向公眾提供金融服務的行為；②互聯網企業利用自身的支付、信息處理和資源配置的便利，向金融行業進行滲透。對於該定義，可以看到互聯網金融的兩個方面：一方面，金融企業主動利用互聯網平臺來銷售自己的產品，例如華夏基金等基金公司都在淘寶上銷售自己的基金產品；另一方面，互聯網企業對金融行業的滲透。例如騰訊公司有自己參股的保險公司，也有著自己的保險銷售平臺，QQ用戶可以通過「QQ便民」直接在線購買保險。

通過上文兩種不同層面的互聯網金融介紹，可以看出各自有著自己的特點。金融企業向互聯網的滲透，更多的是借助互聯網這個平臺來銷售自己的產品，並沒有太多的創新，只是把互聯網當成自己的一個銷售渠道。而互聯網公司向金融業的滲透，大多是借助自己已有平臺的優勢，例如騰訊的QQ和阿里巴巴的「支付寶」平臺，讓自己的平臺上聚集的大量用戶的優勢能得到發揮，從而帶動金融產品的銷售。

綜上所述，「互聯網金融」就是通過互聯網渠道為客戶提供的資金結算、

信貸融資以及金融理財等金融服務。互聯網金融的本質是金融，渠道是互聯網，工具是大數據技術，面向市場強調互聯網化的客戶體驗。從廣義上看，互聯網金融既包括商業銀行等傳統金融機構基於互聯網的延伸服務，主要形式有電子支票、基於銀行卡的電子銀行、網上銀行、手機銀行等，又包括互聯網企業為廣大網絡客戶提供的有關資金結算和信貸業務。

6.1.2 互聯網金融的特徵

在互聯網金融模式下，交易者交易形成的海量數據，結合交易者的社交網絡，形成了對交易者資信狀況的完善反應，獲取這些信息的成本較低。在交易方式上，互聯網提供了低價、快捷的交易通道，供需雙方可以直接根據對方資信交易，而無需通過金融媒介。

（1）交易的便利性

典型的代表產品是淘寶的余額寶。由於支付寶作為第三方支付平臺的存在，作為交易的仲介會帶來資金的沉澱。這些沉澱的資金的使用方向，便是購買余額寶。與余額寶對接的是天弘基金公司的天弘增利寶，因為它是貨幣市場基金，使得淘寶用戶能在購買商品的時候即時地從余額寶把資金劃轉到支付寶帳戶。正由於這樣的便利性，使得余額寶能在短時間內匯聚到大量的資金。

（2）高效、低成本的信息處理能力

其中的代表是阿里小貸。阿里小貸通過對淘寶商家的數據流進行分析，包括資金流、交易量、淘寶的信譽度、用戶的滿意度等信息對該商家進行評價，從而確定對每個客戶的貸款額度。只要開發出合適的貸款模型，對於每個新增的淘寶商戶的評估需要的邊際成本很低，使得阿里小貸每筆貸款發放的成本只需要 2 元多，遠遠低於銀行的 20 多元。並且可以做到隨時借、隨時還，而沒有類似於銀行的最低貸款期限，商戶可以只借幾天時間，進行一下資金的週轉，便可以還貸，額度是滾動的。所以對於商戶來說，資金的實際使用成本很低。

（3）資源配置功能

其代表是「人人貸」這類 P2P 網貸平臺。人人貸採取的是擔保機構擔保交易模式。對資金需求方進行風險、發展前景、經營管理水平等進行評估，然後把貸款標的公布到網絡上進行融資。人人貸採取的是「多對一」模式，即多個資金供給者對接一個貸款需求方。人人貸對貸款實施全額擔保，對還不起貸款的融資方，進行本金和利息的全額賠付。因為本金的安全，人人貸得到了迅速的發展和壯大。其優勢也是利用互聯網公司的數據挖掘及信息處理能力，

建立起風險控製模型，嚴格的風險控製。並且隨著業務量的擴大，貸款數據的大數據挖掘具有滾雪球的效應，讓公司能利用學習曲線，不斷地降低成本，使得每筆貸款的邊際成本能不斷降低。

（4）互聯網產品具有較強的社交黏性

代表產品是騰訊公司的微信。根據微信騰訊內部人士透露微信用戶數已經突破6億，其中國內用戶數量超過4.5億。微信具有的社交黏性已經慢慢展現出來，微信已經逐步代替QQ，成為人們日常交流的主要工具。統計資料顯示，微信通訊錄的平均的人數是55人，而每個人對公眾帳號關注的數量是10，並且圈子裡面的親戚互動頻繁。微信現在已經開通支付功能，只要綁定了銀行卡，掃一掃二維碼便可以很方便地進行支付，並且還具備了AA付帳功能。這些功能的出現，讓微信的用戶黏性不斷地提升，並且具備了一個金融平臺的基礎。

目前的互聯網金融區別於傳統金融表現在以下幾個方面：一是在價值基礎方面，部分互聯網金融企業擁有對客戶服務和客戶體驗的單一追求。傳統金融行業講究股東利益、員工利益、客戶利益三者平衡，在平衡中尋求持續發展。而目前一些包括互聯網金融公司在內的互聯網企業，股東放棄短期回報，員工滿懷創造新天地的激情，不計回報，而唯獨專注於客戶服務和客戶體驗。這對機構過剩、業務同質、服務缺乏的金融行業所帶來的衝擊值得深思。二是在商業邏輯方面，互聯網金融是以大數據為基礎進行風險定價，形成信用體系。三是在財務模型方面，互聯網金融可以憑藉其接近於零的邊際成本，通過基礎服務的免費提供，實現無邊界的暴力擴張。四是在經濟原理方面，互聯網金融充分運用長尾分佈理論，通過規模經濟和範圍經濟進行營利。

6.1.3 互聯網金融的種類

從金融實踐來看，互聯網金融包含四大類：第三方支付、互聯網融資、互聯網理財、移動互聯網。

6.1.3.1 第三方支付

自中國人民銀行對第三方支付進行規範管理以來，第三方支付業務發展迅速。截至2012年末，中國已有197家非金融機構取得支付業務許可證，成為支付機構。其中119家獲得預付卡發行與受理業務許可，79家獲得網絡支付業務許可，44家獲得銀行卡收單業務許可。截至2013年末，獲得支付牌照企業達到250家。根據中國支付清算協會統計，截至2012年末，中國第三方支付市場規模超過10萬億元。第三方支付的發展有效滿足了支付服務市場需求。

根據中國互聯網絡信息中心數據，中國互聯網用戶從2002年的5910萬戶增長到2012年的5.64億戶，2012年互聯網普及率較2002年的4.60%提升到42.10%。2012年中國第三方互聯網支付交易金額達到3.80萬億元，而2004年這一數字僅為72.00億元，年均複合增長率達到118.95%。

6.1.3.2 互聯網融資

互聯網融資平臺包括網絡小額貸款、P2P（Peer-to-Peer Leading）網絡信貸平臺為主的信貸仲介機構。P2P網絡信貸平臺是一種個人對個人，不以傳統金融機構為媒介的網絡借貸模式。2007年8月，中國第一家P2P信貸公司——拍拍貸成立。截至2012年年底，全國P2P信貸公司總共超過300家，行業交易量高達200多億元。全國知名的P2P信貸公司有人人貸、宜信等公司。互聯網信貸融資利用大數據降低交易成本或提高交易效率，網絡平臺通過基於互聯網技術的大數據收集、處理和篩選，一定程度上解決小微融資的信息不對稱問題，可以有效滿足小微企業融資需求。同時，風險問題不容忽視。如2012年，先後發生了「淘金貸」、「優易網」等網絡信貸平臺卷款、倒閉事件。2013年，「眾貸網」、「城鄉貸」因經營風險倒閉，給投資者造成較大的資金損失。

6.1.3.3 互聯網理財

理財產品包括互聯網基金、互聯網保險銷售、跨境支付等為主要業務的跨金融市場產品。2013年6月，最大的第三方支付機構阿里巴巴旗下「支付寶」推出個人理財產品「余額寶」。據艾瑞諮詢統計，截至2014年1月15日，余額寶規模已超過2500億元，用戶數超過4900萬戶。相比2013年末1853億的規模，余額寶規模在15天內淨增長了35%，用戶數新增600萬。蘇寧雲商於2014年1月15日向市場推出了自己的余額理財產品「零錢寶」。2014年，1月16日，騰訊和華夏基金公司合作的微信版余額寶「微信理財通」公測版本正式上線。在保險領域，阿里巴巴、中國平安和騰訊聯手設立了眾安在線財產保險公司。眾安在線將突破國內現有保險營銷模式，不設分支機構、完全通過互聯網進行銷售和理賠服務。互聯網作為銷售渠道的優勢將被凸顯，渠道將成為互聯網金融的重要屬性。

6.1.3.4 移動互聯網

隨著移動互聯網和智能手機的快速發展，基於移動互聯網的應用越來越豐富，與用戶密不可分的公共事業繳費、機票酒店預訂和移動電子商務從PC端逐漸轉移到手機客戶端，人們對手機支付的需求越來越大。截至2012年末，人民銀行已許可超過30家支付機構從事手機支付業務。根據艾瑞諮詢統計數

據，截至2012年前三個季度，移動互聯網支付整體交易規模達到4121.0億元，是去年全年的5.3倍。2013年二季度，以支付寶為代表的遠程移動互聯網支付在移動支付整體佔比高達80.1%，交易規模達852.4億元，環比增長90.7%。隨著移動互聯網與多網的融合加速，移動互聯網金融是未來主要發展趨勢。

6.2 互聯網金融帶來的衝擊和挑戰

6.2.1 互聯網金融帶來的衝擊

互聯網金融的特點，也對商業銀行和中央銀行形成了巨大衝擊。

6.2.1.1 對商業銀行的衝擊

（1）對貸款業務的衝擊

以阿里小貸、人人貸為代表的網絡借貸的興起，必然會對商業銀行的貸款業務進行衝擊。因為互聯網公司在數據的處理及獲取上相對商業銀行具有比較優勢，所以他們每筆貸款的成本便很低。如阿里小貸的數據直接就來自於淘寶網的商家的交易數據，並不像商業銀行那樣還要有實地去審查貸款條件的成本。但是商業銀行的貸款的目標客戶群是否和網絡借貸的客戶群直接產生衝突呢？答案是否定的。網絡借貸的特徵是資金需求量小，一般不會超過100萬元，以5-25萬元區間居多。對於商業銀行來說，這樣的數量級的貸款客戶並不是其主要客戶，因為剛性的貸款的審查成本，銀行的目標客戶群是大公司、大企業，貸款的風險較小數額大，能獲得較高的利潤以覆蓋成本。可以認為，這類中小企業並不是商業銀行的主要客戶，所以互聯網金融並不構成於商業銀行的直接競爭關係。對於未來，互聯網公司能否直接運用其信息處理的優勢，滲透進商業銀行的主要盈利客戶群，是一個未知數。

（2）對存款業務的衝擊

互聯網金融對商業銀行的最大衝擊，就是存款搬家。以餘額寶6%多的收益率，是將近銀行活期存款的收益率的14倍，並且像活期存款那樣便利。這些特性使得餘額寶規模已經達到2500億元，這部分資金便是銀行的活期存款轉移過去的。而餘額寶的資金運用，大部分投資於同業存款，其現在的利率能達到7%左右。餘額寶與銀行進入了這樣的一個循環：餘額寶利用比活期存款利率更高的利率吸引資金，然后以同業存款的形式把資金還給銀行使用，銀行由於客戶投資餘額寶和央行的貨幣政策的收緊而缺資金，同業存款的利率就會

抬高，又會提升余額寶的收益率。結果就是銀行以14倍的成本，使用著原來低成本的資金。這對於銀行的衝擊是很巨大的。存款業務是銀行的根本，是放貸的基礎。

6.2.1.2 對中央銀行的衝擊

(1) 對中央銀行貨幣控製的衝擊

貨幣形態和支付方式是相互依存的。互聯網金融模式的創新，改變了互聯網環境下貨幣的形態，使得貨幣形態經歷以前的金屬貨幣、紙質貨幣、信用貨幣向電子貨幣轉變。從電子支票、銀行卡到商業銀行網上、手機支付，從銀行帳戶到支付機構虛擬帳戶，從銀行貸款融資到線上融資，貨幣的表現形式都是電子貨幣。而第三方支付機構、預付卡、P2P信貸融資等發展，出現電子貨幣的「私人供給」，勢必對中央銀行貨幣發行與控製造成一定程度影響。根據有關最新研究表明，移動支付和電子貨幣減少對現金貨幣的需求，影響基礎貨幣和貨幣乘數，從而使得中央銀行貨幣控製能力大大降低。

(2) 改變了傳統的貨幣政策傳導途徑

貨幣政策的傳導途徑包括信貸途徑、利率途徑。互聯網金融通過搭建平臺以及利用搜索技術，讓金融業務的供需雙方直接匹配，繞開傳統金融機構實現「金融脫媒」，比如P2P貸款、眾籌融資模式都是互聯網→仲介性質的體現。金融脫媒造成的銀行體系外資金流動，對依賴傳統商業銀行信貸渠道實施貨幣政策勢必造成影響。中央銀行出抬貨幣政策和信貸政策，調整市場流動性時，要充分考慮互聯網金融帶來的金融脫媒影響。互聯網金融有利於對資金進行市場定價，中央銀行通過利率工具傳導貨幣政策時，也要充分考慮互聯網金融市場利率與傳統金融市場利率之間的相互影響。

(3) 對中央銀行金融服務與管理的衝擊

第三方支付的發展通過提供差異化產品、分層服務、精準營銷等不斷提升客戶服務體驗，向客戶提供多元化和個性化的零售支付服務。支付服務創新也同樣帶來管理上的挑戰。正確處理好支付服務市場創新和監管的關係，是互聯網支付市場健康發展的關鍵。另外，互聯網金融主要是線上模式，這需要準確掌握客戶的資信狀況，這將催生徵信業務的需求以及徵信服務產品的創新。例如，依託互聯網平臺拓寬信用報告的查詢渠道，利用互聯網環境驗證個人身分信息以及在互聯網平臺接入支付機構、小額貸款公司。互聯網金融下產生的電子貨幣將減少現金的使用，也會對央行紙幣印發造成一定程度影響。

6.2.2 互聯網金融帶來的挑戰

6.2.2.1 互聯網金融對金融監管提出挑戰

從監管角度看，一方面互聯網金融憑藉信息處理和組織模式方面的優勢，在多數金融功能的發揮上比傳統金融更加有效率，交易及風險成本會更低，對推動金融體系的競爭與發展，有著相當積極的作用。另一方面，由於監管缺失，互聯網金融的發展壯大將會削弱監管層宏觀調控能力，挑戰傳統金融調控方式，因互聯網金融所發生的融資交易，幾乎都遊離於金融管控之外。在互聯網金融來勢洶洶的背景下，監管的難度加大，更面臨了一系列的挑戰，對互聯網存款及互聯網貨幣的發行帶來的政策調控問題。

首先，存款準備金是否上繳及比率問題。

為確保金融的安全運行，傳統商業銀行依據吸收存款的一定比率上繳存款準備金，而互聯網金融機構同樣面臨保證支付問題，如互聯網金融機構發行的互聯網貨幣對現實貨幣的兌付以及互聯網金融機構吸收存款。是否應將互聯網貨幣視為存款，是否應對互聯網金融機構規定上繳存款準備金，上繳比率確定為多少算合適等，都成為監管機構必須考慮的問題。

其次，存款保險制度是否適用問題。

存款保險是金融機構按吸收存款的一定比率向專門保險機構交納保險金，當金融機構出現信用危機時，由存款保險機構向金融機構提供財務支持，或直接向存款者支付部分或全部存款，以維護正常的金融秩序。在中國，存款保險制度的實施已被提上了日程，監管層面臨著互聯網金融企業及互聯網貨幣發行機構是否適用存款保險制度的問題。

再次，「無紙化」交易及終端多元化增加了監管的難度。

由於很多金融交易在網上進行，其電子記錄不僅無憑證可查，並且可以不留任何痕跡地加以修改，使監管數據不能準確反應機構實際經營情況，確認該交易的過程變得複雜，監管層難以收集資料做進一步審查。

最後，互聯網金融的技術特性給監管帶來較大壓力。

由於互聯網金融服務超越時空的特性，使互聯網金融機構利用互聯網繞過一國金融服務管制機構和政府管制措施變得相對容易，在市場化背景下，這必然對一國匯率、利率等產生影響。此外，當互聯網安全性受到威脅時可能會引發公眾對整個網絡金融系統的信任危機，危及整個金融系統的穩定性。

6.2.2.2 互聯網金融對金融穩定提出挑戰

從金融穩定的視角看，互聯網金融虛擬化的特點決定了互聯網金融運行中

存在的風險不僅具有傳統金融面臨的流動性風險、市場風險、信用風險等，還有其特殊性。主要表現在：高技術帶來的操作風險、網絡帶來的信息安全風險、網絡結構帶來的傳染風險、法律缺失導致的法律風險等。互聯網金融帶來便捷、快速、即時的金融服務同時，也加快了風險積聚的過程和程度，加劇了機構之間的傳染概率，隱藏的系統性風險相比傳統金融機構更高，對央行維護金融穩定提出新的挑戰。此外，當互聯網安全性受到威脅時可能引發公眾對整個網絡金融系統的信任危機，危及整個金融系統的穩定性。互聯網金融如同傳統金融一樣，在經濟過熱時互聯網經濟的擴散特徵加劇了經濟波動，這種順週期特徵加之機構間的易傳染性，對構建宏觀審慎政策框架增添了複雜程度和難度。

目前，中國在監管制度及法律法規方面尚不存在專門針對互聯網金融的內容。雖然中國人民銀行對第三方支付機構的業務發展進行了規範，但是像P2P網絡信貸平臺，並無監管主體和監管制度，處於一種監管真空狀態。中國網絡信貸平臺只要符合一般企業的工商註冊條件，向通信管理部門申請「電信與信息服務業務經營許可證」並辦理經營性網站備案即可開展相關業務。實踐中，網絡信貸平臺大多以投資諮詢公司或網絡技術類電子商務公司的名義註冊。銀監會於2011年8月發佈《關於人人貸有關風險提示的通知》，根據該文件，P2P信貸業務本身並不在銀監會監管範圍之內。2013年6月，中國人民銀行發佈《支付業務風險提示——加大審核力度提高管理水平防範網絡信貸平臺風險》的文件，警示商業銀行、支付機構防範網絡信貸風險，以防信用卡透支資金用於網絡信貸。對於商業機構從事網絡信貸業務，增加了監管壓力。互聯網金融理財、保險銷售、跨境支付涉及不同金融市場，其監管框架也會涉及不同監管部門，給監管協調帶來難度。另外，由於互聯網金融超越時空的限制，使得通過互聯網繞過一國金融管制變得相對容易，增加了監管難度。

6.3 互聯網金融的監管

互聯網企業將掀起金融機構的「鯰魚效應」。按照美國成熟市場的發展經驗，互聯網公司好比興風作浪的鯰魚，其對昏昏欲睡的魚群（傳統金融行業）生活領地的進犯將產生兩方面的影響：一是新進入的鯰魚積極獵食，即互聯網公司通過牌照申請積極建立互聯網金融企業；二是之前墨守成規的魚群奮起自保，部分魚群將得到成長，表現為傳統金融企業積極進行業務轉型，在互聯網

金融大潮中獲得新的發展機會。政府部門在這個過程中要順應互聯網金融的發展潮流，增強自己的調控及監管能力，指引互聯網金融健康發展。

6.3.1 積極推動，建立健全互聯網金融法律規範

互聯網金融對整個實體經濟、宏觀調控和金融改革都帶來深遠影響。為了使互聯網金融健康順利發展，提高互聯網經濟下的宏觀調控水平，必須加快互聯網金融的法律制度建設。

加強對P2P、眾籌融資等網絡信貸風險的研判，出抬針對這類遊離於監管之外的互聯網金融的監管法規。保護互聯網金融消費者權益，避免互聯網金融機構利用自身的隱蔽性向消費者推銷低收益、高風險的金融產品。要加強對「貼金」互聯網企業金融法律法規的普及，防止明顯違法或違規的現象發生。相比一直以來受到嚴格監管的金融機構，互聯網企業發展受到限制很少，「創新」和「突破」是互聯網企業生存的源泉。但互聯網企業一旦「貼金」，就不免受到現行金融法律法規的束縛。就目前來看，互聯網企業還沒擺脫以往一向「自由」的習慣，違規現象頻頻發生。如2013年10月21日，百度宣布推出目標年化收益率8%的理財計劃「百發」，幾天之後，中國證監會通過官方微博「證監會發布」回應稱，近日有媒體報導稱百度和華夏基金合作，推出面向互聯網用戶的百發8%保本保收益理財計劃，不符合相關法律法規的要求。

建立健全互聯網金融法律法規，強化安全防範措施。為了使互聯網金融順利發展，必須加快關於互聯網金融的法律制度建設。約束借助互聯網金融方式進行的犯罪活動，如非法避稅、洗錢、跨國走私、非法進行資金劃轉、對金融網站的非法攻擊等。保護互聯網金融消費者權益，避免互聯網金融機構利用自身的隱蔽優勢向消費者推銷不合格或低質量高風險的金融產品。

法律風險是互聯網金融存在的較大風險，為此，相關部門應該及時完善相關法律法規。具體可以從如下幾個方面著手：其一，加大網絡金融的立法力度，對銀行法、證券法、保險法等法律進行有效的完善，明確相關主體的權利義務。其二，規範交易規則，詳細規定交易證據保存、責任分擔、數字簽名識別確認等保護細則，切實保障互聯網金融的交易安全，避免洩露交易主體的個人隱私。

金融監管機制對互聯網金融的監管至關重要，為此需要從如下幾個方面著手：其一，加強國際合作，金融監管部門應該與國際組織進行金融監管合作，加強技術交流，完善司法解決經驗，深入促進雙方協調交流。其二，建立風險監管體系，成立專門的風險管理部門，加強各個監管部門之間的協調配合，推

動互聯網金融立法，協調網絡金融風險管理，組成能夠統一指揮、調度靈活的網絡金融監管隊伍。

6.3.2 高度關注，防範互聯網金融業務風險

互聯網金融建立在互聯網技術之上，為了確保互聯網金融安全，主要可以從如下幾個方面著手：其一，加強先進技術科研，研究包括諸多方面的內容，不但有計算機設備、系統軟件，還包括通訊設備、加密法等，只有不斷完善中國的信息技術，才能更好地保證互聯網金融的安全。其二，規範數據管理，制定統一的數據標準，實現金融機構的信息共享和數據交易，及時跟蹤和檢測網上的數據，避免數據丟失。其三，改善信任服務，為了防範交易中的不法行為，應該建立以數字證書為核心的網上交易體系。

互聯網金融涵蓋整個金融體系，無論是中央銀行等金融監管部門，還是商業銀行、支付機構，都需要密切關注互聯網金融業務風險。中央銀行應該密切關注互聯網金融發展對宏觀調控、貨幣政策、金融服務和金融穩定的影響，尤其是對互聯網金融安全可能引發的系統性金融風險，要格外保持高度關注，及早發現，避免風險蔓延。商業銀行、支付機構應謹慎發展網絡信貸平臺，對從事網絡信貸等投融資活動的商業機構，應嚴密監測其資金收付情況，建立健全交易監測、交易限額、延遲結算、風險準備金等風險管理制度，並探索建立網絡金融與自身業務的風險「防火牆」。

為了更好地避免業務風險、操作風險等的發生，應該對互聯網金融主體，主要是非金融機構的市場准入嚴格控制。具體來說，可以採取如下措施：其一，分類管理網絡金融業務，制定完善的分類標準，根據資信能力、業務能力對非金融機構予以分級，並以此為依據制定非金融機構開展網絡金融業務的權限。其二，全面加強市場准入管理，根據申報經營業務的不同，需要檢查非金融機構諸多方面的內容，不但包括其資本充足率、流動性，還包括交易系統安全、電子記錄準確等方面的內容，這樣才能避免客戶因相關主體退出產生損失。其三，嚴格把握技術設施狀況，申報金融機構以及非金融機構不但需要具備一定的網絡設備技術，還需要具備防泄漏、防篡改等關鍵技術。

6.3.3 科學引導，提高互聯網金融行業自律規範水平

建議各金融行業協會、小額信貸行業自律組織切實發揮行業自律作用，形成自律規範，明確業務性質、准入門檻、禁止行為、信息披露要求等。例如，要求會員機構在發展網絡信貸等互聯網金融時，不能觸碰非法集資、非法吸收

公眾存款兩條紅線；小額貸款公司在將線下貸款業務轉到線上開展時，要遵守線下金融業務的監管規定等。

要加快金融消費者的權益保護建設，加強對互聯網金融消費者的教育。

當互聯網金融發展起來后，針對現有金融機構的審慎監管或許將不復存在，取而代之的將以行為監督和金融消費者保護為主。因此，需要制定專門的互聯網金融消費者權益保護辦法，對交易過程中的風險分配和責任承擔、機構的信息披露、消費者個人信息保護等做出明確規定。

6.3.4 密切配合，完善互聯網金融監管的協調

隨著互聯網和金融體系的進一步融合，商業銀行、支付機構、證券基金、保險、境外金融市場之間的交叉線金融產品創新也會層出不窮。因此，各金融監管部門、信息行業監管部門、地方政府等要加強監管協調，完善貨幣政策和金融監管之間的協調，切實防範互聯網金融風險，促進互聯網金融規範健康發展。

要構建有效的互聯網金融合作監管體系，應對互聯網金融的混業經營態勢。鑑於互聯網金融的複雜性，傳統的分業監管模式已無法滿足其監管需求，建議推進和強化以人民銀行牽頭的綜合監管。僅以阿里巴巴為例，目前阿里已經涉足第三方支付（支付寶）、小額貸款公司（浙江和重慶小額貸款公司）、基金（天弘基金）、保險（眾安在線），並積極申請民營銀行和網絡銀行，加之互聯網技術的運用，傳統的分業監管模式已經難以有效對其進行監管，新的合作監管體系迫在眉睫。

完善互聯網金融運行環境，建立行業激勵機制，引導互聯網金融健康運作。因為網絡金融是虛擬的金融活動，增加了金融監管的難度，傳統的金融監管方式不再適用，因此，監管的重心在於服務、引導，完善互聯網金融運行環境及建立行業激勵機制，將有助於維護金融秩序，引導互聯網金融機構作出相應的政策選擇，降低互聯網金融機構隱蔽信息欺騙監管部門的可能性。

加強與其他國家金融監管當局的協調與合作。應加強與別國金融監管層的聯繫，相互學習、相互借鑑，提高監管雙方的效率，在時機成熟時可以考慮嘗試建立靈活的聯合監管協調機制。

6.3.5 加大科技人才的培養，重新審視科技人才在監管機構中的作用

人才資源是企業發展的第一資源，互聯網金融存在很強的專業性、綜合性，且對工作人員的創新能力、應變能力等有著顯著的要求。為此，應該採取

如下手段，完善金融人才體系：其一，引進專業人才，為了更好地充實中國互聯網金融隊伍，應該從國際市場挖掘大量優秀人才，改善網絡金融監管隊伍人才結構，同時還能將國際上先進的監管經驗和技術在金融機構內部共享。其二，培訓現有監管人員，監管人員對互聯網金融風險的預防有著至關重要的作用，為此可以採用培訓班、考察學習、交流訪問等方式對其進行培訓，建立高素質複合型人才隊伍，這樣才能更好地推動中國互聯網金融的發展。其三，建立科學的人才培養體系，要根據當前金融行業發展趨勢，開展涉及銀行、證券、保險、基金、信託、網絡技術等等領域的複合型課程，加大金融知識的融合力度，建設更加適應金融市場發展的綜合型金融管理人才。

由於受到先進互聯網企業和金融機構高薪的「誘惑」，大量優秀人才流入互聯網金融企業，而少數進入金融監管機構的科技人才，往往被分配到科技崗位，進行數據處理和信息系統維護。金融監管機構內業務和監管崗位，往往都由不擅長計算機技術的經濟、金融專業人士擔任。隨著互聯網金融的發展，需要重新審視此類人員的安排。經濟、金融專業人士能否有效對互聯網金融進行監管，科技人才進入業務監管崗是否會有助於提升監管機構的監管能力，都值得深思。

7 中國影子銀行的風險及監管

7.1 影子銀行概述

7.1.1 影子銀行的概念

7.1.1.1 國外對影子銀行的理解

2007年,美國太平洋投資管理公司的執行董事麥卡利(Paul McCulley)第一次提出了影子銀行體系的概念。然而,麥卡利並未明確界定該詞的含義,只是泛指「有銀行之實卻無銀行之名的種類繁雜的各類銀行之外的機構」(McCulley,2007)。

2008年6月,紐約聯邦儲備銀行行長蓋特納在紐約經濟俱樂部發表演講時指出,金融體系的結構發生了根本性的巨變,傳統銀行系統以外的資產所占的比重變得越來越大。蓋特納將這種非銀行營運的金融機構與融資安排稱為平行銀行系統。平行銀行系統中的許多機構利用還款期限短的負債所提供的資金,購買了大量風險高、流動性較弱的長期資產,但它們又缺少類似傳統銀行所擁有的存款保險等保護機制。

國際貨幣基金組織(IMF)2008年10月的全球金融穩定報告(GFSP)中首次使用準銀行體系的概念,指出準銀行體系的機構職能與銀行類似,但是卻不受中央銀行的監管,不在國家金融安全網的保護範圍之內。準銀行體系概念的實質與早前提出的「影子銀行體系」、「平行銀行系統」概念是一致的。

2010年5月美國金融危機調查委員會FCIC在一份報告中將影子銀行定義為傳統商業銀行體系之外的類銀行(Bank-like)的金融活動:從投資者或者儲蓄者手中獲取資金並最終向借款方融資,其中這類金融活動大多數不受監管或僅受輕度監管(FCIC,2010)。

2010年9月,美聯儲主席伯南克在國會作證時將影子銀行定義為:「除接

受監管的存款機構以外，充當儲蓄轉投資仲介的金融機構。」

2011 年 4 月，「金融穩定委員會」綜合考量各方面的因素後，從三個層面給出了較為全面的定義：影子銀行體系廣義上是指由在常規銀行體系之外的實體及其活動所組成的一個信貸仲介系統（System of Credit Intermediation）；影子銀行體系狹義上是指上述系統中那些具有系統性風險隱患和監管套利隱患的實體及其活動；此外，影子銀行體系還包括那些僅為期限轉換、流動性轉換以及槓桿交易提供便利的實體（如金融擔保機構、債券與抵押貸款保險商）（FSB, 2011a）。

7.1.1.2 國內對影子銀行的理解

中國的金融創新程度相對較低，資產證券化發展並不成熟，影子銀行的發展還處於比較初級的階段，而國內學者也對影子銀行體系這一概念有著不同的見解：

楊旭（2011）認為，中美兩國的影子銀行差異很大。中國的影子銀行體系不僅包括銀行業不受監管的證券化業務，還包括信託公司、委託貸款、小額貸款公司、擔保公司、財務公司和金融租賃公司等進行的「儲蓄轉投資」業務，甚至包括不受監管的民間金融。

範坤（2011）認為，中國影子銀行與西方差異主要在於，中國採用的是與傳統銀行類似的組織方式、資金來源和運用模式來實現其融資功能，並多數服務於實體經濟，有助於提升金融效率。

龔明華、張曉樸等人（2011）認為，影子銀行一般指行使商業銀行功能卻不受類似商業銀行那樣嚴格監管的非銀行金融機構，包括按揭貸款公司、金融公司、資產證券化載體、對沖基金、私募股權基金、結構投資載體（SIV）等，有時甚至包括其他的金融工具和金融產品。

綜上所述，影子銀行可概括為：在常規銀行體系之外的實體及其活動所組成的一個信貸仲介系統。一般包括：信託公司、小額貸款公司、私募基金、擔保公司、財務公司以及民間金融等。

7.1.2 影子銀行的形成與發展

7.1.2.1 影子銀行產生的一般原因

(1) 金融產品創新

從近二三十年發生的情況來看，影子銀行的產生與發展首先歸根於美國金融產品創新。

隨著美國金融管制的放鬆，一系列金融創新產品不斷被創新出來，影子銀

行體系就是在這一過程中逐漸形成的。而在各類金融產品中，衍生產品和結構性產品的發展遠遠超過了傳統金融產品。截至 2007 年年底，傳統金融產品總值約 70 萬億美元，1999—2007 年間，其年均增長率為519%；而衍生產品名義合約額超過了 165 萬億美元，其年均增長率為2117%。比較傳統金融產品和衍生金融產品的年均增長率，衍生金融產品發展更為迅速。衍生產品中結構性產品佔有較大比例，2000 年總規模約 5000 億美元，到 2007 年已發展到 216 萬億美元，年均增長6000%。也就是說，影子銀行的出現本身就是對傳統銀行模式的一種顛覆與替代，是對傳統銀體系的運作模式、產品結構、經營方式的創新。

資產證券化是現代金融創新的一大手段。住房按揭貸款支持證券（Mortgage Backed Security，簡稱為 MBS）是最早的資產證券化產品，產生於 20 世紀 70 年代的美國。早期住房按揭貸款債券僅是一種政府信用機構參與的轉手債券。由於這種證券化資產持有的期限過長、定價基礎不穩定、會計處理不便利，從而影響了投資者的進入及債券的銷售。為了解決這種轉手債券存在的弊端，20 世紀 80 年代初期，資產證券化的產品創新取得了重大突破，出現了住房按揭貸款擔保債券（Collateralized Mortgage Obligation，簡稱為 CMO）。隨著 CMO 的出現，住房按揭貸款證券化開始進入一個快速發展階段。從 1992 年起，住房按揭貸款支持證券市場餘額僅次於國債餘額，成為美國資產市場最為重要的投資產品。但是，這些證券化資產仍然以政府信用機構參與的優質的按揭貸款為基礎資產。不過，在 2000 年后，不僅住房按揭貸款證券化的速度進一步加快，其基礎資產也開始發生變化，即次級按揭貸款開始逐漸成為證券化的基礎資產。這種情況的出現與當時美國國內外市場環境發生巨變有關。在 2000 年納斯達克股市泡沫破滅事件之後，美聯儲為了防止美國經濟衰退而採取寬鬆的貨幣政策，從而使得金融市場流動性泛濫，並使一些次級信用居民進入房地產市場。次級按揭貸款證券化也在這一背景下快速發展。

金融市場的流動性泛濫，不僅導致房地產泡沫泛起，而且也造成了結構性信貸產品的快速擴張。結構性信貸產品快速發展不僅源於這種產品自身的快速創新，更重要的是源於金融市場的需求及跨境資產的流動而導致的全球經濟失衡。所以說，金融產品創新是影子銀行體系形成的內在動力。

（2）機構投資者的快速擴張

除了金融產品的創新，數量眾多且資產規模不斷擴大的機構投資者也是進一步推動影子銀行體系迅速發展的重要原因之一。20 世紀 70 年代以來，美國金融市場和金融體系發生的一個重要變化是機構投資者的迅速增多，既包括貨

幣市場共同基金，保險公司以及私人養老基金等非銀行金融機構，也包括微軟、IBM以及通用電器等大型跨國企業。

以貨幣市場共同基金為例，20世紀70年代末其資產總額僅為40億美元，而在2008年全球金融危機爆發前其資產總額已達到3.8萬億美元。一些機構投資者持有數額龐大的現金，並且強烈偏好投資期限短、流動性好以及安全性高的金融資產。因此，商業銀行的活期存款、短期國債以及以國債擔保的金融資產等是這些機構投資者主要的投資目標。然而，這些金融資產卻不能滿足機構投資者的需求。第一，聯邦存款保險公司規定了銀行的存款承保上限，這使得活期存款無法滿足機構投資者的投資需求。第二，國債市場規模以及外國投資者對美國國債強勁需求形成對機構投資者的限制，短期國債以及以國債為擔保的金融資產同樣難以滿足機構投資者。據Pozsar（2011）保守估計：僅在2003—2008年這一期間，美國機構投資者對短期的政府擔保投資工具的需求缺口就高達1.5萬億美元。由於機構投資者的超額需求無法在貨幣市場和商業銀行體系內得到滿足，因此，其只能投資於影子銀行體系，即購買流動性高且名義上安全性也較高的金融產品，如高信用等級的資產支持證券以及用安全資產做抵押的回購協議。換言之，這些擁有龐大資產規模的機構投資者充當了影子銀行體系的存款人，他們通過購買金融產品的方式將現金資產存入影子銀行體系，並最終為借款人融資。

7.1.2.2 中國影子銀行產生的特殊性

中國金融市場有嚴格的准入限制，這導致中國金融發展嚴重不足。另外，受管制的市場利率特別是存款利率並不能真實反應市場真實的價格。這一切，使得非正規金融開始逐漸替代正規金融，中國的金融發展出現替代化，正規金融控製的嚴格化使得非正規金融在新時期新需求下迅速發展。越來越多的非銀行金融機構迅猛增加，為影子銀行的成長提供可能，一些與銀行有相似業務、關聯業務的金融機構逐步成長壯大，逐步具備供給資金的能力，成為「影子銀行體系」。

中國是典型的銀行主導型的間接融資金融體系。改革開放30年多年來，銀行信貸占據社會總融資的80%以上。但進入新世紀以來，隨著全球金融市場化和「金融深化」的快速發展，融資格局發生了轉變，銀行業金融機構的融資規模占全社會融資總量的比重在逐漸縮小。近些年隨著「金融脫媒」和大量表外資產的出現，「影子銀行」卻在迅速發展，表內信貸增長量已不能完全反應全社會的資金供求狀況。金融總量快速擴張，金融結構多元發展，金融產品和融資工具不斷創新，商業銀行表外業務對貸款表現出明顯替代效應，再加

上其他融資方式的迅速發展，銀行貸款在經濟發展中的作用逐步減弱。

2011年以來，由於國家開始實行穩健的貨幣政策，銀行開始減少信貸規模。但是實體經濟的資金需求依然旺盛，難以得到滿足，房地產、地方基礎設施建設需要大量資金。在短期前景向好的預期下，房地產業加大了對資金的爭奪力度，使得本來就不低的利率進一步上漲，利率上漲的代價使得中小企業獲得貸款的難度也隨之增加，這些處於弱勢的企業不能在銀行借到款，只好轉身於非正規金融機構——「影子銀行」，這使得「影子銀行」進一步興起壯大。

同時，一些金融機構，為了規避中央銀行的信貸管制，逃避金融監管，把信貸業務從表內移到表外；而對於老百姓而言，由於通貨膨脹率過高導致了實際利率為負，相當一部分居民與企業不願意繼續把錢存入銀行，他們減少了銀行儲蓄，將資金更多投放於銀行理財、基金投資、私人借貸等，從而形成「金融脫媒」。可見，中國國家對利率的管制是刺激影子銀行產生並壯大的重要原因。

綜上所述，中國「影子銀行」產生的根本原因是：第一，國家對金融發展實行了嚴格控制，這種控制的結果導致傳統銀行這種正規金融機構不能滿足實體經濟的需求，於是，非正規金融——「影子銀行」應運而生，填補了金融需求的缺口；第二，資金提供者不願意接受很低的實際利率，為獲取更高收益，將銀行存款轉移到理財、基金、信託、保險、私人借貸等金融產品上，提供「影子銀行」所需要的資金；第三，大量非金融機構的發展起了助推作用，越來越多的機構正在湧入這個新興的體系中。

近年來，中國影子銀行體系發展迅速，影子銀行規模不斷擴大。目前對中國影子銀行規模的估算大致有以下幾個角度：

一是以金融產品來界定影子銀行，估算規模大致為28.8萬億人民幣，占2012年GDP的55.4%，占銀行體系全部存款餘額的32.3%。根據FBS發布的2012年全球影子銀行監控報告，2011年全球影子銀行業務規模為66.6萬億美元，是全球同期GDP的111%。依此簡單對比，中國影子銀行規模不算太高。

二是估算影子銀行業務占全社會融資總量的比例。根據央行公布的社會融資規模，除人民幣貸款和外幣貸款之外，近幾年來，委託貸款、信託貸款、未貼現的銀行承兌匯票、企業債券、非金融企業境內股票融資這5項合計占全社會融資規模之比例快速上升。2009—2012年分別達到22.62%、37.67%、33.76%和42.1%。此類數據亦顯示，近幾年來，中國影子銀行業務快速發展。

三是根據五大類資產管理規模來近似評估影子銀行規模。截至2012年9月末，五大類資本管理規模總額達到23.35萬億元，其中銀行理財6.73萬億

元，信託6.32萬億元，基金2.47萬億元，保險6.90萬億元，券商0.93萬億元[1]。

四是側重估算銀行理財產品規模，這可能是人們主要擔心的影子銀行產品。截至2012年9月末，銀行理財產品余額6.73萬億元人民幣，相比2011年末的4.59萬億元，增長近47%[2]。銀行理財產品蓬勃發展的背后，主要是中國利率市場化的加速推進。

7.1.3 影子銀行的特徵與分類

7.1.3.1 影子銀行的總體特徵

(1) 高槓桿率

這是影子銀行最顯著的特點。投資者通過槓桿操作、舉債來增加持有的頭寸，以小博大。理論上來說，舉債的風險越低，投資可能收益越大，投資者傾向適用的槓桿率越高。影子銀行由於融資渠道不及傳統商業銀行廣闊，資金力量不夠雄厚，要想從事大量大額的投資項目並追求贏取更高的利潤，必須採用極高的槓桿率舉債經營，這是無論何種影子銀行機構都會採用的經營策略。

為了保證8%的資本充足率，傳統商業銀行使用的槓桿率不超過12.5倍。而對於影子銀行，有數據顯示，美國CDS（Credit Default Swap，信貸違約掉期）的交易合約總額曾經超過60萬億美元，它們賴以發起的擔保品實際價值只有2.7萬億美元，其槓桿率達到200倍。IMF的研究也表明，截至2007年年底，世界上10大投資銀行控製的資產超過13萬億美元，平均槓桿率約為30.6倍，而在2003年平均槓桿率尚不到23倍。而在美國FCIC的報告中提到，在2007年金融危機爆發以前，美國銀行控股公司的槓桿率為10∶1—20∶1，而投資銀行的槓桿率為30∶1—40∶1。資產證券化過程中設立的特殊目的機構傾向於持有少量的權益性證券，使得它們的槓桿率更高至100∶1。

影子銀行向傳統銀行信貸、資本市場等借入資金，獲得原始資本，運用槓桿操作再投資於內生槓桿性的證券或金融衍生品，資金量擴張幾倍至幾十倍，可以獲得的利潤也會成倍增長。影子銀行操作業務的槓桿效應主要體現在股票市場、回購市場和金融衍生品市場。在股票市場上，融資融券交易是典型的槓桿工具，其反覆循環的使用，能將槓桿效應成倍擴大，通常監管部門會對其課以保證金要求，以控制槓桿率的使用。在回購市場上，影子銀行可以利用本回

---

[1] 數據來源：金融界網站http://baNk.JRJ.com.cN/2013/01/14151714940440-1.shtml。
[2] 數據來源：金融界網站http://baNk.JRJ.com.cN/2013/01/14151714940440-1.shtml。

购协议所获得的资金再回购，常见的投资对象政府债券是低风险的可靠投资产品，因此所允许的杠杆比率通常要高于股票市场。而在期权期货等金融衍生品市场中，杠杆效应的产生跟以上两种市场的方式大同小异，杠杆率的大小因不同的合约而有变化，其所在的交易所可以决定金融衍生品交易的保证金，也会影响到杠杆效应的大小。

（2）不透明性

影子银行的不透明性表现在其产品设计和信息披露制度两方面。

影子银行的产品设计一般都非常复杂。金融工具的结构化使用、高杠杆操作、资产证券化和衍生品的反覆套嵌等，都推动了影子银行的业务活动与产品愈加的复杂化和多样化。而在如此复杂的结构设计背后，是巨大的信息不对称和不透明性。很多投资者对影子银行产品的构成和定价没有深入的了解，对投资过程的风险缺乏清晰的认识。而影子银行在证券化等产品重组包装过程中，为了提高产品的发行规模，追求更高的利润，会潜意识掩盖基础资产信息，并引入更多的技术手段强化产品的附加值，进一步增强了影子银行产品设计上的不透明性。

在信息披露方面，影子银行的活动大多都在场外交易市场进行。场外交易市场中的投资者一般是「一对一」交易，有些场外交易市场还实行做市商制度，进行双向报价，做市并撮合交易。场外交易市场内的投资者都是通过自己独立的了解认知和判断来选择交易对象，并且每一笔交易都具有相对独立的法律合同关系。由于场外交易市场的交易对象多样化、交易区域分散、情况复杂，所以都采用自律监管模式，并没有场内交易市场的严格公开信息披露制度。因为影子银行交易模式的特点，影子银行的产品又不可避免地涉及不能公开的商业秘密，造成影子银行交易的信息披露不公开、不完整，常常出现不真实的情况。

（3）批发业务模式

影子银行的出现和发展为全球金融体系在传统商业银行的零售业务模式之外，增加了一种新的业务模式。传统商业银行体系主要采取零售经营模式，主要业务对象为个人和企业客户，是对单个客户的融资或贷款，在业务过程中可以针对每笔业务个案搜集信息、识别风险、设计流程、推进业务等，而传统银行的利润也是由众多零售业务累积而成。

影子银行却完全不同，影子银行的融资和投资都是以批发（Wholesale）方式进行的。首先，影子银行的融资具有批发的性质。影子银行机构在商业票据市场、回购市场、拆借市场等货币与资本市场集中大批量进行举债融资，这

種融資不是針對某一特定個體的單個交易，而是通過證券的規模發行認購來獲得批量資金，對象也大多是機構投資者。其次，影子銀行的投資活動也不同於傳統銀行貸款業務，它是通過從不同渠道購買基礎資產和商業票據等證券來持有資產，投資項目。相比零售業務模式，影子銀行採用的批發業務模式流動性渠道更為通暢，資本消耗成本更低，業務規模更大，並且可以獲得更為豐厚的利潤。與此同時，批發業務模式也會帶來信息不對稱性更加聚集，對流動性依賴更強和系統性風險更大的弊端。

（4）信用創造作用

影子銀行是一種信用仲介，信用仲介的最大特點和作用即是它的信用創造作用。影子銀行為金融市場融通資金的同時也刺激了傳統商業銀行的貸款發放，間接擴大了傳統商業銀行的信用創造。並且影子銀行因為本身受到的監管約束程度更低，槓桿率很高，所以其信用創造作用某種程度上更強於傳統商業銀行體系。

7.1.3.2 影子銀行的具體表現形式

雖然目前學術界和實務界對影子銀行的具體表現形式有不同的看法，但大多數觀點認為：信託公司、私募基金、小額貸款公司、民間借貸等是影子銀行的典型形式。

（1）信託公司

信託公司是以信任委託為基礎、以貨幣資金和實物財產的經營管理為形式，融資和融物相結合的多邊信用行為。信託業務主要包括委託和代理兩個方面的內容，前者是指財產的所有者為自己或其指定人的利益，將其財產委託給他人，要求按照一定的目的，代為妥善的管理和有利的經營；后者是指一方授權另一方，代為辦理一定經濟事項。

信託公司資金來源除了註冊資本金之外，更多的則來自金融理財市場。他們在市場上尋找那些沒有資格在商業銀行貸款的客戶，為他們提供貸款，同時索要高於一般水平的貸款利率。信託公司可以發行理財產品，吸取客戶的資金為他們提供理財服務，信託公司擁有很高的信用創造能力，成為商業銀行貸款的競爭者和補充者。

近年來信託業發展迅速，其中很大一部分體現為銀理財合作。銀信理財合作業務是指商業銀行將客戶理財資金委託給信託公司，由信託公司擔任受託人並且按照信託文件的約定進行管理、運用的行為。從法律關係來分析，其交易關係的主體包括商業銀行、信託公司和財務公司等，交易關係的客體包括信貸資產、票據資產、信託貸款等類資產證券化業務。通過銀信理財合作，資金

需求者與資金供給者建立了連接,這在本質上與銀行信貸並無區別。因此銀信合作是影子銀行的一種表現形式已被普遍認同。

從銀信理財合作業務的金融本質來看,目前,中國銀信理財合作業務的整個體系也類似於歐美的「影子銀行」體系。例如,一些貨幣型或利率型產品非常類似於貨幣市場存款帳戶,大量掛勾型產品相當於結構化金融工具,規模龐大的信貸類產品則相當於簡易型的信貸資產支持票據,其他一些產品則具有私募基金的性質(袁增霆,2011)。

銀信理財合作業務重點表現為銀行通過信託計劃購買自身信貸資產或發放信託貸款,以規避信貸規模控製;而信託公司則專注於提供信託通道並收取通道費用。通過融資型銀信合作,銀行可以不占用存款向外發放貸款,而以發行信託理財產品的方式募集資金「隱蔽」地向企業貸款。由於融資類銀信合作理財產品屬於銀行的表外資產而非表內資產,可以少受甚至不受銀監部門的監管,因而成為中國式「影子銀行」的典型代表。信託業協會近日公布的 2012 年四季度末信託公司主要業務數據顯示,截至 2012 年年底,信託全行業 65 家信託公司管理的信託資產規模為 7.47 萬億元。並且信託公司發展迅速,截至 2013 年 2 月末,信託業資產規模為 8.27 萬億元,相比 2012 年末的 7.47 萬億元增長了 8000 億元[①]。

(2)私募基金

私募基金主要包括私募股權投資基金(PE)和私募證券投資基金。私募證券投資基金是單純的股權交易,不進行信用仲介活動,故不屬於「影子銀行」體系。私募股權投資基金是指對非上市企業採取權益類方式投資的私募基金,市場投資主體在投資決策前會謹慎篩選並在投資後通過退出實現權益價值增值(黃亞玲,2009),屬於中國「影子銀行」體系的組成部分。從其金融實質分析,PE 是直接從投資者處獲取資金,然後為目標企業融資,充當著直接或間接的融資渠道。同時,PE 會與商業銀行或投資銀行捆綁在一起,相互之間進行資金和產品的融通,直接放大貨幣和銀行的信用(曹彤,2011)。從其法律關係來看,PE 從投資者處獲得資金,相當於銀行的「吸收存款」,而將資金投入目標企業,相當於銀行的「發放貸款」。從監管來看,目前 PE 在中國仍處於監管的灰色地帶。

(3)小額貸款公司

小額貸款公司是信用仲介機構,其資金來源主要有股本融資、從金融機構

---

① 數據來源:中國信託業協會 2012 年第四季度公布數據。

融資、股東借款、委託存款等等，同時一些創新業務如應付款保函保證金也提供了少量資金。小額貸款公司是以小微企業、低收入群體和農戶個人為主要服務對象的草根金融機構，在當前暗潮湧動的民間資金和求貸無門的小微企業間小額貸款公司發揮著重要的橋樑作用，近年來獲得了快速的發展。

小額貸款公司可以通過發放貸款形式和應付款保函貼現直接為實體經濟提供信貸，同時也可通過購買金融債、同業存放為正規銀行提供資金，還可以為企業或個人提供擔保、開出應付款保函方式間接為實體經濟提供信貸。從小額貸款公司的基本特徵可以看出，小額貸款公司是法人實體，有自身的資產負債業務，可直接和間接為實體經濟提供信貸，但小貸公司不吸收存款，和商業銀行有本質區別，監管也相對薄弱，因此，小額貸款公司應被確認為影子銀行系統的組成部分。

近幾年，小額貸款公司數量及貸款餘額都經歷了一個快速的發展。央行數據顯示，在2009年末，小額貸款公司數量僅有1334家，貸款餘額為774億元；但到2010年年底，全國共有小額貸款已發展到2614家，貸款餘額1975億元，當年新增貸款1202億元。而從業人員也從2010年末的2.79萬人，發展到2012年末的7.03萬人。中國人民銀行2月1日發布的統計數據顯示，截止到2012年12月末，全國共有小額貸款公司6080家，貸款餘額5921億元，全年新增貸款2005億元，同比增長52%，高出同期人民幣貸款增速37個百分點[①]。其新增貸款餘額相當於一個中型商業銀行信貸規模。

（4）民間借貸

民間借貸是指遊離於正規金融體系之外的一種信用行為，泛指存在於民間的企業、個人之間為解決資金需求而發生的資金借貸行為。根據運作形式的不同，可分為居民間直接借貸、民間合會、企業集資、企業間借貸、私募股權投資等。

中國民間借貸市場的發展呈現以下特點：

①各地民間借貸的活躍程度不同。民間借貸的活躍程度與區域金融生態發展水平、各地經濟總量以及民營經濟的發達程度相關。北京、上海、天津等地區正規金融機構多、金融生態環境好，中小企業對於民間借貸的需求不旺盛；西部地區由於經濟發展較為落後，民間借貸規模相對較小，利率低於全國平均水平；以浙江省為代表的一些民營經濟較為發達的地區，民間借貸規模居全國前列，利率水平大多數超過全國平均水平。

---

① 數據來源：中國人民銀行2012年小額貸款公司數據統計報告。

②融資規模逐年擴大。中國人民銀行研究局（2008，2010）在借貸領域做了兩次調研，發現當時中國民間借貸資金存量約 2.4 萬億元，占借貸市場比重達到 5.6%。中信證券研究報告認為，截止到 2011 年年底，中國民間借貸市場總規模已經超過 4 萬億元，約為銀行表內貸款規模的 10%～20%。溫州的民間借貸在全國最為突出，據央行溫州中心支行最新公布的《溫州民間借貸市場報告》顯示，溫州有 89% 的家庭個人和 59.67% 的企業參與民間借貸，個人參與民間借貸的數量比企業多。根據溫州學者吳國聯（2011）的抽樣調查，測得當地民間借貸市場規模約 1100 億元，占全市銀行貸款 20%，與 2001 年末相比增長了 2.4 倍以上。

③民間借貸利率逐步攀升、借貸期限短期化明顯。隨著近年來通貨膨脹壓力以及銀行利率上調，民間借貸利率逐步攀升，利率水平差異較大，利率市場化特徵明顯。2008 年，浙江省銀監局曾做過調研，當時最高的借貸年利率曾達到 130%。隨著 2009 年國家實行適度寬鬆的貨幣政策，尤其是在 4 萬億投資背景下，民間借貸利率一度下滑。根據人民銀行溫州中心支行的監測數據，2010 年 10 月份的民間借貸平均利率達到 39.19%。隨著 2011 年年初銀行銀根收緊，民間借貸又開始「量價齊升」。2012 年以來，溫州民間借貸利率不斷上升，利率水平已達到歷史最高值，有的甚至年息高達 150%[①]。同時，當前民間借貸期限短期化明顯，貸款更多地用於彌補企業流動性不足以及個體工商戶和農戶的生產經營性資金。有數據顯示，在溫州做實業的中小企業毛利潤僅在 3% 到 5% 左右，導致越來越多的中小企業參與到民間借貸當中，甚至出現了拆東牆補西牆的情況，不斷用更高利息借到的本金來償還之前貸款的利息。

④資金來源以個人為主，融資渠道及形式多元化。除了個人和企業直接借貸、企業集資（集股）、私募基金、資金仲介以及地下錢莊以外，小額貸款公司、典當行、擔保公司、自發性金融與產業協作組織等機構大量參與民間借貸，組織化程度有所提高。在多種形式的民間借貸中，以網絡借貸為代表的新型借貸方式發展迅速。其中 P2P（即 Peer-to-Peer，個人對個人）網絡借貸和 B2C（Business-to-Customer，商家對顧客）模式網絡小額信貸發展迅速。P2P 網絡借貸，是指個人利用網絡平臺將自己的閒置資金（抑或出於投資目的）出借給資金短缺者的新型商業營運模式，其實就是民間借貸由「線下」發展到「線上」的網絡版。從 2007 年起，在歐美已經發展十分普遍的 P2P 借貸模式進入中國。在不足 5 年的時間裡，P2P 網絡借貸總規模已經達到 60 億。當

---

① 數據來源：《新晉商》2011 年 04 期，作者：翁海華、王小波、熊鋒。

前比較流行的還有以阿里巴巴集團旗下阿里小貸為代表的 B2C（Business-to-Customer，商家對顧客）模式網絡小額信貸。阿里小貸通過對旗下幾大交易平臺數據庫信息的統計來評估客戶，發放小額貸款。截至 2012 年 2 月末，阿里小貸已累計為 10.30 萬戶小微企業發放信用貸款，累計放貸超過 260 萬筆、170 億元，不良率為 0.9%，遠低於商業銀行。相信隨著中國的金融管制逐步放開，相關法律日益健全，在中國巨大的人口基數、日漸旺盛的融資需求、落后的傳統銀行服務狀況下，這種網絡借貸新型金融業務有望在中國推廣開來，獲得爆發式增長，得到長足發展。

7.1.4　中國影子銀行案例——中誠信託「誠至金開 1 號」

中誠信託為原中煤信託改制而來，截至 2014 年 8 月，股東包括國華能源投資有限公司持股 20.35%，為公司第二大股東，兗礦集團有限公司持股 10.17%，為公司第三大股東，還包括永城煤電控股集團有限公司、中國中煤能源集團有限公司、山西焦煤集團有限責任公司等一系列涉礦企業。而這使得中誠信託對礦產信託業務相當有經驗，而其信託產品「誠至金開 1 號」同樣也屬於礦產信託，卻產生了巨大的兌付風險。

中誠信託於 2011 年 2 月 1 日正式設立「誠至金開 1 號」集合信託計劃，融資額度達 30.3 億元，存續期 36 個月，到期日為 2014 年 1 月 31 日，信託運行滿 1 年后。原定預期年化收益率達 9.5%-11%，託管銀行為中國工商銀行。信託資金用於對山西振富能源集團有限公司進行股權投資，用於該公司煤礦收購價款、技改投入、洗煤廠建設、資源價款及受託人認可的其他支出。原先計劃整合完成后振富能源將形成一個年產達到 360 萬噸，開採煤種涵蓋焦煤、動力煤、無菸煤的大型綜合煤礦集團。然而自 2013 年 12 月第三次信託收益分配基準日開始，開始出現股權維持費欠繳現象，產生兌付危機。

信託計劃稱振富能源公司擁有五座煤礦（含一座過渡保留礦井）、一座洗煤廠。其中三座煤礦處於技改狀態。並且擁有振富能源公司、山西紫鑫礦業集團有限公司、柳林縣振富煤焦有限責任公司股權質押。截至 2011 年 12 月 30 日，振富能源公司正常營運，自產及外購原煤 126.26 萬噸；銷售原煤 119.29 萬噸、精煤 16.29 萬噸。公司資產總額 64.24 億元，所有者權益合計 41.70 億元。

此后，2012 年 5 月 11 日，振富能源公司實際控制人王平彥以涉嫌非法吸收公眾存款罪被柳林警方刑事拘留，不久就被移送檢察機關審查起訴。公司建設資金凍結，各項建工處於停滯，由於公司需要償還債務，將本身能夠產生現

金流的資產已用於抵債，因此在缺乏現金流的情況下，兌付希望渺茫。

而推介書中所提到的五座煤礦有四座或者未完成收購，或者採礦權有爭議，或者沒有取得換發的採礦權證，均不符合採礦權抵押的條件，使得擁有這些採礦權的公司股權質押均不符合相應條件，企業質押手續到最后仍然沒有辦理完畢。即使採礦權的抵押沒有爭議，但由於自 2011 年逐漸走低的經濟狀況和煤炭價格，採礦權本身的價值出現了較大貶值，兌付仍然存在隱患，一旦採礦權出現問題會使得質押股權喪失價值，信託將會面臨巨大兌付風險。事實上，在此之前，由於與當地村民的糾紛，採礦權本身存在巨大不確定性。

在出現了兌付危機后，許多投資者職責中誠信託盡職調查不完善，對於採礦權糾紛以及此后振富能源公司的民間借貸情況均未做出說明。而在對於煤礦價值的評估上，投資者同樣認為存在較大問題。

中誠信託與中國工商銀行同樣就此產品責任進行推諉，一方面本身信託產品並非銀行擔保，與銀行並無直接關係，工商銀行按常規模式確實不應該對此承擔責任；另一方面信託公司與銀行合作，實際上常常僅為銀行產品做渠道，因此在一定程度上銀行同樣有責任，由此也暴露出銀信合作的風險隱憂。

最終，在 2014 年 1 月 27 日中誠信託在官網發布《誠至金開 1 號集合信託計劃臨時報告（五）》稱，中誠信託作為受託人「已與意向投資者達成一致」，據《每日經濟新聞》對於投資者的報導，信託計劃的本金兌付，剩餘利息不予兌付。至此，仍然進行了「剛性兌付」，並且成為之前被認為的信託行業打破「剛性兌付」的第一單。但 2014 年 7 月「誠至金開 2 號」集合信託計劃發布通告稱信託計劃延期，兌付問題再次產生，也讓信託行業風險又一次成為焦點。

此次案例中體現了銀行業與信託業合作與信託行業內部風險的問題，同時還體現出了在該領域監管的滯后與不足。而這也正是中國當前影子銀行體系中最為常見的情況。

7.2 影子銀行的宏觀效應

7.2.1 加速了金融全球化進程

金融全球化是指不同國家的金融市場融為全球一體化市場的過程，具體表現為資本流動、貨幣體系、金融市場、金融機構、金融協調和監管的全球化。金融全球化能夠促使不同國家的投資者在國際資本市場上配置資產。發展中國

家能夠借助國際資本市場解決國內資本短缺問題，從而促進經濟增長，但同時也替發達國家分擔了金融風險。金融的自由化和全球化促進了各金融機構及影子銀行體系的發展，同時影子銀行體系的發展對金融全球化也具有反作用。

7.2.1.1 促進了資本的跨境投資

從宏觀層面來看，全球金融一體化使得影子銀行成為這一趨勢的承載體和推動者，並成為國際金融業務的仲介和國際金融資產的持有人。以美國為例，美國金融市場在全球金融市場中的特殊地位決定了其影子銀行體系是全球化的。一方面，歐洲或亞洲的商業銀行通過出售信用賣空期權合約的方式成為美國「外部」影子銀行體系中的私營信用風險承載方，參與美國影子銀行體系的信用轉換；另一方面，以德國的州銀行為代表的許多國家的商業銀行購買並持有美國 AAA 級以上的資產支持證券和有擔保的債權憑證，從而成為美國影子銀行體系的「存款人」之一。此外，歐洲國家的一些大型商業銀行還將其在歐洲發放的以英鎊或歐元計價的抵押貸款證券化後，通過貨幣互換交易轉化為以美元計價的證券資產，然後再出售給美國的機構投資者。換言之，美國的貨幣市場共同基金等機構投資者充當了全球影子銀行體系的「存款人」。

7.2.1.2 促進了國際金融監管的合作

影子銀行體系是一個由性質不同的各類金融機構所組成的複雜的信用仲介系統。儘管這一系統能夠逐層分散交易風險，但其缺陷在於，一旦系統中的某一環節出現問題，則可能導致整個系統的崩潰。

金融危機以後，各國紛紛對影子銀行長期處於監管不力的狀況進行反思，一些國家監管當局和國際監管機構紛紛出抬針對影子銀行及其產品的監管措施，對影子銀行實施更加嚴格的監管，並積極開展雙邊乃至多邊的監管合作，以避免監管真空。同時，注重發揮國際金融組織的作用，推進影子銀行國際監管法規、政策、標準的一致和行為的協調，以避免監管差異的存在，遏制監管套利的機會，減少套利空間。由此可見，影子銀行的發展推動了國際間影子銀行的監管協調與合作，加強了各國金融監管部門、國際金融組織的溝通與交流。

7.2.2 對傳統商業銀行帶來機遇和挑戰

從影子銀行的發展進程看，證券化技術的出現對影子銀行的發展起到了重要的推動作用。證券化技術創新的最初目的是創造一種向居民住房市場提供更多抵押貸款的工具，以緩解抵押貸款資金不足問題。證券化技術出現前後，影子銀行系統對商業銀行的影響有所相同。

7.2.2.1 證券化技術大規模普及前影子銀行對商業銀行的影響

在 20 世紀 80 年代和 90 年代早期，證券化的信用仲介鏈對商業銀行信貸業務的影響並不顯著。由於資本有限，影子銀行系統通過財務槓桿執行期限轉換、流動性轉換和信用仲介功能時對商業銀行系統的影響也很有限。在多數情況下，它們都是作為商業銀行系統的補充而存在和發揮作用的。在中國，國有企業背後通常有國家的顯性或者隱性擔保，商業銀行往往更願意將貸款發放給國有企業，從而導致個人、農戶、城市家庭、中小企業等經濟主體無法獲得商業銀行服務或者商業銀行服務成本較高，它們只能通過小額貸款公司、信託公司、財務公司或者民間借貸的方式獲得信貸支持。由於商業銀行和影子銀行體系面臨的市場存在一定的交叉，雙方在各種領域不斷合作或者競爭，推動了各自的快速發展。此外，商業銀行系統是影子銀行系統的重要資金來源渠道，影子銀行經營業績的波動也會對商業銀行造成影響。

7.2.2.2 證券化技術大規模普及后影子銀行對商業銀行的影響

證券化使得影子銀行體系的影響力不斷增大，甚至成為全球金融危機的直接原因。在證券化階段，影子銀行系統與商業銀行系統之間以全新的方式和更大的規模融合，以至於商業銀行系統轉變為證券化的商業銀行系統，銀行與市場之間的界限越發模糊。

（1）加劇信貸市場競爭

影子銀行系統的每一次發展，都會增加信貸資金需求者的融資渠道多樣性，從而在更大範圍和更大規模上加劇信貸市場競爭。在證券化階段，大量的購房家庭、學生、自由職業者、信用卡用戶、中小企業、地方政府成為影子銀行系統的最終借款人，他們所擁有的融資渠道不僅更加多樣化，而且比商業銀行貸款審批部門更為便利和快捷。為了挽留不斷流失的客戶或者拓展市場，商業銀行不得不同影子銀行展開更為激烈的競爭，甚至不惜重構商業模式，轉變成為證券化商業銀行，融入影子銀行系統。

（2）為商業銀行信用風險管理提供金融工具

從本源來看，證券化技術創造的目標是提高住房抵押貸款市場資金供給。實踐中，這裡存在一種外部性。證券化過程的參與者都可以從中受益，貸款人獲得了貸款，買到了所需要的商品，仲介機構獲得了仲介服務費，其他一些機構則獲得了利息，但是除了最終貸款人和廣大納稅人之外，大部分參與者都不需要承擔由此產生的成本和責任，包括事前對貸款人進行充分的盡職調查的責任，及對影子銀行系統乃至整個金融系統的穩定狀況的責任。因此，商業銀行可以使用證券化技術提高資產的流動性，降低資產負債表期限錯配的程度，從

而可以滿足更多個人、家庭、企業和政府的更大的資金需求。

(3) 促使傳統商業銀行轉變為證券化商業銀行

在貸款業務方面，傳統商業銀行的經營模式是「發起並持有」。在證券化技術衝擊之下，傳統商業銀行逐漸演變成為證券化商業銀行。證券化商業銀行不僅給予證券化產品設計和發行機構以流動性和信用支持，而且逐步建立起了「發起並出售」的商業模式。商業模式的轉變對於信用仲介過程和商業銀行系統的影響是深遠的。一是極大地提高了商業銀行中間業務比重，改變了商業銀行收入來源結構。發起貸款的手續費收入取代了一部分存貸利差收入。二是提高了商業銀行風險管理能力，節省了資本金。因為轉移信用風險使得滿足風險加權資本充足率要求所需要的資本金有所減少。三是在 2007 年金融危機爆發之前，「發起並出售」的商業模式的建立弱化了商業銀行對貸款項目和貸款人進行事前盡職調查和事後監督的激勵。這一點在金融危機爆發之後成為各國要求加強對商業銀行和證券化過程的監管力度的重要理由。

(4) 商業銀行被捲入或主動涉入影子銀行系統

除了「發起並出售」商業模式之外，還存在其他一些促進商業銀行系統與影子銀行系統相互融合的渠道和方式。一是銀行控股公司通過旗下的一些附屬機構開展證券化業務，這促成了「內部」影子銀行子系統的產生。二是商業銀行參股或控股一些影子銀行，從事一些專業貸款業務。三是商業銀行向影子銀行提供貸款，提高那些獨立的專業貸款公司的貸款能力。四是商業銀行向證券化載體提供流動性和信用支持。五是商業銀行還投資一部分證券化產品。在次貸危機爆發之前，很多證券化產品被賦予較高的信用等級，包括國內大型商業銀行在內的銀行都從事證券化產品投資。

總體上看，國內影子銀行系統起步較晚，當前還處於前證券化階段，還不能算作是證券化的影子銀行系統。但是，通過證券化產品創新和發展，實現商業銀行系統與影子銀行系統之間的融合，是資本市場拓展其力量範圍和金融系統發展的必然趨勢，中國的商業銀行應該早做準備，迎接即將到來的機遇和挑戰（張坤，2011）。

7.2.3 對金融穩定造成衝擊

(1) 增大了社會融資規模

由於全球金融自由化以及中國「金融深化」、「金融脫媒」的快速發展，近年來影子銀行發展迅速，金融產品和融資工具不斷創新，金融結構多元化發展，金融總量迅速擴張，而銀行貸款在社會融資總量中的比重明顯下降。中國

人民銀行公布的數據顯示，2012年全年，中國社會融資規模達15.76萬億元，其中，新增人民幣貸款以外融資為7.56萬億元，為同期新增人民幣貸款的92.2%。而在2002年，新增人民幣貸款以外融資為1614億元，僅為同期新增人民幣貸款的8.7%[①]。人民幣貸款以外社會融資總量獲得快速增長。由於新增貸款以外的社會融資規模具有難以控製和監測的特點，社會融資規模的急遽擴大將對中國金融體系的穩定性產生潛在的衝擊。

(2) 增大了風險產生和傳染的可能

影子銀行具有較高的槓桿率，並且多是在短期資本市場融資，然後投資於長期資產，存在難以克服的期限錯配痼疾。期限的錯配和結構性金融產品的特殊機制使得影子銀行體系具有較高的流動性風險。影子銀行業務與傳統銀行體系不同，它超越了傳統銀行體系的業務界限，使風險交叉傳染的可能性增加。商業銀行內部的影子銀行業務很大程度上參與了信託公司的資產證券化和結構性投資，其資產和運作雖遊離於資產負債表之外，但由於尚未建立完善的防火牆機制或存在隱性擔保、聲譽風險等原因，風險並未實質性剝離。另外，影子銀行體系複雜的結構化產品設計使其產業鏈條加長，從表面上看，各種風險管理技術使得風險趨於分散，但實際上鏈條的延長增加了風險來源以及槓桿率的使用，這種風險的增加很難被清晰地識別並採取必要的保護措施，因而在很大程度上掩蓋了金融體系存在的實際風險。

此外，影子銀行可能加大區域或系統性金融風險。中國影子銀行提供的許多業務還有待公開化、透明化，各種隱蔽的影子銀行業務遊離於正規金融監管之外，潛伏著一定的風險。且各種影子銀行業務都會牽涉多方主體，一旦一方發生信用違約，將在一定範圍內產生連鎖反應，甚至在某個區域或領域蔓延開來，導致局部金融風險。另外，中國的民間金融、私募基金、大型國企的委託貸款等的規模都不能準確地估測，這會在很大程度上加劇中國整個金融體系的系統性風險。當它們受到經濟政策或者其他外部衝擊的影響時將可能通過資產負債等渠道將風險傳遞給整個金融系統，引發金融危機。

7.2.4 加大了貨幣政策調控難度

影子銀行由於受到監管政策、監管方式等多種客觀因素的影響，它的運行一直都遊離於傳統貨幣政策調控範圍之外，其融資規模難以真實準確地估測，這就不可避免地影響了貨幣政策的制定和執行。李揚（2011）指出：影子銀

---

① 數據來源：天津日報，2011年2月17日，作者：王宇，王培偉。

行體系主要通過發展交易活動和提升金融市場的流動性向經濟社會提供源源不斷的信用供給。而對於貨幣當局緊緊盯住的貨幣存量，它們基本上不產生明顯的影響。因此，影子銀行體系的發展不僅逐步侵蝕了商業銀行的傳統領地，而且從根本上削弱了貨幣當局的調控基礎。

（1）增加了貨幣政策制定的難度

隨著影子銀行體系的迅速發展，其控製和影響的資金規模越來越大，並逐漸成為制定貨幣政策時不容忽視的因素之一，正規金融的信貸規模已不能完全反應全社會的資金供求狀況，社會融資總量已被認為是更為合適的統計監測指標和宏觀調控的中間目標，但由於影子銀行體系的資金運行大多遊離於正規金融監管體系之外，其融資規模和資金投向很難準確地統計和判斷，可測性和可控性都較差，因此對準確制定貨幣政策提出了更高的要求。另外，影子銀行體系的活躍還會加快貨幣流通速度，這對央行的基礎貨幣調控和貨幣供應調控也有潛在影響，大大增加了貨幣政策制定的難度。

（2）削弱了貨幣政策執行效果

首先，如果物價普遍上漲、CPI高位運行，為穩定物價、維持經濟穩定，中央銀行會通過提高存款準備金率等方式來調整信貸規模，達到控製貨幣供應量的目的。但影子銀行可以在正規金融信貸受限的情況下不斷擴大社會融資規模，導致社會融資總量大幅增長，市場上的流動資金也持續增加。影子銀行創造的流動性擴大了貨幣供應量，削弱了信貸規模調控政策的執行效果，進而影響到貨幣政策目標的實現。其次，影子銀行資金更具逐利性質，大多數用於高利潤投資，追求的是高於其他金融投資獲得的收益。在當前的經濟環境中，企業淨利潤率超過10%的項目為數不多，很多影子銀行提供的資金主要流入大宗商品、房地產等高風險、高收益領域，前幾年樓市、大蒜、綠豆等價格的大幅波動都與影子銀行的資金提供關係密切。但由於影子銀行一般都遊離於傳統貨幣政策調控的範圍之外，其可能導致的資產泡沫必然會加大貨幣政策調控的難度，造成的物價波動也會對貨幣政策目標的實現產生負面影響。第三，中央銀行通過調控金融機構的信貸投向，來配合政府的經濟政策和產業調整方向，如通過提高對某些發展過熱行業的貸款條件來調控經濟發展方向、通過限制向一些產能落後或過剩的企業貸款來進行產業升級或調整，但隨著影子銀行的發展，這些行業或企業在正規金融機構處受到限制的融資需求卻可以在影子銀行得到滿足，因此，中央銀行信貸投向調控政策的目標受到影響。第四，影子銀行的「存、貸」利率大大高於正規金融機構的利率水平，這將對官方政策利率形成干擾，使利率調整的作用受到限制，不利於貨幣政策意圖的實現。

（3）對貨幣政策的穩健運行產生影響

貨幣政策一般是通過金融體系的傳導來實現對整體經濟的調控，因此，金融體系的穩健程度直接影響著貨幣政策的實施效果。由於影子銀行遊離於常規金融監管之外，影子銀行的發展對相關金融機構的營運、資產質量等穩健性指標有著非常重要的影響，這不僅會對金融穩定造成衝擊，也會對貨幣政策的穩健運行形成挑戰。當影子銀行造成的系統性風險和金融危機真正發生時，央行往往是作為最終貸款人，其救助行為以及事後採取的數量寬鬆等措施很可能會形成中長期通貨膨脹，並對貨幣政策造成很大的影響。

7.2.5　加大了金融監管難度

影子銀行享受的監管待遇和標準不統一，影響了金融市場規範有序發展。目前不同類別的非銀行金融機構因審批主管部門不同而使受監管程度存在差別，同時，在監管範圍、監管措施和監管制度上增加了金融監管部門的監管難度。

（1）存在監管空白地帶

中國實行的是分業監管模式，即銀監會統一監管全國銀行、信託投資公司、金融資產管理公司及其他存款類金融機構；證監會對全國證券、期貨市場實行統一監管；保監會統一監管全國保險市場。由於典當行、投資公司、擔保公司等機構不屬於金融機構，因此尚未納入監管範圍。但是，這些機構在業務上與商業銀行等金融機構存在著密切的聯繫，一旦出現風險，就會演變成為「外生性」系統性金融風險。如溫州出現的民間借貸問題，擔保公司、典當行等機構就扮演了「資金掮客」角色，雖然在一定程度上促進了當地金融業的發展，但同時也對當地金融生態造成了不良影響。

（2）監管措施不到位

監管措施不到位主要表現為以下三點：一是監管的法律制度不到位。如新興的網絡借貸，目前尚無法律法規加以約束，監管還處於無法可依的狀態。二是監管的手段不到位。如商業銀行的信貸資產轉讓，存在著一方出表而另一方未進表的情況，貸款「丟失」造成監管部門對商業銀行信貸規模判斷不準確，進而影響國家整體宏觀調控政策的制定及實施效果。三是監管的方式不到位。如中國人民銀行雖然對第三方支付公司頒布准入名單，確立了准入機制，但至於如何監管目前還不明確，監管機制仍不健全。此外，目前傳統商業銀行不斷向綜合金融邁進，銀行、證券、信託、基金等多種業務不斷交叉，但在單一監管功能下，將有可能導致監管過程脫節、分散監管、多頭監管，使監管環節出

現漏洞，形成監管真空。

(3) 金融監管滯后於金融創新

與西方發達國家相比，中國的金融創新還處於起步階段。但由於近年來綜合金融的快速發展，中國的銀行、保險、證券等業務交叉也逐漸增多。如商業銀行以信託公司為媒介，以資金池等形式發行信託計劃，開展信託理財和信託融資等；銀行在發放貸款的同時，通過保險、證券等渠道收取較高的諮詢費或管理費；部分銀行受讓通過其發放的委託貸款等。這些金融創新的目的都是為了規避監管部門對商業銀行信貸規模的控制，如果得不到有效的監管，將會造成監管真空，從而導致貨幣市場、資本市場表現出很強的短期投機性和不穩定性，影響金融安全與穩定。

以上影子銀行監管中存在的問題，是對金融監管機構提出的挑戰。總體來看，建立和健全對中國影子銀行體系的監管，必須及時把握影子銀行的發展及其出現的問題，實現影子銀行體系監管安全與效率的平衡。

7.3 影子銀行的監管

7.3.1 影子銀行監管的理論依據

7.3.1.1 對影子銀行監管的必要性

2008年金融危機爆發之前，很少人關注影子銀行，但是它確實一直存在於金融體系之中，並逐步發展為與傳統商業銀行並駕齊驅的另一個銀行系統，對整個金融體系造成威脅。金融穩定理事會（FSB）於2011年4月發布的一項報告認為，影子銀行所帶來的系統性風險和監管套利是最大也是最需要予以關注的威脅，因此對影子銀行的監管顯得尤為重要。

(1) 系統性風險

影子銀行的系統性風險與其運作方式關係密切。影子銀行一般採取借短貸長的方式進行運作，從資本市場上獲取短期融資投資於高風險、流動性低的長期資產。這種運作方式使其必然承擔較大的市場風險、流動性風險以及信用風險。由於影子銀行的資金運行在監管體系之外，因此影子銀行無法獲得像存款保險制度和中央銀行最后貸款人制度等法律設置的安全網的保護，這就使得它們在面對擠兌時不堪一擊。

此外，由於影子銀行未受到與傳統銀行一樣的審慎性監管，這使得它們擁有比傳統銀行更高的槓桿率。高槓桿率雖然在經濟繁榮時會給影子銀行帶來較

高收益,但是在經濟不景氣時會擴大其損失。尤其是信貸市場的崩潰將使得影子銀行迅速去槓桿化,這意味著它們需要出售長期資產支付債務,而出售資產將會導致資產價值的進一步降低,進而被迫出售更多的資產,形成一個損失的自我強化、愈演愈烈的惡性循環。作為金融市場的參與者,影子銀行本身也是懼怕風險的,它採取各種手段和措施對風險進行防控,將自身的風險通過證券化等技術手段轉移到整個金融體系之中,最終經過累積形成系統性風險。影子銀行與傳統銀行之間密切的聯繫,使得影子銀行的風險還可能迅速傳導到傳統商業銀行,從而整個金融體系的風險進一步加劇。

(2)監管套利

監管套利是指在其他條件相同的情況下,金融機構利用不同監管機構在監管規則和標準上的不同,選擇監管環境最寬鬆的市場進行經營活動,從而獲得因降低監管成本、規避管制而獲取的超額收益。影子銀行從事與傳統銀行類似的信貸仲介活動,但是卻並未和傳統銀行一樣受到法律監管的約束,因此容易成為監管套利的工具。這種監管套利包括兩種方式:一種是從主體身分轉換入手,從原先受審慎性監管的機構轉換成監管豁免或者少受監管的主體;另一種是從業務形式轉換入手,設計不受法律監管的業務形式從事原本受到法律限制的業務。FSB在其2011年4月發布的報告中對影子銀行引發的監管套利進行了分析:如果影子銀行體系的運作無需將其風險的真實成本內部化,那麼這種相對於傳統銀行的優勢(監管立法通常要求銀行消化其真實成本)可能會帶來監管套利。事實上,影子銀行之所以能夠在激烈的金融市場競爭中立足並不斷發展壯大,在某種程度上正是監管套利的結果。因為影子銀行在監管體系之外運行,其不受監管部門種種規定的限制,特別是不需要按規定詳細披露財務狀況,不需要考慮資本充足率,並且在槓桿、衍生品等方面也沒有嚴格限制,這就形成了其在金融市場中的競爭優勢。這一特性使得影子銀行成為了監管套利的重災區,流入影子銀行體系的資金規模也不斷擴大,但監管套利帶來了顯而易見的消極影響。傳統銀行可以將風險轉移到影子銀行,利用影子銀行從事高風險的活動,規避其資本或流動性要求的法律監管,這就使得相關監管法律無法達到其防範金融風險和危機的目的,同時又給整個金融體系增加了額外風險。

7.3.1.2 對影子銀行監管的原則

FSB在其監管框架構建中一直強調,影子銀行監管框架必須具有前瞻性、靈活性與適應彈性。影子銀行創新衍生性明顯,而且包含著各種各樣的活動和主體,單一指向的監管體制並不能很好地應付影子銀行體系中的各種要素,而

不具有前瞻性的體制設計也不能應對影子銀行創新衍生的速度，因此採用具有彈性的監管制度，針對不同的經營模式、風險要素和系統性風險程度的主體進行差異化監管是非常必要和有效的。在設計以及執行影子銀行監管措施的過程中，監管者應當堅持以下幾個原則：

（1）針對性原則

影子銀行的外延需要全面囊括傳統商業銀行體系之外的信用仲介機構，以保證風險信息搜集、識別、監管的全面性。但在廣泛的外延中，風險分佈和集中點各不相同，試圖面面俱到的監管框架很容易造成注意力分散，監管有效性也會降低，而且會耗費大量的監管成本和社會成本。所以，監管框架需要有針對性和側重點，以便能夠有效地控製可能帶來嚴重影響的重大風險點。監管措施應該以控製影子銀行產生的風險和外部效應為主要關注目標，採用著力於系統性風險的宏觀審慎監管。另外，監管者需要時刻關注影子銀行的潛在影響和可能產生的非預期效果，比如市場運作機能的退化等。

（2）適度原則

影子銀行體系具有促進金融市場繁榮、迎合市場需求的積極價值，因此不能因為影子銀行存在的脆弱性和風險就對其全盤否定和限制。對影子銀行的監管應該堅持適度原則，保證監管制度的合理性和適當性。監管的嚴厲程度必須與影子銀行可能帶來的風險相當，不能一味地追求嚴厲禁止，同時也不能過於寬鬆，監控管制的措施必須以目的為導向並與之相適應。對於影子銀行那些存在過高風險和違反法律規定、國際慣例的行為，可以加以禁止；對於風險適當的影子銀行活動則給予指導性規則，合理監控。並且監管措施應當秉持最必要干涉、不可替代性的必要性原則，在能夠實現法律監管目的的方法中，把握監管力度，使措施與目的之間達到均衡。

（3）前瞻性與靈活性原則

影子銀行的監管措施必須要具有前瞻性、靈活性與適應彈性，以應對隨時可能出現的風險。監管措施不能只把關注點放在已經出現的風險和現有主體之上，還應該預測到金融市場在不斷變異衍生中可能帶來的新生風險、未來可能產生的主體，以及其對監管改革可能帶來的影響。

（4）一致有效性原則

針對影子銀行的監管套利因素，監管框架必須重視立法和法律適用的有效性。這種有效性在於在兼顧本國立法體制等特殊性情況下，加強與其他國家的監管合作與交流，盡可能保持國際立法的一致性，特別是在監管標準、信息監控、約束指標等方面。為了防止他國影子銀行利用本國監管制度進行監管套

利，最有效的方法就是平衡本國與他國的監管立法，盡可能保證各國監管體制以及監管標準的一致性，注重監管框架中的國際交流合作，以達到有效識別處理普遍性風險的目的，並且可以避免產生跨國監管套利的可能性。

(5) 監管效果定期評估原則

影子銀行近年來發展迅速，並且革新速度迅猛。雖然影子銀行的監管框架可以在制定時保證一定的前瞻導向，但法律制度具有內在的滯後屬性，在未來仍避免不了監管立法的過時與僵化。因此，在監管框架和制度建立之後，並非一勞永逸。監管者還必須制定配套的規則與流程，並定期收集監管制度運行情況的回饋信息，以對現存的影子銀行監管體系進行全面性、有效性的檢測評估。此外，還應該不斷跟進國際組織的立法改革進程，通過不斷的溝通交流，結合本國實際情況反覆修訂，以保持監管框架體制與時俱進，時刻契合影子銀行體系的發展變化。

7.3.2 影子銀行監管的國際動態及措施

7.3.2.1 危機前對影子銀行的監管失誤

在2008年金融危機爆發之前，儘管影子銀行體系在規模上已經與傳統銀行並駕齊驅甚至超過傳統銀行，但是美國相關的監管立法卻並未對金融體系的這一變化作出回應，沒有設置監管機構和確立監管規則以對影子銀行體系進行有效的監管。

從影子銀行機構方面來看，最重要的幾類影子銀行機構都遊離於監管之外。美國《1933年銀行法》將投資銀行從傳統商業銀行分離，投資銀行因從事傳統證券經紀業務而處於證券交易委員會（SEC）的監管之下。自20世紀80年代以來，投資銀行開展了越來越多的混業經營，業務範圍不再局限於傳統的證券經紀業務。但是，危機前SEC對投資銀行的監管範圍仍舊局限於傳統的證券經紀及相關活動，投資銀行從事的大量資產證券化和場外衍生品交易則不受監管。同時，由於投資銀行屬於證券投資機構，因而也不受傳統資本充足率的限制。此外，對沖基金和私募股權基金符合一定的條件即可獲得《1940年投資顧問法》的註冊豁免，從而免於受到聯邦政府的監管。事實上，大部分的對沖基金和私募股權基金都獲得註冊豁免，逃離了聯邦政府監管。

從影子銀行工具或活動來看，它們大都也處於監管的真空地帶。在美國，由SEC和商品期貨交易委員會（CFTC）根據衍生品的屬性是「商品」還是「證券」而分別對衍生品市場進行監管。由於衍生品日益複雜，對其屬性的準確劃分變得十分困難，因此出現SEC和CFTC監管重疊和監管真空的情況。

2000年頒布的《商品期貨現代化法》還將部分衍生品交易排除在監管當局的管轄範圍之外，尤其是將場外交易排除在監管之外，而影子銀行使用的證券化和信用衍生品都是場外交易。例如，引爆2008年金融危機的影子銀行工具——信用違約互換（CDS），在危機前並未被納入監管體系，造成過度交易，留下巨大隱患。

此外，審慎監管僅限於銀行，沒有延伸到影子銀行體系。美聯儲沒有法定權力對於銀行控股公司之外從事銀行業務的主要機構實施資本要求，無權監管投資銀行、類似AIG的多元化金融機構以及眾多在抵押貸款、消費信貸、商業信貸等市場與銀行開展競爭的非銀行金融機構；美國證券交易委員會無權設定覆蓋投資銀行所有活動的統一資本要求；美國儲蓄管理局從儲蓄機構的監管機構演變為銀行控股公司的監管機構，負責對諸如AIG、摩根斯坦利等大型金融機構實施監管，面對這些「大而不能倒」的跨國企業，美國儲蓄管理局沒有足夠的能力進行監管；沒有一家機構被授權對貨幣市場基金引發的風險採取行動。一個僅針對傳統銀行業審慎和良好的監管體制並不能保護更加複雜的金融體系的整體安全與穩定。

美國監管當局對影子銀行體系監管的忽視，很大程度上是受到在美國盛行的新古典經濟學的影響。新古典經濟學以「經濟人假設」（即經濟人做選擇的目的是個人效用最大化）為核心，是金融危機前主流金融監管理念的理論基礎。新古典經濟學對金融監管的啟示是，因為市場參與者是理性的並且市場是有效的，金融監管的一個關鍵目標是排除造成市場非有效的因素，讓市場機制發揮作用，少監管或不監管。新古典經濟學深刻地影響著立法和監管部門，導致金融立法不足和管制放鬆。此外，影子銀行代表著一種金融創新，在一定時期內提高了美國金融業的競爭力，促進了美國金融業的繁榮，因此美國金融監管當局不願意對影子銀行進行嚴厲監管。

總之，在危機前，影子銀行借助監管方面存在的灰色地帶，在寬松的環境裡，使用金融創新及高科技手段尋找賺錢機會，短時間內迅速崛起，誘發「大蕭條」的金融脆弱局面重新出現。監管當局本應採取對策，擴大監管範圍，將金融風險防範網覆蓋這些新金融機構。但是，當局沒有採取任何行動來擴大監管，相反卻在對「金融創新」大唱讚歌。美國金融體系與整個經濟遭遇危機的風險越來越大，而這些風險卻被置之不理。於是，危機爆發了。

7.3.2.2 后金融危機時代對影子銀行監管的國際動態及措施

此次國際金融危機的根源在於，影子銀行的高槓桿效應創造了大量流動資金，壓低了市場利率，以及較為寬松的貨幣政策，逐步導致一個大泡沫，最終

釀成了大危機。2008年金融危機爆發后，國際社會進行了各種反思，提出了改革金融監管的相關建議。影子銀行體系的監管受到前所未有的重視，歐美各國開始考慮將影子銀行系統納入監管。如何建構影子銀行監管的法律制度，填補監管漏洞，成為后危機時代金融監管法制變革中的重要話題。

(1) 美國對影子銀行的監管

次貸危機爆發之後，美國的金融監管體制飽受責難和非議，於是，美國針對危機中暴露出的監管問題率先進行了大刀闊斧的制度改革，並於2010年7月2日通過了《多德—弗蘭克法華爾街改革與消費者保護法》（以下簡稱《法案》）。在該《法案》中，儘管未明確提出監管「影子銀行」，但針對影子銀行體系展開了實質性的監管改革，其相關監管措施主要包括以下內容：

一是將私募基金和對沖基金納入監管體系。依《法案》規定：根據資本規模對私募基金和對沖基金投資顧問公司進行區分監管，若資本總額超出1億美元的，必須在證券交易委員會（SEC）註冊登記；若資本總額未達到1億美元的，其必須接受所在州註冊並接受監督，同時要求大型對沖基金和私募基金向監管機構披露有關資產和槓桿使用的信息。

二是加大監管力度並建立危機處置預案。《法案》引入「沃克爾法則」（Volcker Rules），限制大型金融公司的自營業務，原則上禁止銀行擁有或者投資對沖基金和私募基金，特別情形下要求對其投資額不能超過私募基金資本的3%，不能超過銀行一級資本的3%，同時要求銀行必須將自營交易和類似的投資活動從其加入存款保險體系的銀行和機構中分離出來，必須將高風險衍生交易業務剝離到子公司，從而使銀行只能保留利率、大宗商品、外匯等常規的衍生品；要求以商業銀行為主體的證券化產品發行人必須將至少5%的風險資產保留在資產負債表上；要求系統重要性的非銀行金融機構和大型銀行控股公司向監管部門提交當陷入嚴重財務困境時快速有序的自救處置方案。

三是推進場外衍生品進場交易。在《法案》明確規定，要求場外衍生品交易轉到交易所進行交易，並對其進行中央清算；授權商品期貨交易委員會（CFTC）和SEC對場外衍生品的監管，並制定參與掉期交易機構的資本要求及保證金要求，對其風險敞口進行限制，並且在交易系統上同時建立全面監管和信息披露框架。

(2) 歐盟對影子銀行的監管

中央銀行自2009年以來不斷改進和完善歐盟範圍內關於金融市場的相關法律制度，具體體現在2010年《另類投資基金經理指令》（以下簡稱《指令》）中，其中主要包括以下兩方面的措施：

一是將影子銀行體系納入監管框架,並加大監管力度。該《指令》所說的「另類投資基金」,涵蓋了對沖基金、私募股權基金、房地產基金、商品基金,以及其他沒有歸於原歐盟可交易集合投資證券指令監管下的各類基金。《指令》規定:投資基金經理必須領取「執照」后,才能合法地在歐盟金融市場經營;管理基金超過 1 億歐元的對沖基金和超過 5 億歐元的私募股權基金,需得到母國許可並向東道國披露其風險、業績表現等情況。同時,《指令》對另類投資基金限定了最低資本金標準,對影子銀行提出了相關要求,要求其提供資質能力報告,提供內部治理、資產安全、估價方法等相關資料,並且一定要滿足最低資本金要求。

二是嚴格監管程序。《指令》限制另類投資基金的槓桿;要求所有的另類投資基金都應在歐洲開設託管帳戶,指定獨立的估值機構;此外,還對基金賣空操作以及重大投資策略的信息披露等問題提出了更高要求。

(3) 金融穩定理事會對影子銀行的監管

自 G20 首爾峰會提出「加強對影子銀行體系的監管」以來,FSB 作為這項政策的主要執行機構,先後發布了《影子銀行:範圍的界定》(2011 年 4 月)、《影子銀行:進展和下一步措施》(2011 年 9 月)、《影子銀行:強化監督和管理》(2011 年 10 月)等一系列文件,試圖通過研究影子銀行的範圍和特徵,提煉歐美等發達國家和地區的有益經驗,以指導各國加強對影子銀行體系的監管。基於上述文件,FSB 提出了加強監管的若干政策建議,其主要內容包括以下兩個方面:

其一,提出從宏觀和微觀兩個視角強化對影子銀行體系的監管。按照 FSB 的文件精神,各國應從宏觀和微觀兩方面來對銀子銀行體系進行監督,宏觀上主要是對整體系統範圍,微觀主要是對單個機構或單個業務範圍,主要是採用定量信息和定性信息兩種方式相結合進行。就宏觀視角而言,需要利用來自於資產負債表和現金流量表(簡稱基金數據流)的定量信息作為宏觀金融監測的一種方法,以此評估影子銀行體系金融資產的規模和增長速度,一般對其衡量是通過資產絕對額及其總負債、GDP、傳統銀行體系規模的相對量。宏觀檢測的優勢主要在於其可以從較廣的角度清晰把握影子銀行體系跨期變化的總體情況,從而為監管當局提供相關的風險預警信息,這將有助於對影子銀行體系進行評估,對非金融部門的融資脆弱性進行評估。從微觀視角來看,同樣也需要定量和定性雙重信息的方法。在定量方面,主要是通過公開出版物、調查數據、通過商業性資訊供應商來獲取相關金融產品的存、流量等市場數據信息,以此來測算金融機構和金融產品的規模,另外,通過傳統銀行部門以及其他被

監管部門的交易對手信用敞口數據等方面來識別整個影子銀行的業務，以此來幫助監管機構確認影子銀行體系在向傳統金融體系風險溢出的相關情況。資金流量等數據作為第二手資料，存在較長的時滯，而定量微觀獲得的數據能提供更多、更準確和更及時的信息，這將為監管機構提供重要的信息與資料。

其二，提出針對影子銀行體系的分類監管措施。FSB強調，監管政策必須具備靈活性和前瞻性，必須充分地考慮金融市場在調整和發展中可能遇到的問題。對此，影子銀行監管措施主要可以分為四類：一是對影子銀行體系進行間接監管，也就是通過採取相應措施來規範傳統銀行與影子銀行實體之間的互動機制，從而通過減少風險溢出效應來應對對傳統銀行的影響，主要是阻止傳統銀行為降低資本或流動性監管而將全部或部分業務通過影子銀行業務進行的監管套利行為；二是監管機構對影子銀行體系進行直接監管，必須加強對影子銀行機構本身的直接監管，從而減少影子銀行體系對整個金融體系風險的影響；三是加強對影子銀行具體業務的監管，主要是監管當局應對影子銀行的相關業務進行干預，從而來降低特定金融工具、金融業務和金融市場的風險影響，使影子銀行體系信用仲介得以穩健運行；四是實施宏觀審慎監管措施，不僅需要從微觀方面來對影子銀行業務進行監管，而且需要從全局和總體上對影子銀行體系實施識別的政策措施，比如，加強完善市場基礎設施，降低順週期性，等等。

從近年來國外加強對影子銀行監管的措施來看，主要的變化在於將影子銀行納入監管範疇，防止出現系統性風險，同時在提高透明度、嚴格機構註冊、計提準備金、滿足資本充足率要求、限制銀行自營交易等方面提出監管要求。同時也可以看出，國外監管當局擔心對影子銀行過度監管將降低金融業的創新能力和競爭力，在出抬的監管措施中對影子銀行的設立和業務並無更多的限制。這樣的監管思路還是基於發揮市場自我調節作用，全球金融自由化和金融創新的基本格局依然沒有改變。

7.3.3 中國影子銀行監管框架構建

7.3.3.1 中國影子銀行監管現狀

中國金融市場相對於較成熟的金融市場而言，發展時間較短，金融產品種類相對有限，金融市場發展程度相對較低。正規金融領域的利率受到嚴格管制是刺激中國類影子銀行發展的主要原因，在利率管制並保持在相對狹窄的區間之內的情況下，銀行更傾向於將貸款提供給償還能力更有保障的大型國有企業。且由於中國目前的通脹壓力較大，為了控製流動性，貨幣管理當局還選擇

了直接收緊貸款的辦法。面對監管機關的嚴厲手段，中國金融市場上出現了大量灰色市場機構以繞開嚴格的監管規定，如通過在香港的內地銀行分支機構發行與人民幣掛勾的債券的方式進行融資（漢妮·桑德爾，2011）。朱大鳴（2011）據中國人民銀行數據分析，2010年新增人民幣貸款以外融資占融資總量的44.4%，這意味著銀信合作、地下錢莊、小額貸款公司等其他非銀行的金融機構的貸款規模已經占將近一半的市場份額。

由於一直存在通貨膨脹的壓力，中國實際存款利率長時間為負，且隨著通脹率的上升，負值會越來越大，也在推動影子銀行業務發展。實際存款利率為負導致儲戶選擇將存款從銀行中提取出來，投入收益更高的領域，存款的轉移將流動性釋放到市場中，也稀釋了貨幣政策緊縮操作的效果。一些房地產信託公司、地下錢莊等機構成為了吸收這種資金的主要力量。其中，房地產信託是受到監管的具有中國特色的「影子銀行」，而地下錢莊等民間機構則在監管範圍之外，其高的槓桿率更是將風險大大增加（孫業文，2011）。

目前，國內「影子銀行」系統的回報率逐漸升高，吸引了更多的資金流入，即更多的資金從銀行系統流出。沈聯濤（2011）就認為，中國的銀信合作理財已經符合了一定的「影子銀行」特徵：一方面很難被監管，另一方面商業銀行通過信貸資產證券化后推向市場銷售給客戶后，風險完全被轉嫁到了客戶手中，利益則由商業銀行鎖定，進而出現了風險和收益的不對稱。但目前中國「影子銀行」系統仍有相當的部分沒有明確的監管準則，在高槓桿率的吸引下，大量資金的湧入只會造成金融風險的累積，若不能進行有效控製，分散風險，那麼很難保證類似美國次貸危機式的金融風險不在中國發生。李揚（2011b）指出：「影子銀行」在不改變貨幣存量的情況下，增加了社會的信用供給，但它超出了傳統的貨幣政策和監管政策的範圍，這對調控和監管提出了更高要求。

當前中國金融市場的發展程度和自由化程度都仍然較低，政府對市場發展的限制仍然較多，中國急需加大推進金融市場改革的力度並正確看待中國影子銀行的存在。在積極推廣金融業創新的同時，注意轉移和分散風險，防止金融改革成為妨礙市場安全的源頭。更要加強金融監管機構的監管能力，對金融機構以及金融交易活動，特別是對類影子銀行業務的監管更加細化。

面對急遽膨脹的影子銀行，中國的監管部門沒有再猶豫。2013年3月27日，銀監會下發《關於規範商業銀行理財業務投資運作有關問題的通知》。《通知》要求：「商業銀行應向理財產品投資人充分披露投資非標準化債權資產情況，包括融資客戶和項目名稱、剩餘融資期限、到期收益分配、交易結構

等。」這標誌著監管層將啓動對「影子銀行」的全面監管。

監管部門要求商業銀行應當合理控製理財資金投資非標債權資產的總額，理財資金投資非標債權資產的余額在任何時點均以理財產品余額的35%與商業銀行上一年度審計報告披露總資產的4%之間孰低者為上限。理財產品投資非標債權資產必須做到「一一對應」，如果銀行不能實現「一一對應」要求，將不再允許其新增非標債權資產業務。此舉措，將為銀行業高達7.10萬億元理財資金加上一道風險「防火牆」。

7.3.3.2 加強中國影子銀行監管的建議

目前中國金融市場的發展程度和自由化程度都仍然較低，政府對市場發展的限制仍然較多，中國急需加大推進金融市場改革的力度並正確看待中國影子銀行的存在。在積極推廣金融業創新的同時，注意轉移和分散風險，防止金融改革成為妨礙市場安全的源頭。更要加強金融監管機構的監管能力，對金融機構以及金融交易活動，特別是對類影子銀行業務的監管更加細化，將國內的監管體系與國際監管規則保持協調，建立健全相應法規，主動防範危機發生的可能。

（1）建立健全有關影子銀行體系的金融立法

目前，中國人民銀行、銀監會已經展開了一系列影子銀行業務的監管，但是相關金融法律法規體系還不能完全覆蓋「影子銀行」或「影子銀行業務」，應盡快完善和健全有關銀行理財產品、民間融資、資產證券化、股權投資基金、場外金融衍生品等方面的法律法規，細化模式要求，明確制度安排，合理引導其有序發展。此外應該盡快出抬《資產證券化條例》，為中國資產證券化的規範運作和管理提供依據；盡快出抬《股權投資基金管理辦法》，細化對股權投資基金管理公司的監管。加快民間金融運作法律規範的步伐，出抬相關指導意見和規定，進一步明確民間金融的監管主體，打擊非法集資行為和高利貸行為；盡快出抬金融衍生產品交易管理辦法，將中國金融衍生產品交易納入規範化管理範圍。

（2）強化對影子銀行體系的宏觀審慎管理和微觀審慎監管

從宏觀層面看：一是對影子銀行體系中具有系統重要性的機構建立逆週期資本充足性監管要求；二是規定槓桿率的動態調整機制，將明確的槓桿率作為宏觀審慎性約束框架的一部分；三是建立宏觀審慎視角的風險監測機制，負責影子銀行體系的宏觀審慎性監測評估。

從微觀層面看：一是逐步由單一機構監管模式向機構監管與功能監管並重模式過渡，影子銀行體系由於其業務關聯性受金融市場影響較大，靜態的機構

監管模式難以防範市場業務快速變化的風險;二是減少監管盲區和監管重疊現象,加強和改進對信用評級機構、私募基金、資產證券化等交叉性金融工具的監管方式,促進監管標準趨同,防範監管套利風險;三是建立有效的傳統銀行與影子銀行業務風險防火牆制度,降低影子銀行風險的溢出效應。

(3) 加強影子銀行的公司治理建設

首先建立有效的委託代理機制,明確董事會與經營者之間的權責劃分,強化各治理主體的制約與制衡,進一步明確董事會在公司治理中的核心地位,強化董事會對經營者執行目標的監管,建立科學的董事履職評價問責機制。其次以公司治理的激勵理論為出發點,以銀行價值和發展戰略為主導,建立市場化、長效化的激勵約束機制和科學化、多元化的薪酬獎勵模式,強化薪酬監督機制,實現薪酬與績效、風險的匹配。再次加強信息披露機制的建設,提高信息披露的質量和金融市場環境的透明度,促使影子銀行自律意識,有效保護投資者及消費者的利益。

(4) 協調金融監管和金融產品創新

影子銀行的快速發展也展現了一個問題,當前傳統的金融創新已不能滿足實體經濟的需求。商業銀行應該抓住市場機遇,在現有監管體制下加快金融創新。中國金融市場不夠成熟,要求金融機構在風險可控的條件下進行金融產品的創新,在市場推廣中建立嚴格的評價體系,防止出現系統性風險,將金融創新的消極作用減到最低。

(5) 推進利率市場化改革

中國影子銀行的主要功能是提供套利性融資服務,這與中國利率市場化改革滯後直接相關。中國無論存款利率和貸款利率都不能真實反應資金的稀缺程度和供求關係。在利率市場化改革完成以前,難以根除這類影子銀行的存在,因為即使舊的影子銀行模式消失,由於資金的趨利性,也會出現新的影子銀行模式。通過利率市場化改革,商業銀行擁有資金自主定價權,商業銀行的競爭將由規模競爭變為價格競爭,貸款價格更能真實反應貸款風險水平,才能從根本上消除中國影子銀行存在的基礎,使那些消極作用的影子銀行因無利可圖而消失,同時促使那些起到積極作用的影子銀行合法透明運作,防止監管套利和監管真空。

(6) 促進國際監管的協調與合作

由於影子銀行體系的全球性特點,加強影子銀行的國際監管對於防範和化解金融危機是至關重要的。應將國內的監管體系與國際監管規則保持協調,建立健全相應法規,主動防範危機發生的可能。同時要加強與各國金融監管部

門、國際金融組織的溝通、交流與合作，加強彼此之間對影子銀行監管的共識，形成全球範圍內統一的監管要求，盡量避免監管差異的存在，從而減少監管套利的出現。

參考文獻

1. 戴國強. 論中國貨幣市場發展的目標及路徑 [J]. 經濟研究, 2001 (5): 38-44.

2. 王國松. 中國的利率管制與利率市場化 [J]. 經濟研究, 2001 (6): 13-95.

3. 謝多. 中國貨幣市場發展的分析 [J]. 經濟研究, 2001 (9): 3-95.

4. 錢小安. 貨幣市場與資本市場之間的聯結機制及其疏導 [J]. 金融研究, 2001 (9): 67-73.

5. 蔣振聲, 金戈. 中國資本市場與貨幣市場的均衡關係 [J]. 世界經濟, 2001 (10): 32-35.

6. 中國社會科學院金融研究所課題組, 王國剛. 中國貨幣市場的未來發展之路 [J]. 科學發展, 2013 (4): 32-44.

7. 王曦, 舒元. 中國貨幣市場運行: 內生性、調整時滯與動態 [J]. 經濟學（季刊）, 2003 (2): 605-620.

8. 汪小亞. 貨幣市場與資本市場資金融通問題研究 [J]. 金融縱橫, 2003 (5): 15-20.

9. 成思危. 虛擬經濟與貨幣市場 [J]. 管理評論, 2003 (2): 3-7.

10. 何先應, 何國華. 論中國貨幣市場與資本市場的協調發展 [J]. 經濟評論, 2003 (6): 89-93.

11. 巴曙松. 當前中國的貨幣市場基金發展的制約因素 [J]. 濟南金融, 2004 (3): 21-25.

12. 張玲. 歐洲主要國家貨幣市場基金現狀及特點 [J]. 證券市場導報, 2004 (4): 34-79.

13. 駱波, 李燕青. 中國貨幣市場發展問題研究 [J]. 河南金融管理幹部學院學報, 2004 (4): 56-58.

14. 賈玉革, 王均坦. 從市場功能看中國貨幣市場結構的合理性 [J]. 中

央財經大學學報,2004(12):29-37.

15. 龐曉波,唐亮.中國貨幣市場的非均衡性檢驗[J].吉林大學社會科學學報,2005(6):93-98.

16. 徐諾金.論中國金融生態環境問題[J].金融研究,2005(11):31-38.

17. 劉玉平.美國貨幣市場的特徵與中國貨幣市場的改革[J].當代財經,1998(9):38-64.

18. 張馨,袁東,楊志勇.論國債與貨幣市場和資本市場的關係[J].金融研究,1998(4):48-64.

19. 劉明志.中國非銀行金融機構與貨幣市場發展[J].金融研究,1998(12):31-37.

20. 方意,方明.中國貨幣市場基準利率的確立及其動態關係研究[J].金融研究,2012(7):84-97.

21. 錢穎一.市場與法治[J].經濟社會體制比較,2000(3):1-11.

22. 苟文均.資本市場的發展與貨幣政策的變革[J].金融研究,2000(5):64-71.

23. 韓立岩,蔡紅豔.中國資本配置效率及其與金融市場關係評價研究[J].管理世界,2002(1):65-70.

24. 張浩,張鵬.中國貨幣市場的改革發展問題研究[J].南方金融,2009(4):37-48.

25. 易綱.中國改革開放三十年的利率市場化進程[J].金融研究,2009(1):1-14.

26. 鄭鳴,倪玉娟.匯率穩定、貨幣市場均衡與貨幣政策的獨立性[J].山西財經大學學報,2009(11):81-88.

27. 曹煦.貨幣市場比較研究[D].大連:東北財經大學,2002.

28. 喻鑫.中國貨幣市場與資本市場的聯結研究[D].武漢:華中科技大學,2005.

29. 成思危.發展中國貨幣市場的戰略思考[N].科技日報,2004-06-24.

30. 陳柳欽.貨幣市場發展的國際比較[J].濟南金融,2005(11):9-12.

31. 陳柳欽.英、美、日貨幣市場發展模式的比較分析[J].河南金融管理幹部學院學報,2007(5):83-87.

32. 陳敏強. 2009 年美、歐、英、日央行非常規貨幣政策及其效應比較分析 [J]. 國際金融研究, 2010 (7): 4-18.

33. 高少輝. 中國產權交易市場若干問題研究 [D]. 北京: 北京交通大學, 2010: 1-54.

34. 胡淑麗. 論中國新三板市場的功能、主體定位及制度創新 [J]. 北京: 經濟研究導刊, 2010 (13): 70-72.

35. 李晶晶. 中國貨幣市場發展的國際經驗分析與借鑑 [D]. 北京: 對外經濟貿易大學, 2004: 1-48.

36. 林太泉. 給予貨幣需求的貨幣替代研究——以臺灣為例 [J]. 技術經濟與管理研究, 2012 (3): 87-90.

37. 李剛, 王穎. 經濟增長對區域性產權交易的影響 [J]. 產權導刊, 2009: 42-45.

38. 李學峰, 徐佳. 場外交易市場與中小企業互動效應的實證研究-以美國 OTCBB 市場為例 [J]. 經濟與管理研究, 2009 (9): 105-111.

39. 牛江寧. 多層次資本市場下的小企業融資環境分析 [J]. 財經界, 2012 (5): 94.

40. 王韶輝, 汪細林. 新三板后的產交所: 粉單市場 [J]. 新財經, 2012 (6): 42-43.

41. 肖冬紅, 吳博. 日元升值和日本資本市場開放進程分析 [J]. 亞太經濟, 2010 (6): 66-71.

42. 林偉明. 從中心論到邊緣論: 迴歸后聯繫匯率制度與香港國際金融中心地位的再選 [D]. 蘇州: 蘇州大學, 2011: 1-171.

43. 趙珏. 中國場外交易市場在資本市場中的作用研究-以上海為例 [D]. 上海: 復旦大學, 2009: 1-66.

44. 平安信託. 中國信託業發展報告 (2012) [R]. 21 世紀傳媒, 2012: 1-57.

45. 「中國場外股權交易市場發展模式研究」課題組. 場外股權交易市場的困境擺脫: 國際借鑑及啟示 [R]. 2012 (5): 110-119.

46. 王一萱, 屈文洲. 資本市場與貨幣市場連通問題研究 [R]. 深交所研究報告. 深圳證券交易所綜合研究所, 2005.

47. 張靜宇. 中國場外股權交易市場體系及前景分析 [R]. 清科研究中心, 2009.

48. 畢曙明. P2P: 民間借貸的阿里巴巴模式 [J]. 經理人, 2012 (7):

72-73.

49. 巴曙松. 加強對影子銀行系統的監管 [J]. 中國金融, 2009 (14): 24-25.

50. 葛爽. 金融危機中影子銀行的作用機制及風險防範 [J] 金融與經濟, 2010 (7): 22-25.

51. 龔明華, 張曉樸, 文竹. 影子銀行的風險與監管 [J]. 中國金融, 2011 (3): 41-44.

52. 何德旭, 鄭聯盛. 影子銀行體系與金融體系穩定性 [J]. 經濟管理, 2009 (11): 21-25.

53. 李波, 伍戈. 影子銀行的信用創造功能及其對貨幣政策的挑戰 [J]. 金融研究, 2011 (12): 77-84.

54. 李揚. 影子銀行體系發展與金融創新 [J]. 中國金融, 2011 (12): 31-32.

55. 林琳. 銀行內部影子銀行業務對宏觀調控政策影響研究 [J]. 金融縱橫, 2012 (8): 23-24.

56. 劉瀾飈, 宮躍欣. 影子銀行問題研究評述 [J]. 經濟學動態, 2012 (2): 129.

57. 盧川. 中國影子銀行運行模式研究—基於銀信合作視角 [J]. 金融發展評論, 2012 (1): 56-57.

58. 陸小康. 影子銀行體系的風險及其監管: 基於流動性風險的視角 [J]. 商業銀行經營與管理, 2011 (9): 28-32.

59. 齊森. 中美影子銀行體系的運行機制、監管及比較 [D]. 上海: 復旦大學, 2012.54-58.

60. 王達. 論美國影子銀行體系的發展、運作、影響及監管 [J]. 國際金融研究, 2012 (1): 37-40.

61. 許華偉. 影子銀行體系最新發展趨勢及監管啟示 [J]. 金融研究, 2012 (4): 112.

62. 徐雨光. 有關民間借貸發展的策略研究 [J]. 中國市場, 2011 (44): 8.

63. 楊旭. 中國「影子銀行」的產生發展和影響 [J]. 金融市場, 2012 (1): 67-69.

64. 袁達松. 對影子銀行加強監管的國際金融法制改革 [J]. 法學研究, 2012 (2): 195-207.

65. 袁增霆. 中外影子銀行體系的本質與監管 [J]. 中國金融, 2011 (1): 81-82.

66. 中國人民銀行杭州中心支行辦公室課題組, 張全興. 影子銀行問題研究——以浙江為例 [J]. 浙江金融, 2012 (4): 07-08.

67. 張坤. 影子銀行: 商業銀行的機遇與挑戰 [J]. 金融與經濟, 2012 (4): 39-41.

68. 趙彥嘉, 徐璋勇. 師榮蓉. 中國民間借貸問題研究綜述 [J]. 未來與發展, 2012 (6): 24.

69. 謝平, 鄒傳偉. 互聯網金融模式研究 [J]. 金融研究, 2012 (12): 11-22.

70. 楊群華. 中國互聯網金融的特殊風險及防範研究 [J]. 金融科技時代, 2013 (7): 100-103.

71. 張曉樸. 互聯網金融監管的原則: 探索新金融監管範式 [J]. 金融監管研究, 2014 (2): 6-17.

72. 劉英, 羅明雄. 互聯網金融模式及風險監管思考 [J]. 中國市場, 2013 (43).

73. 閆真宇. 關於當前互聯網金融風險的若干思考 [J]. 浙江金融, 2013 (12).

74. 英格蘭銀行 http://www.bankofengland.co.uk/statistics/pages/default.aspx.

75. 香港金管局數據資料 http://www.hkma.gov.hk/eng/market-data-and-statistics/monthly-statistical-bulletin/.

76. IMF. Containing systemic risks and restoring financial sound-ness [J]. Global Financial Stability Report, 2008 (4): 47-73.

77. Tobias Adrian, Hyun Song Shin. The Shadow BankingSystem: Implications for Financial Regulation [R]. Federal ReserveBank of New York Staff Reports, 2009.

78. Leonardo Bartolini, Spence Hilton, Alessandro Prati. Money Market Integration: Journal of Money, Credit and Banking [J]. 2008, 01: 193-213.

79. Jürgen Von Hagen, Tai-Kuang Ho. Money Market Pressure and the Determinants of Banking Crises: Journal of Money, Credit and Banking [J]. 2007, 05: 1037-1066.

80. Badiul A. Majumdar. Disequilibrium in the international money market:

Some further evidence: Atlantic Economic Journal [J]. 1977, 02: 80.

81. Frederic S. Mishkin. The Economics of Money, Banking and Financial Markets: 4th ed, Harper Collins College Publishers [D]. 1994: 475-478.

82. Moni Dahan. The Fiscal Effects of Monetary Policy: IMF working paper [R]. 1998.

83. JamesTobin, Stephen S. Golub. Money, Credit and Capital: McGraw-Hill Companies, Ins [M]. 1998: 54-55.

84. R. Glenn Hubbard. Money, the Financial System, and the Economy: 2nd ed, Addison-Wesley [M]. 1996: 78-79.

85. Fleming, Jeff、Kirby, Chris、Ostdiek, Barbara. Information and Volatility Linkages in theStock, Bond, and Money Markets: Journal of Financial Economics [J]. 1998, 07: 1743-1746.

86. Wilson J. S. G. Money Market: The International Perspective [M]. London Rouledge, 1993.

國家圖書館出版品預行編目(CIP)資料

中國貨幣市場的發展與創新 / 中國貨幣市場的發展與創新課題組 著.
-- 第一版. -- 臺北市：財經錢線文化出版：崧博發行, 2018.12

面； 公分

ISBN 978-957-680-284-3(平裝)

1.貨幣市場 2.中國

561.74　　　　107019120

書　名：中國貨幣市場的發展與創新
作　者：中國貨幣市場的發展與創新課題組 著
發行人：黃振庭
出版者：財經錢線文化事業有限公司
發行者：崧博出版事業有限公司
E-mail：sonbookservice@gmail.com
粉絲頁　　　　　　網　址：
地　址：台北市中正區延平南路六十一號五樓一室
8F.-815, No.61, Sec. 1, Chongqing S. Rd., Zhongzheng Dist., Taipei City 100, Taiwan (R.O.C.)
電　話：(02)2370-3310　傳　真：(02) 2370-3210
總經銷：紅螞蟻圖書有限公司
地　址：台北市內湖區舊宗路二段 121 巷 19 號
電　話：02-2795-3656　傳真：02-2795-4100　網址：
印　刷：京峯彩色印刷有限公司（京峰數位）

　　本書版權為西南財經大學出版社所有授權崧博出版事業有限公司獨家發行電子書及繁體書繁體版。若有其他相關權利及授權需求請與本公司聯繫。

定價：400元

發行日期：2018 年 12 月第一版

◎ 本書以POD印製發行